산그늘 빈 수레에 독백을 담다

이여닐 수필집

오늘의문학사

국립중앙도서관 출판시도서목록(CIP)

산그늘 빈 수레에 독백을 담다 : 이여닐 수필집 / 지은이:
이여닐. -- 대전 : 오늘의문학사, 2018
    p. ;   cm

ISBN 978-89-5669-954-7 03810 : ₩15000

한국 현대 수필[韓國現代隨筆]

814.7-KDC6
895.745-DDC23   CIP2018034984

산그늘 빈 수레에 독백을 담다

입구라고 빛나고 출구라고 환하다.
발 디딘 곳마다 요람처럼 푸근하다면 얼마나 좋을까.
모든 객지가 다정다감한 인상으로 남았으면 싶다.

송기중 사진

머리글

애태우다 찜부럭을 내고는

　소소한 것으로도 밝은 표정을 짓고 따뜻한 대화를 나누고자 진작 간절히 기도했더라면 일찌감치 더 큰 행복감을 만끽할 수 있었을까? 참으로 애석하게도 젊었을 적 나는 퍽 무모하고 경솔했다. 남에게 폐가 되지 않는다면 나의 내면세계를 방해받지 않았으면 했다. 교감을 나누고자 애쓰기보다는 자의식을 일깨우고자 안달했다. 아끼고 귀히 여기는 마음은 상투적인 것이려니 치부하며 실제 생활에서 사랑을 특별히 구체화하고자 그다지 신경 쓰지 않았다. 어둡고, 단조롭고, 삭막하고 영 허름하기 그지없는 삶의 터전에선 사랑은 사치려니 여길 따름이었다.
　그러면서도 타고난 고지식함 때문인지 노력하면 밝은 미래는 당연한 것이려니 교과서적인 원칙으로 믿었다. 내세울 것 없는 나의 입장에서 나는 본능적으로 순응을 앞세웠던 듯싶다. 독창적인 심미안을 위해 차분하게 탐색하고 세밀하게 분석해야한다는 걸 알면서도 안일하게 지극히 일반적인 견해에 누구보다도 더 빨리 호응하고 적응하고자 애썼다. 모범답안을 작성하듯 주위 사람들과 많이 다르지 않은 행동양식을 습득할 수 있다고 자신했다. 그렇게 하다 보면 살아가는데 아무 문제가 없으려니 자만했다.
　해를 거듭할수록 복잡다단한 마음의 밭에서 '바르다'는 것이 얼마나 난해한지 알게 되었다. 내게 올바른 덕목이 누군가에게는 불손한 시비가 될 수도 있음을 알았을 때 짜증과 투정과 노여움 그리고 앙갚음 따위도 늘어갔다. 노력과 행복은 별개인 것만 같아 울적해하기도 했다. 날이 갈수록 표리부동한 사람이 되어 가는 건 아닐까 두려웠다. 나 스스로 나의 마음을 아프게 옭아매는 악순환에 사로잡혔다.

참다운 기도는 삶의 명확한 목표의식이다. 의욕적인 삶의 길을 이행하는 경건한 첫걸음이다. 그런 거룩한 기도를 도외시했던 나는 아픔과 슬픔을 겪을 때마다 당황하고 방황하기 일쑤였다. 우왕좌왕 헤매는 동안 내 삶의 실타래는 엉망으로 엮어졌을 텐데도 아예 그것조차 알아채지 못한 채 갈팡질팡 허둥댔다. 더욱 옹색해진 나의 가슴은 사랑에 대하여 더욱 공허하게 흔들리는 환상으로 여기기 십상이었으리라.

'올해도 고운 꽃을 볼 수 있도록 은혜를 베풀어 주십시오.'

항상 기도하며 꽃을 바라본다면 나는 꽃과 더불어 세상의 많은 걸 함께 공유하고 교감할 수 있으리라. 마냥 높아서 멀게 느껴지는 하늘은 바로 목련꽃 위에서 서글서글하게 웃음 짓는 어느 눈빛이려니 노래할 수 있겠지. 아무 때나 멋대로 내 머리칼을 흩뜨린다고 성가셔 하는 바람은 꽃잎의 산뜻함을 전하는 몸짓이려니 이해하겠지. 한량없이 찬란하여 똑바로 바라보기 어려운 도도한 햇살이라고 찡그리다가도 하얀 목련의 슬픈 눈물을 고이 다독여주는 햇살이려니 감탄하기도 하겠지. 그만큼 사랑에 대한 시야는 넓고 깊어질 것이며 나는 조금 더 푸근한 내면의 세계를 구축할 수 있으리라.

물론 아직도 참되게 기도하는 삶은 요연하다. 아등바등 걸어온 내 삶의 길목은 심히 투박하고 흠이 많다. 걸핏하면 언짢아하거나 서러워하는 행태가 아직도 잦다. 사랑으로 채워야할 마음의 공간이 너무 복잡해서일까? 필요이상으로 애를 태우고 찜부럭을 내곤 한다. 그래도 나는 누군가 내 삶의 뒤안길을 고아하게 동행해 주기를 은근히 기대하나 보다. 진득하게 내 허물을 곱씹으며 더없이 지극하게 속된 마음을 닦아냈으면 한다. 교만하고 유치하고 허황되었던 삶을 차근차근 경신하고자 기꺼이 어쭙잖은 문장으로 생각을 다듬어 보곤 한다.

'노련한 기교보다 순수한 열정이 좋아.'

아직도 털어버리지 못한 만용이 남아 있어 가끔 능력의 막다른 골목에서 알량한 자존심을 붙잡아보기도 한다. 다행히 감정이 덜 컹댈 때 한 발짝 더 아래로 내려가는 걸 겁내지 않으려는 의기는 좀 나아진 것 같아 스스로 뿌듯해한다. 물론 허접한 문장으로 조악한 내 마음의 흔적을 기품 있게 승화시키기에 불가능할지도 모른다. 이제는 신통치 않아도 신의 뜻이려니 조급해하지 않으려 한다. 모쪼록 나 자신이 한참 낮아져 완전한 어둠 속에서 조용히 빛나는 사랑의 꽃을 발견할 수 있기만을 고대한다.

나의 끼적임은 기나긴 세월 동안 찜부럭을 낸 것에 대한 참회의 기도라고 해도 괜찮을까 모르겠다. 내 작은 삶의 이랑에서 이미 하늘이 뿌려놓은 사랑의 씨앗을 찾아내어 따뜻하게 품고자 애씀이 바로 행복임을 절실히 느꼈으면 한다. 한 문장 한 문장 써 내려갈 때마다 내일은 좀 더 온유한 눈빛을 건네리라는 자신감이 좀 생기는 것 같아 기쁘다. 순수하게 공감하는 그리운 영혼과 맞닥뜨리는 삶을 꿈꾸며 더욱 낮아지는 연습을 게을리 하지 않으리라.

흐음! 삶의 굽이진 길목에서 꾸린 첫 책, 내 생의 기슭에서 사랑의 꽃을 한 다발 치켜들고 자축하는 것이려니 이해받고 싶다. 딱딱한 내 마음을 말랑말랑하게 하려는 나의 노고를 허락하신 신께 감사드린다. 나의 첫 책은 나 자신을 세상 속으로 부드럽게 확장시키는 문턱이 되리라 믿고 싶다.

몹시 주저하는 내게 부끄럽지 않도록 용기를 북돋워준 가족과 지인들에게 무한한 감사를 올린다.

2018년 9월
이 여 닐

어떠한 흔적도 고풍스런 무늬가 될 수 있다고
당당하게 간직하는 꿋꿋함이 좋아.

송기중 사진

머리글 …… 4

1부 다문다문 비치는 푸른빛

01. 풀막과 나비와 구두 / 16

02. 푸른 묵시 / 21

03. 숨은 돌 / 26

04. 구름을 채운 술잔 / 32

05. 개체 보존의 욕구에 꺾이다 / 37

06. 막돌이 구르는 뜰 / 40

07. 돌멩이를 가꾸고 싶다 / 44

08. 구두 소리 참 이쁘더군요 / 49

09. 닫힌 문 앞에서 / 54

10. 산을 씻는 눈석임물 / 58

11. 누군가가 바라본 노을로 손색이 없을까? / 63

2부 문득문득 헤아리는 흐름

01. 노랑꽃 그늘에서의 얕은 사유 / 70

02. 가벼운 꽃잎 / 75

03. 엄마와 목련 / 79

04. 너설에서 만난 꽃 / 83

05. 산꼭대기 흙의 여운 / 87

06. 갓 피어난 산꽃처럼 / 90

07. 지는 꽃잎을 보며 / 93

08. 산새 둥우리에도 꽃잎 / 98

09. 숲에서 헤아리는 힘 / 102

10. 숲을 표한 꿩 / 106

11. 꽃과 바다와 나 / 109

3부 이리저리 엉겁결에 헤집다

01. 꽃잎과 거미줄 / 116

02. 꽃을 캐간 자리 / 120

03. 풀줄기에 걸린 꽃 / 124

04. 산을 들여놓은 찻집 / 129

05. 우산 속 담론 / 133

06. 먼 데 꽃과 가까운 데 꽃 / 138

07. 돌밭가의 봉숭아 / 142

08. 채색의 철학 / 147

09. 격조 높은 꽃주름 / 151

10. 유람선에서의 사념 / 155

11. 때론 잠자리에게 굴복하기도 하니 / 159

4부 차츰차츰 가슴에 머무는 여운

01. 잡초와 풀 / 166

02. 새똥속의 작은 씨 / 172

03. 풀씨 묻어온 이유 / 177

04. 가을마다 짐 지는 나무 / 181

05. 가을마다 짐 푸는 나무 / 186

06. 비질 시늉 / 191

07. 썩지 아니한 밤톨 / 195

08. 모과 / 199

09. 뒷산의 어둠 / 204

10. 다시 적요함 / 209

5부 머뭇머뭇 다가오는 애틋함

01. 노년의 뒤란에 두고 싶은 나무 / 216

02. 하얀 산을 검은 머리로 걷다 / 222

03. 먹구름 짙은 바닷가에서 / 227

04. 신선의 수레를 볼 것 같은 풍경 / 232

05. 괜히 건드렸나 보다 / 235

06. 삭풍을 유난스레 알리는 나무 / 239

07. 하얀 몽상 / 242

08. 혹한에 꽃잎과 노닐다 / 245

09. 맨손으로 꽃잎을 떨어내며 / 249

10. 삭정이 / 252

― 해설 직관과 자성, 그리고 섬세한 감성 / 260

    - 이연순의 첫 수필집을 감상하며

너와 나, 균일한 시간 분배는 아름답다.
각별한 사랑과 남다른 창조력을 품을 때
더 아름답다.

송기중 사진

이여닐 수필집

1부
다문다문 비치는 푸른빛

머리 위 환한 빛에 익숙하다.
때로는 발밑의 명암을 먼저 살피기도 하고.

송기중 사진

풀막과 나비와 구두

　바람 한 점 불어오지 않는 풀막 주위의 풀대는 정지된 시계바늘 같았다. 머리칼처럼 가느다란 풀잎 하나 움직이지 않는 정경에 휩싸이다보니 나는 마치 다른 세상에 온 듯 묘한 기분이 들었다. 이쪽 저쪽 산에서 새들이 지저귀고 풀막 아래의 계곡에서는 맑은 물줄기가 경쾌하게 너럭바위를 스쳐가고 있었다. 그런데도 멍하니 나무와 풀을 응시하기 때문인지 그 어떤 소리도 내 귀에 들려오지 않는 듯했다.
　앞산의 신록은 내 흐릿한 눈동자를 맑게 닦아줄 것 같았다. 오래 쳐다보아도 한없이 싱그럽게 다가왔다. 푸른 숲으로부터 '당신의 애씀이 온전하지 않나요? 훗날 한결 거룩한 모습을 지닐 수 있을 것입니다.' 하는 온화한 음성이 들려오는 것 같아 흐뭇했다. 가만히 바라볼수록 숲은 무한한 평안을 안겨주리라 여겨졌다. 고요한 숲으로 둘러싸인 풀막이 몹시 아늑했다.
　하늘을 올려다보았다. 내 얼굴 위 까마득히 높은 곳에서 유유히 지나는 하얀 구름이 몹시 기품 있어 보였다. 어깨를 반듯하게 펴고 조용조용 걷는 여인의 고아한 자태를 떠올리게 하는 아름다운 구름이었다. '천천히 걸어 봐요.' 이 말을 자주 듣는 거친 내 일상이 서글프게 여겨졌다. 마음이 급해질수록 구름을 상기하며 차분하게 걸어야 하건만 난 그저 상체를 먼저 내밀어 구부정하니 성급하게 걷기 바쁘다. 아마도 두루두루 원만함보다 앞선 성과를 조급해한 치졸함 때문이리라.

'고적한 풀막에서만큼은 자유로운 내 정신의 활약이 그 어느 것의 방해도 받지 않을 거야.'

가뭄속의 단비처럼 얻은 한가함에 기분이 좋았다. 이런저런 생각을 끊임없이 이어가기 시작했다. 참으로 애석하게도 티끌 많은 나의 마음은 스스로 얽어놓은 관습과 습성의 낡은 궤도 안에 정신을 꽉 붙잡아매었음이 틀림없다. 평안하게 사색을 이끌어가야 하는 나의 심중은 자꾸만 어수선해지기 시작했다. 정적에 휩싸인 시간이 길어질수록 점점 괜히 세상은 낯설어지고 나의 염려는 더욱 부풀려져 갔다.

"뒷산에 저 눈꽃 좀 보세요. 천사가 밤새 선물해준 꽃다발인가? 한 묶음 가져다 줄 수 있어요?"

나는 어떤 대답을 듣기 원할까 생각해보았다.

"산토끼 잡기에 딱 좋겠네."

제발 이렇게 단순하고 지극히 현실적이며 무감각한 대답을 하는 사람과는 부대끼지 않았으면 좋겠다. 상상을 쉽게 망상으로 염려하지 않는 사람이었으면 좋겠다. 언제나 감수성이 풍부한 사람과 연고가 닿으면 좋겠다. 그렇다면 나는 어떨까? 과연 상대방의 심상을 결박하는 말인지 아닌지 가릴 줄 아는 섬세하고 따스한 사람일까? 더러더러 과잉된 열의로 내 시답잖은 감명을 상대방의 정서에 투영시키느라 급급했던 적이 많았음을 부인하진 않겠다. 어설픈 감동으로 높은 경지를 깨달은 양 가식을 떨었던 지난날들이 없진 않았는데….

'배추흰나비네?'

어디선가 갑자기 하얀 나비 한 마리가 나타났다. 순간 내 시선은 높은 하늘의 구름에서 지상의 배추흰나비로 급선회했다. 적요한 풀막에 날아든 나비는 요술사 같았다. 나비가 이리저리 날아다니자 잠든 듯했던 풀막의 모든 것이 부스스 깨어나 비로소 제 기능을 다하느라 수런거리는 것 같았다. 몽롱했던 내 정신도 확 살아나는 듯했다. 씹던 껌처럼 내 가슴에 지분지분 달라붙으려했던 고독감과 무력감도 확 달아나버렸다. 나비의 움직임이 복잡해질수록 풀막의 생동감도 더해가는 듯했다. 풀막의 분위기를 순식간에 뒤바꿔놓은 나비의 날갯짓이 신비로웠다.

모든 풀대와 풀잎들은 제각각 세상에서 제일 바쁜 초침들로 돌변한 듯했다. 여기서 째각 저기서 째각째각 순식간에 풀막과 풀막의 주변은 살아 움직이는 시계들로 가득한 기분이 들었다. 내 눈동자 역시 바빠졌음은 물론이다. 풀막에 딸린 밭에서 열심히 이랑을 만드는 남편의 모습이 보였다.

"배추흰나비 좀 보세요!"

이렇게 외치려다가 그만 두었다.

"잠자는 풀막을 깨우려고 멀리서 나비가 부지런히 날아왔나?"

이런 묘사를 들을 수 없다면 굳이 말하지 않는 것이 낫지 않을까 싶어서였다. 남편은 평소 내가 낭만주의의 겉멋에 잔뜩 취했다고 여긴다. 아마도 내가 말랑말랑한 감성에 대한 동경을 일삼는 탓이리라. 차창으로라도 아름다운 풍광이 스쳐 지나가면 나는 환호성을 지르며 감탄사를 쏟아내기 일쑤니까.

나는 언제부턴가 가슴속에 나 혼자만의 대화를 묻어두는 습관에 길들여졌다. 그러면서 풀막의 적막을 깬 나비처럼 내 진부한 세계를 뒤흔들어줄 심상을 막연히 그리워했다. 하지만 거미줄처럼 복잡하게 얽힌 내 삶의 길목은 바쁘고 고달팠다. 그 어떤 굉장한 나비가 감격적인 정경을 몰고 온다 해도 위축된 나 자신은 섬세한 정감을 펼쳐내기 어려웠을 것이다. 나는 마냥 자유로운 나비를 두려워했다. 나 스스로 내 가슴 아득한 구석에 나비를 박제시켰다고 해야 옳다.

"다른 사람들도 다 그렇게 살아."

"그럴 수도 있지 뭐."

"대충 살지 뭐."

나는 이런 말을 몹시 경멸했다. 느슨한 마음을 안일한 태도로 여겼기 때문이다. 그러면서 그런 말을 하는 사람은 신의 숭고한 뜻을 모독하는 무책임한 삶을 영위할 거라고 모질게 조소했다. 나는 하루하루 매 시간 흐트러짐 없이 진지하게 삶을 다듬어야 한다고 주장했다. 안타깝게도 우직함과 경계심을 내려놓은 여유 있는 시선에서 한층 아름다운 나비의 날개를 발견할 수 있음을 정말 몰랐다.

"구두가 긁혔네."

일을 마친 남편이 풀막으로 다가오며 말했다.

"이미 낡은 거라서."

심드렁하게 대답하고 구두를 살펴보니 가죽 주름 사이로 몇 군데 생채기가 나 있었다. 손톱자국 선명한 악동의 얼굴처럼 내 구두가 험한 인상을 짓고 있었다. 남편이 풀막을 엮기 시작하고 며칠 후 완성을 했다고 했다. 그 풀막에 처음 방문하는 차에 나는 멋모르고 가벼운 마음으로 구두를 신고 나섰었다. 흙속의 작은 돌들도 주의할 대상이려니 미처 생각하지 못했다. 손톱만한 돌에도 구둣발이 자꾸 휘청거리자 아차 싶었다. 하지만 때는 이미 늦고 말았다. 구두는 방심한 나 때문에 상처를 입었다.

　잘 아문 상처가 아름다운 무늬일 수 있을까? 구두는 결코 그렇지 못하다. 구두는 상처를 무늬로 둔다면 누더기 취급을 받게 될 것이다. 내면에서 새살이 돋아 헌 상처를 감쪽같이 뒤덮지 않는 한 상처는 하나의 적나라한 표정이 된다. 나는 어리석게도 나 자신을 만물의 영장이려니 여기면서도 구두와 같은 단순한 사물로 대한 경우가 잦은 듯하다. 상처를 받으면 내 가슴이 누더기가 되리라 몹시 두려워했다. 상처를 받지 않으려고 전전긍긍하고 피곤하게 동당거렸다. 알량한 내 피해의식과 아집은 나 자신이 새살이 돋게 하는 너그럽고 고아한 정신세계에 다가서는 것을 얼마나 방해했을까!

　구두의 생채기를 보면서 내가 구두와 같을 순 없다고 단단히 속다짐했다. 아무리 냉담하고 몰인정한 사람과 맞닥뜨렸다할지라도 내가 상심해할 필요는 없는 것이리라. 내 감성만 앞세워 다감한 눈빛을 기대하기보다는 내 지혜를 높여 나 자신이 실망하지 않도록 자신의 상처를 매만질 줄 알아야 하리라. 오히려 상대방의 뜻에 못 미쳐서 애달픈 내 마음이 아닌가를 먼저 헤아려 다독거려야 하리라. 그러면 내 가슴 깊은 곳의 아름다운 나비는 내 얼굴에서, 내 주위에서 훨훨 날아오르리라.

푸른 묵시

내 마음은 너무 얕은가 보다. 손톱만한 돌멩이에 파문을 일으키는 웅덩이처럼 솔잎 하나만큼의 괴로움에도 여러 갈래 상념으로 부대낀다. 갖가지 상황을 미리 들먹이며 어쩔 줄 몰라 한다. 갈팡질팡 허둥대며 참을 수 없는 혼란이라고 아우성친다. 침착하게 양심과 소신의 중심을 헤아리지 못하기 때문일까? 솔잎을 대못이라 착각하는 일이 비일비재하다. 이런 어리석음을 어찌해야 하나 가끔 뒷산 소나무를 넌지시 건너다본다.

어느 겨울밤 산길이 살얼음으로 하얗게 빛났다. 살얼음의 날카로운 시선에 달님이 떠는 것일까? 아님 추위에 내가 떨기 때문일까? 산길에 아른대는 달빛이 흔들리는 듯했다.

'소나무의 푸른 어깨결음은 당당하면서도 푸근해 보이잖아. 달님은 소나무의 다정한 어깨동무를 내려다보며 놀란 마음을 가라앉힐 거야.'

잎이 무성한 소나무는 둥글게 어둠을 빚어냈다. 달님은 아마도 뭉게구름처럼 부드럽게 드리운 소나무의 어둠을 좋아할지도 모른다. 달님이 조용조용 고운 빛으로 소나무를 바라보는 듯 여겨졌다.

'내 어깨는 빈궁하여 그 누구에게 위안을 줄 수 있으려나?'

탄식하며 아름다운 달빛을 한껏 누리는 소나무를 바라보았다.

'꿋꿋하게 견디었지요. 땅 속의 억압과 땅 위의 역경을 이겨내 뿌리와 줄기는 굵어지고 새로운 가지 또한 늘어서 이렇게 풍성해진 것 아니겠어요?'
 주어진 삶을 온건히 자부하는 소나무는 누구한테나 칭송받아 마땅하리라.
 수많은 나무들이 똑같이 빈 가지로 삭풍에 같은 가락일 때 혼자 푸른 소나무는 은근히 빈 가지의 홀가분한 세상을 갈망하는 건 아닐까? 푸른 잎을 통하지 않고 앙상한 나뭇가지만으로 바람과 햇볕과 눈과 비와 교감하기를 갈구하는 건 아닐까? 아마도 걸핏하면 이게 좋을까 저게 좋을까 변덕스런 나의 시선이라 그렇게 여겨지는지도 모른다. 나는 사소한 고달픔이나 작은 기쁨에도 이렇게 저렇게 마음을 바꾸고 싶어 안달한다.
 '신은 나에게 고유의 빛깔로서 푸른빛을 주었습니다. 늘 푸른빛으로 세상을 누리도록 축복받은 삶을 진정 기뻐한답니다. 당신도 자신의 고유한 빛깔을 찾아낸다면 무엇에든지 어디서든지 흔들리지 않는 마음으로 행복할 수 있을 것입니다.'
 '아, 그렇겠지? 소나무의 늘 푸른빛은 스스로 자신의 빛깔을 헤아리지 못한 나를 위한 냉철한 잠언인 거야!'
 활엽수의 빈 나뭇가지는 수월하게 차가운 눈을 털어낸다. 작은 바람결에도 금방 홀가분해져서 경쾌하게 춤춘다. 소나무도 한껏 단출한 모습으로 눈보라를 비껴 나가고 싶지 않을까? 흰 눈이 푸른 잎에 수북하게 쌓이면 어느 한 쪽이 그만 푹 망가질까 불안해하거나 초조해하지 않을까? 적막한 산속에서 행여나 홀로 단말마의 비명을 지르게 되는 건 아닐까 겁나지 않으려나?
 '겨울날 하얀 날개려니 온몸에 쌓인 눈을 끌어안는 또 하나의 임무를 기꺼이 받아들입니다. 버거운 하얀 짐이지만 행여나 누군가에게 기쁨을 안길 수 있다면 아주 헛된 견딤은 아니리라 믿습니다. 짐 진 나의 고통보다도 내 곁에서 머뭇거리는 심난한 영혼을 먼저 헤아리라는 신의 뜻이려니 하얀 무게를 감내합니다.'

 소나무는 세상을 초월한 성자처럼 의연하게 서서 하얀 눈을 푸른 잎 사이사이에 꽉꽉 채우고 또 채운다. 삭막한 겨울 숲을 성스런 전당으로 꾸며 놓는다. 더없이 거룩한 겨울 산의 정경을 자아낸다. 두려움과 속박에 지친 이들에게 더욱 큰 감동을 선사하리라.

 '그래, 눈 쌓인 푸른 소나무는 아름답고 숭고한 헌신에 대한 본보기야!'

 소나무는 겨울마다 햇볕과의 조율에 성가시지 않을까? 겨울 아침마다 푸른 잎이 얼어붙으면 어쩌나 노심초사하지 않을까? 나는 늘 나의 행운이 내게 가까이 올까 멀어져 버릴까 전전긍긍한다. 기껏 행운에 기대다니! 나 스스로도 아연해하지만 간혹 나를 굴복시키는 어찌할 수 없는 힘으로부터 자유롭지 못할 때 나는 쉽게 좌절감을 느낀다. 예기치 못한 상황에 담담하게 대처할 수 있는 슬기와 용기가 만만하지 못하다는 자격지심으로 두려움이 큰 것이리라.

 '쉼 없이 일하도록 주어진 삶이 푸른빛이어서 좋습니다. 봄, 여름, 가을, 겨울의 햇살을 날마다 조율하여 푸른색을 만들어갑니다. 얼음장처럼 차가운 눈꽃이 이파리 위로 파고들어도 나뭇가지들과 다정하게 푸른 속삭임을 멈추지 않습니다. 늘 당당하게 깨어있어 생명줄은 또 다시 푸른빛을 낼 수 있고 새롭게 아름다운 날을 맞이합니다. 내게 푸른 생명을 부여해 준 신을 사랑합니다.'

 '그렇구나. 사시사철 푸른 소나무는 기품 있게 자신의 삶을 사랑하라고 부르짖는 참신한 철학자야!'

소나무도 자신 바로 곁에 예쁜 풀꽃이 흐드러지게 피어나길 원할까? 하지만 소나무가 빽빽하게 들어찬 숲의 바닥은 또 다른 왕성한 푸른빛이 흔하지 않다. 누렇게 마른 자신의 묵은 잎을 빼곡하게 융단처럼 깔아놓았을 따름이다. 소나무는 결코 헛된 욕심을 내지 않는 것이리라. 사랑스런 풀꽃과 다정하게 속삭이는 다른 나무에 대해 질투하는 마음을 스스로 경계하는 것일까? 함부로 꽃을 탐내지 않으며 다른 나무에게 주어진 행복을 얌체같이 채뜨리려 하지 않는 정결한 소나무! 다양한 힘을 지녀야겠다고 이것저것 혈안이 되어 마음이 어수선한 나는 소나무에게서 배려와 청백의 의지를 엿보아야 하리라.

'역시! 소나무는 맑고 향기로운 영혼을 갈고닦는 선인이야!'

소나무는 가을마다 온전히 비우고 봄마다 애틋한 마음으로 새로이 채워가는 전율을 맛보고 싶지 않을까? 한결같은 초록빛 삶이 거칠어지고 진부해질까 두렵지 않을까? 나는 걸핏하면 고통이니까 비워야 하겠다거나 감동이니까 더 채워야겠다는 식의 구차한 변명을 들먹이곤 한다. 두서없이 수선을 떠는 내게 강건한 기상이 무엇인지 보여주기 위해 소나무는 늘 푸른가 싶다. 이 길일까 저 길일까 기웃대고 가볍다 무겁다 징징대는 나에게 꿋꿋한 기개를 본받아야 한다고 일갈하고자 소나무는 늘 근엄하게 푸른가보다. 가당찮은 구실이나 이유를 붙여 내 편할 대로 신념을 흐리는 나에게 낡음을 걱정하기 이전에 고매한 바탕인지 아닌지를 먼저 생각하라고 엄동설한에 그렇게 또 푸른 것이리라.

'아름다운 삶의 무늬는 이미 주어진 고유한 빛깔로부터 나오는 것입니다. 악습에 가려진 자신의 아득한 빛깔을 찾아내고자 차근차근 마음을 닦아내면 환히 빛나는 건강한 삶을 발견할 수 있습니다.'

'명심해야지. 소나무는 겸허하고 생기 넘치는 삶의 자세를 조용히 독려하는 따뜻한 이의 아름다운 경구인 거야!'

뒷산을 향할 때마다 나보다 먼저 내 눈을 푸른빛으로 응시하는 소나무, 한결같은 푸른 계시에 그저 삿된 마음을 가다듬지 않을 수 없으리라. 그러나 과연 풀숲에 나뒹구는 알밤을 나는 그냥 지나칠 수 있을까? 아무래도 미욱하기 그지없는 나는 결국 푸른 묵시를 묵살하고 다람쥐보다 먼저 알밤을 취하고자 두 눈에 불을 켜는 건 아닌지 모르겠다.

숨은 돌

"이런 게 들어앉았으니 작물이 어떻게 뿌리를 내릴 수 있겠어."
 남편은 큰 돌을 곡괭이로 거뜬하게 캐냈다. 나는 호미로 땅 속에 숨은 작은 돌을 끄집어냈다.
 "거, 그리 고생하지들 말고 객토해여. 두세 트럭 쏟아 부으면 될 거구먼."
 지나가는 동네 어르신들은 돌을 캐고 줍는 나와 남편을 볼 때마다 조언하셨다.
 농터를 매끈하게 다듬어 놓는 것이 농사의 기본일까? 어르신들은 뜨거운 태양 아래서나 거센 바람결에도 쉬지 않고 농토를 다독이셨다. 겨울날의 황량한 자드락밭이라 할지라도 작물의 흔적을 흩뜨려놓지 않으셨다. 말끔히 정리해서 땔감으로 쓰거나 썩혀서 거름으로 사용하시는 듯했다. 지극한 정성이 느껴지는 그런 밭을 지날 때마다 작은 휴지 하나 함부로 던져서는 안 될 것 같은 기분이 들곤 했다. 땅을 아끼고 가꾸는 어르신들의 순수한 마음에 나의 가슴이 울컥해지곤 했다. 신성한 위엄마저 느끼곤 했다.
 어르신들의 주름 깊은 모습을 볼 때마다 성자의 얼굴도 이렇지 않을까 생각하곤 했다. 그러한 어르신들처럼 나의 부모님도 흙을 몹시 사랑했다. 그러나 젊었을 때의 내 눈엔 아무리 논밭을 정성스럽게 다독여도 그 모습이 결코 신성하게 보이지 않았다. 특히 사춘기 때는 칙칙하게 그을리고 땀으로 얼룩진 부모님의 얼굴을 우러르기는커녕 삶에 찌든 모습이라고 구시렁댔다. 논바닥에서 돌을 캐고 주워내는 부모님의 손길을 몹시도 하찮게 여겼다. 그깟 작은 돌 하나 때문에 농사가 망가지기라도 하는 걸까 빈정대며 몰래몰래 가차없이 폄하했다.

그렇게 시시하다고 비아냥거린 돌 주워내기에 한동안 내가 정신없이 빠졌다. 아쉽게도 나의 부모님처럼 땅을 옥토로 만들기 위해 돌을 캐고 주워내는 건 아니었다. 단지 숨은 돌을 캐내어 쌓는 일에 재미를 느꼈을 따름이었다. 돌을 캐냄으로 인해 변화하는 묵정밭의 상태는 둘째 치고 오로지 돌무더기가 몇 개 늘어났는가가 내 최대의 관심거리였다. 밭가에 돌무더기가 쭉 놓여있는 풍경을 보면 왠지 모르게 내 마음이 그냥 편안해졌다.

'순전히 유희의 손길로 묵정밭을 만지작거리는 내 행태가 농터를 신성하게 가꾸는 어르신들께 결례를 범하는 건 아닐까? 농자지천하대본야(農者之天下大本也)를 모르는 되바라진 아줌마라고 손가락질하는 건 아닐까?'

조금 우려되었다. 그러나 주말마다 나타나 열심히 돌을 캐내어 쌓아놓는 모습이 밉지 않았던가 보다. 어르신들은 따뜻한 미소로 남편과 나를 반겨 맞아주셨다.

"거, 그리 고생하지들 말고 객토해여. 두세 트럭 쏟아 부으면 될 거구먼."

저번과 똑같은 말씀을 건네시고는 이런 얘기 저런 얘기를 풀어 놓으셨다. 남편과 나는 착한 자식이나 된 듯 잠시 일손을 놓고 귀를 기울이곤 했다. 하지만 나는 객토 문제에서만큼은 내심 심드렁해

했다. 오히려 묵정밭에서 돌이 더 이상 나오지 않을까 염려했다. 돌쌓기 놀이가 끊길까 안절부절 했다.

"그래야 할까 봅니다. 돌이 워낙 많은 척박한 땅이다 보니 거름기 있는 흙이 필요하네요."

작물을 목적으로 묵정밭을 일구는 남편은 어르신들의 충고에 더러 솔깃해 했다.

"그냥 맑은 공기 속에서 즐겁게 일하다 가면 그것으로 만족인 주말쉼터인 거예요. 작물을 제대로 일구어 내고자 욕심내다가는 주말농터에 휴식을 다 빼앗기고 말게 될 걸요."

나는 틈만 나면 돌과 풀과 작물 그리고 평화로운 유희가 공존하는 밭에 대하여 남편에게 장황하게 늘어놓았다. 돌 하나 없는 말끔한 옥토, 생각만 해도 부담스럽게 여겨졌다. 그런 밭에서는 잠깐 동안의 해찰도 허용되지 않으리라. 오로지 작물만을 위한 또 하나의 긴박한 일터가 되는 게 뻔하다. 풀꽃 하나 들여다볼 틈도 없이 일만 해야 하는 옥토가 주말농터로서는 영 어울릴 것 같지 않았다.

내가 직접 농사지은 작물은 흠집이 났든 볼품이 없든 내 집에서 내가 요리해 먹기에 아무 지장이 없었다. 그러니 수확물의 품질에 대해 그리 신경을 곤두세우지 않아도 되었다. 먹을 것을 필요이상 취하려 바둥대기보다 신기한 풀 한포기와 벌레 한 마리 더 지켜보는 여유가 좋지 않겠느냐고 남편 앞에서 앵무새처럼 되뇌었다. 하여튼 나는 숨은 돌을 캐내어 이렇게 저렇게 풍경을 만들어 가는 것이 머리통만한 호박을 생산하는 것보다 더 뿌듯하고 감격스런 전원생활이라고 거듭거듭 주장했다.

숨은 돌을 끄집어 낼 때마다 야릇한 쾌감에 휩싸임을 누가 알랴! 나는 돌에게 새로운 생명을 부여해 주는 전능의 왕이라도 된 양 자못 흡족해 했다. 이리저리 옮겨 놓고는 이리보고 저리 둘러보며 감개무량해 했다. 돌은 내 멋대로 옮기고 늘어놓아도 무조건 그 위치에서 순응하지 않겠는가! 내가 만족하면 돌도 만족한 표정으로 그 자리에 기꺼이 머물게 되리라. 내가 조용히 사색에 잠기면 돌도 광활한 하늘 아래의 한 점으로 초연하게 앉아 고요히 생각에 잠긴다고 믿으며 돌을 쓰다듬곤 했다.

어쩌면 내 손아귀의 돌멩이들이 고귀한 영혼을 노래하는 성전의 담장에 쓰이지 못함을 서러워할지도 모른다. 하지만 나의 돌은 내가 행복하라고 하면 행복할 것임을 믿는다. 어둔 흙속에 묻혀 있는 것보다 과감하게 밝은 태양과 만날 때 돌은 비로소 존재의 의미가 깊어지리라. 햇빛에 의해 찬란하게 빛나는 돌멩이는 또 하나의 빛으로 존재하기도 하리라. 햇볕이 직접 닿지 않는 어느 깊은 구석의 풀잎에게 햇볕을 반사시켜 준 돌멩이가 하나의 밝은 빛으로 각인될 것이기 때문이다. 또 어느 구석의 벌레는 돌멩이가 반사시킨 빛으로 먹이를 찾아낼지도 모른다. 일단 빛이 있는 세상에 나와야 무엇에겐가 인연이 닿게 되는 거라고 나는 돌멩이에게 강조하는 셈이다.

어느 날, 얼떨결에 내 손에 의해 밖으로 끌려 나온 돌들이 불평할지도 모른다는 생각이 밀려왔다.

'땅속에서는 평화롭고 안락했어. 밖에 나오니까 생각이 많아져서 심란해. 귀여운 새처럼 날아가고 싶고 나무처럼 쑥쑥 자라고도 싶어. 그리고 바깥은 안전하지도 않아. 겨울날의 눈보라에 온몸이 얼어붙어서 내 몸이 부서져 버릴 것 같아 겁이 나. 그리고 곤충과 새들은 내 얼굴에 똥칠을 해서 참 괴로워.'

'아차, 내가 순전히 나의 이기적인 욕망대로 돌을 캐내는 건 아닐까? 아무런 대항을 하지 못하는 돌멩이를 얕보고 교만하게 내 마음대로 정해 놓은 가치만을 부여하고자 고집하는 건 아닐까? 기껏 숨어 사는 돌을 바깥에 꺼내 놓으며 돌들에게 달콤한 의미만 알량하게 늘어놓는 난 어쩜 어설픈 관념에 사로잡힌 낭만주의자일지도 몰라.'

당혹스러웠다. 그러나 돌무더기에 온몸을 기대고 꽃을 피워낸 가냘픈 풀줄기를 보는 순간 내 마음이 환해졌다.

'정말 무시무시한 빗줄기였어. 돌들이 없었으면 나는 아마 뿌리까지 뽑혀서 물살에 떠밀려갔을 거야. 돌들이 날 지켜 주었어. 참으로 고마운 돌멩이야.'

풀줄기가 돌들에게 속삭이는 듯했다.

'순진무구한 풀꽃은 돌멩이 너의 듬직하고 따뜻한 마음을 씨앗 속에 영원히 새길 거야. 꽃은 돌멩이 너를 거룩한 전당으로 여기리라 믿어.'

나는 비로소 돌멩이를 캐낼 정당성을 우격다짐하여 돌멩이와 나 자신에게 부여해 놓고는 혼자서 흐뭇해했다.

다행히도 밭은 수년 째 묵정밭 때깔을 완전히 벗지 못했다. 객토를 하지 않았기 때문이다. 동네 어르신들의 객토 조언을 듣고 숨은 돌을 캐내며 나는 빈궁한 농부의 모습을 간직한 채 저 세상으로 떠나가신 내 부모님을 곧잘 떠올렸다. 내 부모님을 성가시게 했던 돌! 그 돌은 자연의 위대한 법칙이 새겨진 채로 시건방진 내 앞에 던져진 행운의 마스코트이기도 한 걸까? 어이없을 만큼 뒤늦었지만 숨은 돌은 내게 불효막심했던 지난날을 일깨워 주었다. 나는 등산화를 신고 일하건만 돌멩이를 밟으면 온몸이 기우뚱해졌다. 맨발로 논바닥에서 일하시던 부모님의 발바닥에 작은 돌멩이일망정 얼마나 큰 아픔이었을까! 평생 고단하게 사셨던 늙고 병든 부모님께 나는 따뜻한 위로의 말 한 마디 건네 본 적이 없었다. 오히려 투정만 부렸으니 생각할수록 가슴이 아릴 뿐이다. 이제 와 뼈아픈 반성과 자책을 일삼고 죄책감과 회한에 사로잡혀 애통해 할 뿐 어찌할 도리가 없다. 호미로 알땅만 박박 긁어 숨은 돌을 하릴없이 캐낼 따름이었다.

'감히 신의 섭리에 닿아가는 소박한 의식이기를!'

숨은 돌은 때늦은 내 성찰을 응원하듯 조용히 거룩한 햇볕을 맞으리라.

구름을 채운 술잔

'산봉우리를 향한 바람을 따라 오르는 구름 속에서는 모든 것이 신령해 보여. 조금만 방심해도 이리저리 방황하기 십상인 우리들의 어설픈 걸음을 구름은 은근하게 가려주지. 잠깐이나마 내 낡은 흔적이 지워질 것 같아서 기분이 참 좋아. 구름 속에서는 끔찍한 악몽도 말끔히 사라질 것 같아. 참으로 푸근하면서도 신비하기 그지없지. 땅바닥에 핀 조그만 꽃을 어깨 낮추어 그윽하게 바라보는 겸허한 상체를 지닌 사람이라면 구름 속에서는 더욱 신선처럼 고결해 보일 거야. 팔뚝에 앉으려는 날벌레를 인정사정없이 후려쳐서 으깨었을망정 구름 속에서 천천히 걸으면 역시 선인 같아. 굳이 흰 옷이 아니어도, 울긋불긋 요상한 무늬가 박힌 모자를 썼다 해도, 전투를 떠올리게 하는 얼룩무늬 군복이어도 높은 산 구름 속에서는 다들 신선 같아. 흐음, 왜 이러지? 아마도 내가 한 잔 술에 구름을 꽉꽉 채워 들이키는 바람에 이렇게 뜬구름을 잡는지도 모르겠군.'

곤돌라를 타고 덕유산 설천봉에 올랐다. 운 좋게도 날이 흐렸다. 나는 내 정수리에서 팽팽하게 당겨지는 햇살보다 온몸에 휘감겨서 내 몸이 가볍다고 느껴지게 하는 구름을 좋아한다. 그래서 어쩌다 산에 올라올 기회가 되면 하늘이 흐리기를 소원한다.

높은데서 멀리멀리 끝이 보이지 않는 광활한 세상을 시원하게 굽어보는 것보다 구름에 휩싸여 겨우 산자락 끄트머리 협소한 귀퉁이나 좋아하다니! 그렇게 좁은 시야에 익숙해 지내기에 나의 안목이 옹졸할지도 모르겠다. 하지만 작은 것을 꼼꼼히 들여다보는 편이라 섬세하다고 할 수 있지 않을까? 내 발길에 스치는 사소한 따뜻함도 놓치지 않고자 깊은 사념을 귀찮아하지 않는 편이라고 스스로를 믿는다. 그래서 내 좁은 시야를 지나치게 속상해 하진 않는다.

곤돌라에서 내리자 사람들이 북적거렸다. 시끄러울 것 같은 설천봉이 마음에 좀 걸렸다. 그러나 곧 차분하고 비밀스런 분위기가 나를 감싼다는 걸 알아챘다. 시선을 조금만 멀리 두어도 몽롱한 구름 속이었다. 산 아래를 내려다보았다. 푸른 나무의 윗부분이 구름 타고 둥둥 떠다니는 듯했다. 뿌리 깊은 나무를 인식하고 있건만 부유하는 듯해 보이는 나무가 더 신기하고 아름답게 다가왔.

'나의 뿌리를 찾아야 해. 기름진 흙이든 바위너설이든 그 자리에 단단히 버텨서 세월의 더께를 얹을 때 아름다움의 가치를 지닐 수 있거든!'

뿌리를 찾아 이리로 저리로 헤매는 방랑하는 나무들 같았다. 기분이 묘해졌다.

'나무들이 땅에 박혔다는 구름 밖 세상의 명확한 사실이 내게 익숙하긴 하지. 우람한 나무나 집채만 한 바위처럼 움직이지 않는 것들을 보며 영원함에 대한 소망을 노래했잖아. 그런데 난 왜 구름 속의 나무가 더 매력적으로 뵈는 거지? 단단하고 고정적인 것들에 대한 회의일까? 내 생각의 중심을 구름 밖에 두느냐 구름 속에 두느냐의 차이로 내 말과 행동과 습관 그리고 삶의 가치가 달라질 텐데. 아무래도 나는 인간의 영역에서 구분 지은 것에 과도하게 집착하는 것을 두려워하나 봐. 아니 지나치게 고지식한 나 자신에 대한 반항으로 구름 속의 나무에 이끌리는지도 몰라.'
 이런저런 생각을 하며 덕유산 설천봉의 풍광에 빠져 있을 때
 "막걸리 한 잔 하자."
 남편이 '천상의 주막' 야외 테이블로 이끌었다.
 "술잔에 구름도 꽉 채워요!"
 "아무렴! 당연 그래야지."
 나는 선천적으로 알코올 분해 효소가 부족한 것 같다. 술 한 모금에도 얼굴이 빨개지고 하루 꼬박 두통에 시달린다. 술이라면 딱 질색이다. 술은 백해무익하다고 주장하는 터다. 남편은 술을 몹시 좋아한다. 음주로 인해 발생한 실수도 가지가지이다. 나는 장소를 불문하고 술 마시기를 즐기는 남편을 못마땅하게 여긴다. 그런데 설천봉에서는 하얀 구름 때문에 막걸리 한 잔 하자는 남편의 제의를 흔쾌히 받아들였다. 하얀 막걸리가 딱 어울리는 풍취라고 한 술 더 떠 환호했다. 결국 나도 막걸리 딱 한 잔을 받아들었다.
 산 아래에서 하얀 구름이 끊임없이 올라왔다. 야외 테이블에 둘러앉은 사람들 사이사이로 구름이 차곡차곡 끼어들었다. 승천하는 고운 영혼들이 사람들의 얼굴을 부드럽게 쓰다듬는 것 같았다. 모두가 선한 미소로 속삭이는 것 같았다. 그 누구에게 말을 걸어도 따뜻하고 친절한 태도로 맞아줄 것 같았다. 나도 슬며시 즐거운 분위기 속에 젖어들고 싶었다. 가볍고 아름다운 구름이 내 어깨를 따뜻하게 감싸며 격려하는 것 같았다.
 "새로운 나날을 위하여!"
 남편과 나는 술잔을 들고 호들갑스럽게 건배했다. 그윽한 구름 속에서 치켜든 하얀 술잔! 튤립처럼 앙증맞은 하얀 술잔에 하얀 막

걸리가 출렁댔다. 구름 몇 조각 풍덩 빠졌거니 여기며 쭉 들이켰다. 그래서일까? 구름 속에서 거니는 사람들 모두모두 아름다워 보였다. 사실 찻잔에 마신 막걸리 한 잔으로 기분이 유난히 유쾌해진 건 아니다. 술잔에 동경하는 구름을 가득 채워 들이켰다는 생각이 가슴을 부풀게 했을 것이다.

"완벽하게 하고자 자신을 다그치지 말아요. 조금 부족하다 싶어도 스스로 지치지 않는 삶이 더 가치 있지 않겠어요? 그리고 느긋해서가 아니라 조급해할 때 불안과 실수가 더 커지는 것이지요."

지혜롭게 처리하지도 못하면서 꼼꼼해서일까? 나는 의도치 않게 주변 사람들로부터 여유를 지니라는 조언을 종종 듣는다. 아마도 시계추처럼 정확하게 왔다갔다하는 식의 고정된 삶의 방식을 답습하는 내가 안타까워 염려해 주는 것이리라. 또 한편으로는 정확한 실체에 집착하는 경향이 답답해 보여 충고해 주는 것이리라. 나 역시 나 스스로 삶의 족쇄를 채우는 건 아닐까 두려워 자주 느슨한 방식을 취하고자 애쓰지만 쉽지 않다.

들녘의 꽃을 꺾어다가 내가 당신을 위해 가꾼 특별한 꽃이라고 넉살을 피울 수 있는 성격이었으면 좋겠다. 내가 얼떨결에 취한 안식도 당신의 덕망과 현명한 대처 덕분이라고 재치를 부릴 수 있는 성품이었으면 참 좋겠다. 아직도 이래저래 편협하기 그지없는 나는 융통성이나 포용력이 요원한 듯하다. 탁 트인 광활한 풍경보다 구름 속에 은은히 가려진 풍경에 그토록 빠져들어 감탄하는 것도 자꾸만 내 안으로 숨어드는 습성 때문이 아닐까 꺼림칙하다. 아무래도 내 가슴속에 유유히 떠가는 구름을 자주 채워야 할까싶다. 그러면 고지식한 나의 사고방식이 조금은 유연해질 수 있으려나? 규칙과 격식에 얽매여 움츠리지 않고 구름처럼 자유로이 영위하는 삶에 대해 용기를 얻을 수 있으려나? 구름을 딱 한 잔 마셨지만 마음 속 기대는 설천봉만큼이나 높았다.

개체 보존의 욕구에 꺾이다

나는 체하기 쉬운 체질이라고 스스로 판단했다. 보통 성인의 식사량대로 먹게 되면 뱃속이 몹시 부대끼기 때문이다.

"이거 더 먹어 봐."

참 많이도 들어온 말이다. 사려 깊은 기분 좋은 권유임에 틀림없다. 그러나 참으로 아쉽게도 내겐 난처한 배려다. 나는 주관이 뚜렷한 소식가도 아니고 열렬한 열량 제한 식사요법 실천가도 아니다. 단지 소화능력에 대한 염려로 조금만 먹고자 애쓰는 중이기에 더 먹어보라는 말에 어찌할 바를 모르겠다. 다정한 권고에

'그래, 딱 한 숟가락인데 뭐.'

못이기는 척 먹어보지만 그만 체할 때가 잦다. 참으로 안타깝고 조심스럽다.

항상 먹을거리에 노출된 부엌데기로서 약한 소화기능 임에도 불구하고 건강상 크게 탈나지 않은 것에 자부심을 지니곤 했다. 개체 보존의 욕구에 지배당하지 않고 의연하게 소식에 적응했노라 자못 뿌듯해하곤 했다. 함부로 맛을 탐닉하지 않는 굳건한 절제력 아니냐고 스스로 대견해하기도 했다. 그러면서 넘치는 식욕을 방관하여 균형 잃은 뱃살로 고민하는 남편을 답답해하고 딱하게 여겼다. 심지어는 자기감정통제를 잘 못하는 문제투성이인 사람으로 심하

게 몰아 부치기도 했다. 그런데 요즘 정말 내가 식욕을 잘 조절하는 능력을 갖추었을까? 자기통제력 운운할 자격이 있는 걸까? 의아해하는 중이다.

얼마 전의 일이다. 아침 식사로 단팥빵 딱 하나를 먹었을 뿐인데 속이 좋지 않았다. 소화제를 먹어도 시원해지지 않아 점심과 저녁을 몽땅 굶었다. 일찍 잠자리에 들었다. 배가 고파서 잠이 오지 않았다.

'홍시는 괜찮을까? 참아야지.'
'과자 두어 개는 괜찮을 듯한데. 아니야. 속을 더 비워야 해.'
'호박죽은 어떨까? 내일 먹지 뭐.'
그러다 잠이 들었나 보다.
"아얏, 어휴! 아파."

김이 무럭무럭 피어오르는 따끈한 쌀밥 한 공기가 식탁에 놓여 있었다. 한 숟가락 뚝 떠서 허겁지겁 씹던 중 혀를 깨물어 소스라치게 놀라면서 눈을 떴다. 꿈이었다. 그런데 실제로 혀를 깨물고 말았다. 너무 아파 입안을 살펴보니 깨물린 곳에서 벌겋게 피가 흘러내리고 있었다.

순간 나는 멍해지고 말았다. 가슴 저 밑바닥에서 올라오는 아우성이 들리는 듯했다.

'과잉된 억압이 결국 피를 불렀군.'
허탈감이 밀려왔다.
'결국 내가 나 자신을 속인거야?'
가증스런 나 자신임이 증명되는 것 같아 속상했다.
'개체 보존의 욕구를 너무 과소평가했어. 식욕을 자기 통제력으로 걸러내지 못한 식탐으로 취급하며 억제하지 못한다고 힐책함은

참으로 교만한 태도인 거야.'

 배고픔을 못 이겨 꿈속에서조차 밥 먹는 꿈을 꾸다니! 그것도 교양 없는 태도로 조급하게 먹어 대다니! 본능을 감히 초월할 수 없는 나 자신은 지극히 미천한 속인임이 명백해졌음을 서러워할 자격도 없다. 오히려 거룩한 생명의 원동력인 '식욕'을 자신의 의지로 맘대로 휘둘러야 하는 하찮은 물건처럼 취급한 오만함을 엄중히 사죄해야 할 일이다.

 아마도 내가 크게 착각하는 것 같다. 내가 소식하는 것은 나의 위장이 작아서도 아니고 자기 통제력이 뛰어나서도 아닐 것이다. 다만 언제였는지 몰라도 신이 나에게 부여한 식사량보다 훨씬 더 많이 게걸스럽게 먹어대어 걸핏하면 체하는 위장으로 탈이 난 것이 지금껏 이어진 것일 수도 있다. 다행히 병원에 갈 만큼은 아닌 만성소화불량일지도 모르겠다.

 신의 영역을 함부로 해석하는 우를 범하지 말아야하겠다. 체하기 쉬운 체질이라고 내 멋대로 단정을 지은 건 큰 실수인지도 모른다. 더 채워야 하는 욕구를 꾹꾹 누르고 소식이나 단식으로 억지 부리기보다는 전문가의 진료가 필요하지 않을까 싶기도 하다.

막돌이 구르는 뜰

 아기자기하게 꾸며놓은 개인집 정원을 구경했다. 대자연의 숨결보다 사람의 정성스런 손길이 구석구석 스민 곳이었다. 구름을 보고 손짓하는 제멋대로의 나뭇가지보다 인위적으로 잘 다듬어진 독특한 나무들이 많아 시선을 끌었다. 정원의 작은 돌들이 모두 깎아놓은 밤톨처럼 매끄럽고 세련돼 보였다. 모든 것이 맑은 물로 잘 닦아놓은 듯 반들반들 했다. 풀잎이 한껏 기댈만한 울퉁불퉁한 막돌은 어디에도 없었다. 돌담에서부터 정원 바닥과 구석의 개집까지 온통 빤들빤들한 돌을 붙여 놀라운 볼거리를 제공했다.
 하얀 빛깔의 구절초가 매끈한 돌 틈에서 활짝 피었다. 싱그러운 구절초가 그만 종이꽃처럼 무표정하게 나를 보는 듯 여겨졌다. 너무 매끈하게 잘생긴 돌멩이 때문에 구절초의 청초함이 상쇄되는 것 같았다. 내가 지나치게 자연 그대로를 탐닉하다보니 그렇게 보일지 모르겠지만 애석한 마음이 파고드는 건 어쩔 수 없었다. 사실 어떤 이들은 일부러 막돌처럼 인위적으로 돌을 깎아 정원을 꾸밀지도 모른다. 돌의 모습에 나의 감성이 편파적으로 휘둘리는 건 합당하지 않은 감상태도다. 자꾸 못마땅한 눈빛 먼저 내비치면 아무리 아름다운 풍경도 티끌먼저 보이리라.
 그 정원에서는 호연지기의 심호흡보다는 다정한 속삭임이 어울렸다. 전국방방곡곡 뒤져서 거금일지라도 최선을 다해 들여놓은 쉽게 볼 수 없는 나무 그리고 화초, 국내 유일할 것 같은 모양의 조형물, 미로 찾기 같은 평범하지 않은 정원 구조 등 하나하나가 남다르게 다가왔다. 안주인이 들려주는 주인아저씨의 애틋함, 패기와 뚝심의 수완, 조금은 무모할지도 모르는 배짱 등의 이야기가 아담한 정원에 가득했다.

돈이 많아서가 아니라 아픈 아내를 위해 만들었다고 한다. 혼자서 그토록 훌륭한 공간을 조성해 내다니! 주인아저씨의 사랑과 열정이 참으로 거룩함을 칭송하지 않을 수 없었다. 거듭거듭 놀라고 감탄했다. 지극한 사랑이 깃든 정원임을 알고 나자 빤들거리던 돌멩이에서 주인의 처절한 피땀이 느껴졌다. 인위적인 맛이 강할지라도 참으로 고결하고 아름다운 정원임에 틀림없다고 생각을 다잡았다.

대자연을 정원으로 끌어들인 소쇄원에 갔었다. 멀리 잔잔한 물결 모양으로 이어간 산등성이의 부드러운 리듬과 주변 대숲의 웅장한 기개를 뜰 안에 서서 그윽하게 음미할 수 있었다. 자연과의 탁월한 조화로 정평이 난 곳이라 했다. 치졸한 인간의 손길보다 심원한 자연의 숨결을 더 간구했을 숭고한 마음을 떠올려 보았다. 작은 풀꽃을 가만히 들여다보고 아름다운 새소리에 귀를 기울이는 겸허한 눈길과 발길을 생각하며 소쇄원의 뜰을 거닐어 보았다. 하늘의 구름마저 더욱 고아하게 흐르는 것 같았다.

논둑이나 밭둑에서 흔히 볼 수 있는 낯익은 막돌들을 정원 꾸미기에 이용하여 친근함이 더해졌다. 소쇄원 구석구석 돌계단이나 돌담의 막돌에서 어린 시절 공깃돌이나 비석치기 돌을 떠올렸다. 따뜻하고 다감한 뜰로 다가왔다. 풀꽃의 미소가 어려 있는 그대로의 돌일 것 같았다. 더욱 다정한 느낌이 들었다. 비바람에 다듬어진 그대로의 돌일 것 같았다. 순박한 분위기를 안겨주었다. 지나가는 나그네가 시구하나 읊고 싶을 만큼 그윽하고 순수한 정원이라고 감탄하며 맞은편 대숲을 응시했다. 대숲을 스치는 보름달을 가만히 떠올려 보았다. 대숲이 닦아 올려놓은 듯 맑디맑은 보름달이 더욱 산뜻하게 소쇄원을 비추리라. 그 달을 바라보는 누군가의 눈빛도 참 맑고 깊으리라.

나는 노년에 소쇄원처럼 품격 높은 정원은 어림없을지언정 적어도 막돌이 구르는 뜰이나마 거닐 수 있었으면 했다. 그래서 주말농터에서 막돌을 열심히 모았다. 밭 아래 계곡의 물소리와 주변의 숲을 끌어들인 정감어린 정원을 꿈꾸었다. 몇 년간 틈만 나면 잔돌마저 끌어 모으며 막돌 무더기 스무 여개를 만들었다. 지나는 사람들이 예쁘다고 감탄하기도 했다.

나 혼자의 힘으로 더 이상 주말농터를 꾸밀 수가 없었다. 수시로 돌을 더 얹고 모양을 다듬어 정겨운 분위기를 유지하고 싶었으나 여의치 않았다. 막돌이 구르는 뜰에 대한 이상은 높았으나 능력과 열정은 바닥인 셈이다. 돌 쌓는 방법을 공부해야지 하면서도 쉽게 실천을 못했다. 그러면서 매끈한 돌로 가꾸어진 사랑스런 개인 정원과 심오한 경지를 느끼게 하는 소쇄원의 고아한 돌담만 마음 속에 그리고 있으니 나의 돌무더기가 자꾸만 허술해져 보이고 오죽잖아 보이는 건 당연하리라.

내가 다듬어보고자 바동거리는 주말농터에 자연정원을 꾸밀 생각이 추호도 없는 남편의 마음을 뒤늦게 알았다. 훗날 자신의 고향으로 터전을 옮겨 그곳에 초막을 마련하겠노라 역설했다. 남편에게 있어 주말농터는 그냥 농사 짓는 밭에 불과했던 것이다. 그래도 그렇지 내가 다독거리는 돌무더기를 왜 그토록 방해하는지!

"내가 정성껏 쌓은 돌무더기에 쓰레기를 던지다니! 당신은 역시 날 사랑하지 않아."

난 물론 매끄러운 돌멩이로 세상에 단 하나 밖에 없는 정원을 만들어 아내를 기쁘게 해 준 어떤 이와 비교할 의도는 전혀 없다. 다만 내 돌무더기에 일부러 풀포기를 얹지만 않았으면 했다.

풀뿌리가 자리잡아갈수록 서서히 사그라져 가는 초췌한 나의 막돌 무더기를 바라볼 때마다 씁쓸함이 밀려왔다.

'글쎄, 뭐 꼭 어엿한 돌담과 지붕이 있어야지만 정원이라고 명명할까? 그냥 푸성귀 뜯다가 물소리 듣고 새소리 들으며 높은 하늘의 하얀 구름 한 덩이 볼 수 있다면 그게 정취 있고 홀가분한 정원 아니겠어? 더구나 지나가는 나그네와 옥수수가 어떻다느니 상추가 어떻다느니 가볍고 편안한 얘기를 주고받을 수 있으니 주말농터는 더욱 인간적인 정원인 셈이지. 투박한 막돌이 여기저기 널리고 더러는 흙에 묻힌 돌 틈에 풀꽃이 피어나는 담 없는 밭가가 훨씬 자연적인 뜰이지 않을까?'

결국 배짱이 두둑하지 못한 나는 막돌이 정말 제멋대로 막 구르는 농터를 정원이려니 여기고자 마음을 비우기로 했다. 막돌 틈에 핀 민들레꽃은 매끈한 돌 틈에 핀 구절초보다 더 산뜻하다고 흐뭇해하며 돌무더기에 초연해하고자 애쓴다. 소쇄원의 거룩한 자연친화적인 뜰을 부러워하지 않기로 했다. 막돌이 아무렇게나 흩어진 밭가도 천천히 흐르는 구름이 있고 맑은 달빛이 그윽하다고 스스로를 위로하며 즐거워하기로 했다. 번드르르한 내 마음속의 뜰부터 순박한 막돌로 채워야하지 않을까 싶다.

돌멩이를 가꾸고 싶다

　어린 시절엔 돌멩이 박힌 진흙길도 하나의 놀이터였다. 비가 주룩주룩 내리면 진흙길에 널브러져 있던 풀잎이나 검불 그리고 작은 돌멩이들이 길가로 우르르 휩쓸려갔다. 그러면 진흙길 한가운데는 깨끗이 청소한 안방처럼 반질거렸다. 밟으면 푹 빠지는 길임을 빤히 알면서도 비 오고 나면 나는 곧잘 산뜻해진 진흙길로 놀러 나갔다.
　한 발짝 내딛는 순간 고무신이 진흙에 푹 빠져 버렸다. 간신히 신발을 빼어들고 단단하게 박힌 돌멩이 위로 폴짝 올라서곤 했다. 나의 온몸을 떠받쳐 주는 땅속의 돌멩이는 내게 무한한 안도감을 안겨 주었다. 돌멩이는 비록 내 작은 두 발바닥을 보듬어 줄 만큼 보일락 말락 박혀있지만 속으로는 큰 바윗덩어리일 거라고 믿었다.
　돌멩이 위에 오뚝 올라앉아서 가늘게 흐르는 길 위의 물로 장난쳤다. 손바닥으로 물길을 막거나 흙으로 성을 쌓기도 했다. 보일 듯 말듯 흐르는 물은 손바닥 안에 모여 드는가 싶다가도 금방 날렵하게 내 손안을 빠져 나가곤 했다. 물은 고일만하면 대뜸 내가 쌓은 성벽 한 귀퉁이를 무너뜨리며 흘러가버리곤 했다.
　다시 쌓고 또 헐리기를 반복하며 어린 나는 무엇을 습득해 놓았을까? 담담하게 놓아버릴 때 여유가 생긴다는 깨달음의 유희였을까? 아니면 뭐든 내 손안에 거머쥐려는 연습이었을까? 아무래도 자꾸 더 큰 성을 쌓고자 안달했던 것을 미루어 볼 때 뭔가 풍성히 지니고자 하는 욕망을 습득하는 놀이가 아니었나 싶다. 여태껏 나는 하찮은 감정마저도 버리지 못해 안달이다.

여름철마다 나는 남편과 돌멩이 때문에 치열하게 감정싸움을 벌였다.

"돌멩이가 나오지 않았다면 난 여기에 오는 재미가 없었을 거예요. 돌멩이로 돌무더기 쌓는 게 정말 재미있다니까요. 그러니 제발 돌멩이를 괴롭히지 마라고요!"

나는 진심으로 돌멩이가 좋았다. 끊임없이 돌멩이가 나오는 주말농터를 거칠고 황폐한 땅이라고 결코 불평하지 않았다. 돌멩이를 주워 모아 설치미술가인 척 내 맘대로 쌓아 가노라면 기분이 몹시 상쾌해졌다. 오히려 돌멩이들이 나를 공기 맑은 주말농터로 이끌어 준다고 쾌재를 부르곤 했다. 그리고 돌멩이를 모아놓을 때마다 어린 시절 진흙길에서 내 발밑을 받쳐주던 듬직한 돌이 생각나 마음이 든든해지곤 했다.

반면에 남편은 돌멩이를 쓰레기 취급했다. 간혹 큰 돌은 기꺼이 옮겨다가 멋지게 쌓아주기도 했지만 작은 돌멩이는 시답잖게 여겼다. 막무가내로 돌멩이를 거칠게 밭둑이나 산 밑으로 휙휙 집어던졌다. 돌멩이가 삽 끝과 호미 끝을 망쳐놓는다고 투덜댔다. 그것까지는 참을 만했다. 나를 더욱 화나게 한 것은 내가 애써 쌓아놓은 돌무더기 위에 흙이 덕지덕지 붙은 풀포기를 풀썩 던져 놓는 일이었다.

"돌무더기가 풀무더기 되면 어쩌려고 여기다 풀을 던진대요?"

여름만 되면 나는 남편에게 버럭버럭 소리 지르며 화를 냈다.
"돌멩이 위에 풀을 놓아야 풀이 바싹 말라서 다시 살지 않는다고!"

남편은 억지를 부리면서 내 돌무더기에 계속 풀포기를 던졌다. 웬 걸? 비 오고 나면 풀은 돌 위에서 다시 잘 살아났다.

돌멩이에 풀이 붙게 되면 더 이상 돌이 아니다. 풀이 자라는 단단한 땅이 되고 만다. 긴 세월 동안 조금씩 부스러진 돌멩이가 스스로 흙이 되어 풀씨를 품었다면 모를까 사람이 던진 흙 때문에 돌무더기가 풀무더기 된다면 돌멩이로서는 죽은 거나 다름없다. 나는 돌멩이도 돌멩이 본연의 모습을 빛내며 존재하길 원한다고 생각한다. 모든 곳의 돌멩이를 다 건사할 수는 없지만 적어도 내 밭의 돌멩이만큼은 돌멩이로 다듬어내고 싶었다.

남편의 방해공작에도 불구하고 나는 한동안 기꺼이 돌멩이를 주워 모았다. 내 온몸을 받쳐 줄 반짝이는 반석을 동경하느라 그토록 돌무더기 만들기에 애착을 가진 걸까? 진흙 범벅이 된 내 발을 단단히 받쳐주던 돌멩이를 그리워하면서 크고 작은 돌멩이를 모아 낑낑대며 나르고 어루만졌다. 작은 돌이 모아져 하나의 큰 바윗덩이처럼 보이면 내 마음이 몹시 설렜다. 돌무더기를 밟으면 와르르 돌들이 무너져 내려 내 몸을 기댈 수는 없었다. 하지만 쳐다보는 것만으로도 나는 웅장한 바윗덩이에 기댄다는 착각에 빠져 기분이 좋았다.

해를 거듭할수록 나는 결국 남편의 풀포기 던짐을 극복해내지 못했다. 밭 끄트머리 쪽 돌무더기 몇 개는 완전히 풀무더기가 되어 버렸다. 아니 돌의 무덤이 되어버렸다. 나의 얄팍한 감상에 야유를 보내듯 풀무더미기가 더 늘어날 기미가 보이자 나는 돌무더기 위의 풀을 걷어내는 것도 그만 지치고 말았다. 더 이상 밭에서 흙속의 돌도 파내지 않았다. 나는 밭에 가는 일조차 심드렁해지기 시작했다.

정말 드물게 주말농터에 가면 돌무더기가 더욱 천덕꾸러기 신세로 전락했음이 눈에 띄었다. 너덜너덜해진 반 코팅장갑, 찢어진 비닐, 쭈그러진 캔, 비닐 끈, 녹슨 못 등등이 돌무더기의 돌 틈 사이사이에 쑤셔 박혀 있었다. 풀은 더욱 심각한 모습으로 돌무더기 몇 개를 장악하곤 했다. 거의 내 신장만큼 자란 도꼬마리 풀이나 망초대가 돌무더기 위에 안착한 것을 볼라치면 내 동경의 날개가 가시철망에 꽂힌 기분이 들었다. 서러움이 밀려와 계곡의 맑은 물소리마저 우울하게 들려왔다. 나그네들의 발길을 멈추게 했던 정겨운 돌무더기였는데 버려진 밭처럼 삭막해지다니!

'소나기가 아무리 정성껏 돌을 닦아도 더 이상 돌멩이의 해맑은 모습은 볼 수 없어.'

속상하고 슬펐다. 한량없이 답답한 가슴을 안고 쓰레기를 주워냈다. 그러나 다음에 와 보면 또 다시 지저분해지곤 했다. 돌무더기 옆을 거닐면서 숲의 청아한 숨결과 새들의 노래, 하얀 구름의 여유 그리고 먼 산의 고즈넉한 능선, 계곡의 시원한 물소리에 흠뻑 취했던 얼마간의 날들은 벌써 까마득한 추억이 되어버린 듯했다. 애석하기 그지없었다.

'돌멩이는 흙속에 묻히고 나오기를 반복하며 더욱 새로운 자연물로 땅 위에 존재하기를 원하지 않을까?'

문득 돌멩이의 새날이 떠올려졌다.

'영원히 똑같은 모습이란 있을 수가 없어! 언제나 같은 모습도 사실 지루해질 수 있고.'

이렇게 생각하니 서러움이 좀 사그라지는 듯했다. 아마도 어린 시절 진흙 성을 쌓고 헐리고 또 다시 쌓으며 뭐든 내 손안에 쥐려는 연습을 너무 많이 한 탓에 돌에 대한 믿음과 욕망이 지나쳤던 건 아닌가 싶다. 잠시 풀무더기로 변한 돌무더기에 너그러운 시선을 보내며 내 마음을 먼저 숙성시키는 시간도 필요하리라. 침착하게 기다리다가 다시 돌을 꺼내 예쁘게 펼쳐놓으면 돌멩이로부터 전해져 오는 풀과 흙의 향내는 더욱 감미로우리라.

구두 소리 참 이쁘더군요

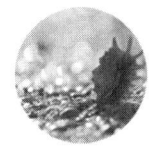

햇살이 유난히 산뜻하다는 느낌이 드는 날이었다. 등기 우편물 수령 건으로 우체국에 들러야 했다. 현관문을 나섰다. 아파트에서 우체국까지 걸어서 20분 정도 걸린다. 산책 삼아 걷기로 했다. 산길 이외의 평탄한 길은 구두 신고 걷는 것도 좋아하여 구둣발로 나섰다. 맑은 가을 햇살이 높은 하늘에서 나의 기분을 막 끌어당겨서인지 발걸음이 가볍게 느껴졌다. 상쾌한 마음이 더욱 경쾌한 발걸음을 재촉했다.

냇가에 다다랐을 때 하얀 꽃무리가 나타났다.

'어머! 아름다운 꽃 좀 봐. 꼭 앉은뱅이 꽃 같네.'

다가가보니 태풍에 쓰러진 들국화였다. 소파에 납작 엎드린 하얀 털 강아지처럼 완전히 누운 채로 무수히 많은 흰 꽃을 피워낸 정경이 내 발길을 멈추게 했다. 당당하게 하늘을 향한 멋진 줄기가 아닌 넘어져 불편해 보이는 줄기에서 환하게 웃는 꽃이 참으로 갸륵하게 다가왔다. 하얀 꽃송이 하나하나 나의 손톱만한 크기였다. 자잘한 꽃 한 무더기가 그윽하고 신비스런 분위기를 자아내 난 꽃무더기 앞에 무릎을 꿇고 앉아 들여다보았다.

'하늘에서 양 한 마리 만들어 내고 남은 구름부스러기 한 바구니를 풀밭에 쏟아 놓았나봐. 어쩜 이렇게 아름다울까?'

티끌 하나 없는 구름이 떨어져 쌓인 것처럼 하얗게 핀 꽃이었다. 만지면 솜처럼 부드러울 것 같았다. 건드리면 아이스크림처럼 녹아 사라질 것 같았다.

꽃무더기는 천사가 켜 놓은 등불 같았다. 사람의 머리 위가 아니라 사람의 고단한 발끝에서 따스하게 빛나는 등불 같았다. 정신을 흐리게 하려는 요염한 빛이 아니라 청아한 발길을 인도하는 맑은 빛으로 다가왔다. 꽃은 빛났으나 현란하지 않았다. 꽃은 생기 넘쳤으나 야성이 넘치지는 않았다. 우아하고 기품 있는 자태로 낮게 피어 내게 한량없는 기쁨을 안겨 주었다.

"너 가져도 좋아."

누군가의 음성이 들리는 것 같았다. 순간 당장이라도 꽃을 꺾어 한아름 가슴에 안고 싶어졌다.

"감히 이렇게 고운 꽃을 티끌 많은 내 가슴으로 품을 자격이 없지."

손끝도 대지 않고 가만히 응시하기만 했다.

가을 햇살이 '사랑한다. 사랑한다.' 쓰다듬는 꽃잎에 틀림없다. 작은 꽃의 꽃잎마다 햇살의 정기가 드높게 스민 듯 환희에 찬 느낌이었다. '예쁘다. 예쁘다.' 꽃송이마다 내가 눈 맞추었다. 내 가슴에도 가을 햇살처럼 따스하고 들국화처럼 고아한 사랑이 꿈틀대는 듯했다.

'보잘것없는 내게 이렇게 아름다운 꽃을! 넘치는 축복입니다.'

스마트폰으로 사진을 찍었다. 성스럽고 거룩한 꽃 한 다발이 나의 품에 안기는 기분이 들었다. 참 뿌듯했다.

저만치 앞서 어느 안노인이 걸어가고 있었다. 가을볕에 시든 풀잎처럼 걸음걸이에 영 힘이 없어 보였다. 자전거 도로로 잘 닦여진 장재천 길에는 노인과 나 단 둘 뿐이었다. 여름 풀잎만큼은 아니더라도 아직 조금 생기가 남아있는 내 걸음은 안노인을 금방 스치게 되었다. 전혀 모르는 노인이지만 그냥 휙 지나가기엔 결례가 아닐까 하는 생각이 들었다. 더구나 좀 전 아름다운 들국화를 가슴에 품기도 했는데! 비껴가면서 살짝 눈인사를 건넸다. 그 찰나

"구두소리가 참 이쁘더군요."

하시는 게 아닌가! 엷은 미소를 띤 안노인은 무척 자애로운 표정이었다.

"예? 아! 예에."

얼결에 나는 살며시 웃어 보이고는 지나오고 말았다. 천천히 걸으면서 대화 상대가 되고 싶었으나 나는 자신이 없었다. 우선 안노인에게 전해진 예쁜 구두소리 이미지를 깨고 싶지 않았다. 대화를 하다보면 나는 쉽게 하하 호호 경박한 웃음을 보일 게 뻔했다. 그러면 예쁜 구두소리는 푼수 같고 경박한 소리로 전락하고 말 것 같았다. 모르는 사람임에도 불구하고 잠시라도 정말 고운 이미지로 남고 싶어 안달하다니! 내 한심한 욕망이 애석하기 그지없구나 싶다.

담담하게 안노인을 그냥 스쳐온 더 큰 이유는 아마도 들국화 때문이 아닐까? 하마터면 꺾어 가질 뻔했던 들국화가 강렬하게 내 마음을 계속 붙잡고 있었다. 들국화의 거룩하고 신비한 분위기에서 쉽게 헤어나기 어려웠다. 들국화에 멍하니 빠져든 상태로 걷다가 기습 공격을 당한 형국이랄까? 얼떨결에 대답은 했지만 어리벙병한 상태인 나는 재빨리 안노인의 감상에 교감할 수 없었던 것이리라. 천연덕스럽게 예사로운 내 마음으로 재빨리 변환시키기가 어려웠다. 꽃에 홀려서 인간적인 인사말이 퍼뜩 생각나지 않았다. 무례하게도 그만 간결하게 응수하고 지나와 못내 아쉬웠다. 신속하

게 감정을 공유하여 들국화 얘기를 했더라면 더욱 아름다운 들국화 추억의 길이었을 텐데 참으로 애석했다.

그리고 참 고지식하게도 나는 '구두소리'에 합당한 대답이어야 한다고 순간적으로 머릿속에서 계산했었다. '들국화'에 빠진 마음과 '구두소리'를 인지한 머릿속이 서로 따로 놀았다. 그래서 그런지 적절하게 응대할만한 말이 재빠르게 떠오르지가 않았던 것이다. 당혹해하다가 따스하고 인상 깊은 인사말을 기어이 놓치고 그냥 허망하게 스쳐오고 만 것이다. 임기응변식으로라도 재빠르게 대처하는 능력을 갖추었어야 하는데 내게는 그런 점이 턱없이 부족하다. 그저 단순하고 융통성이 없어 낯선 분위기에 맞닥뜨리면 몹시 긴장하곤 한다.

"참 맑은 가을날이죠? 저기에 예쁜 들국화가 환하게 피었더라고요."

이렇게 쉬운 말도 능숙하게 응변하지 못한 나 자신이 몹시도 촌스럽게 여겨졌다. 안노인의 마음이 한 송이의 꽃보다 아름답다고 속히 감지했어야 했는데 그렇지 못하여 속상하고 안타까웠다. 아무래도 나 자신이 근본적으로 무미건조하고 몰인정해서 그런 건 아닐까 두려워하며 한탄했다. 한갓 풀꽃 따위에는 그토록 감동했으면서 순박한 안노인의 따뜻한 인사에는 데면데면하고 말다니! 생각할수록 여간 쓸쓸한 게 아니었다. 들국화에 빠진 내 마음이 순전히 가식 같아서 스스로 한없이 부끄러웠다.

순간적인 스침이지만 여든은 훌쩍 넘으신 안노인이셨다. 매우 인자하고 기품 있어 보였다. 오랜 시간 닳아진 육신이라고 감정까지 무뎌지는 건 아니니라. 벌써부터 마음이 삭막해지는 것 같다고 호들갑스럽게 투덜대는 내가 몹시 계면쩍어졌다. 아직도 소녀 같은 섬세함을 지닌 멋진 노인은 내게 있어 우연히 마주친 큰 스승인 셈이다. '살아갈 날이 얼마 남지 않았으니까.' 하는 초연함보다는 '생명이 있는 한'에 담아내는 활기찬 정감을 추구해야겠다. 세상을 긍정적이고 따뜻한 마음으로 바라보노라면 어떤 것에서든 아름다움을 찾아낼 수 있는 심미안을 지니게 되리라.

"구두소리가 참 이쁘더군요."

아름다운 들국화보다 안노인의 따뜻한 마음이 훨씬 더 환상적인 가을 선물임을 미처 몰랐던 이 미련함을 속히 벗어던질 수 있었으면 좋겠다.

닫힌 문 앞에서

석양빛에 차분하게 빛나는 옅은 갈색 지붕의 집이 있었다. 아담한 집이었다. 남자보다는 여자가 훨씬 많이 사는 집이었다. 비바람에 정원의 꽃가지가 부러졌을 때 비관보다는 순박한 성찰로 다독이는 아늑하고 평온한 집이었다.

'온갖 풍상을 다 겪었다. 백절불굴의 정신으로 좌절하지 않고 드디어 오늘날의 이 자리에 오게 되었다.'

이런 투의 투철한 성공기가 없어 좋았다. 당차지 못하여 미미한 문제마저 명쾌하게 헤쳐 나가기 쉽지 않은 내가 살며시 들어가도 나를 기죽게 하지 않아 좋았다.

'다 같이 존엄한 인격체다. 후손에게 소중한 터전이다. 어떤 방법을 동원해서라도 우리의 뜻을 관철시켜야만 한다.'

이런 식의 격렬한 선동기가 없어 좋았다. 매사에 아둔하여 상황 판단을 명확하게 해 내지 못하는 내가 적절한 도움을 주지 못하는 것에 대해 죄의식을 느끼지 않을 수 있어 마음이 편한 집이었다.

'글쎄, 어쩜 그럴 수가 있어? 별 수 없는 사람이었던 거야. 결국 그렇게 되었다지 뭐야.'

이런 종류의 충실한 염탐기가 없어 좋았다. 세상의 일에 달관하지 못한 나 자신의 삶도 난도질당할 만한 흠집은 얼마든지 있기에 남의 얘기에 대리만족을 느끼고 싶지 않았다. 그 집은 그런 잡담의 기미가 전혀 없을 뿐더러 요구하지도 않아 참 기분 좋았다.

'독선적인 행동은 삼가야 한다. 모름지기 한 집단의 구성원으로서 팀의 친목에 그리 소홀히 해서는 안 될 것이다.'

이런 형태의 따끔한 훈화기도 없어 좋았다. 나의 경우는 주변의 흐름보다는 자신 내면의 세계에 충실하기 쉽다. 그러다보니 남을 위해 뭔가를 할 수 있는 능력을 다그치는 곳에서는 그만 부담을 느끼게 되어 다가서기 꺼려한다.

'어머머? 정말이야? 뭐 이딴 게 다 있담. 잽싸게 해결해 달라니까.'

이런 모양의 걸쭉한 입담에다가 호들갑 떠는 수다기가 없어 좋았다. 나도 때로는 분위기에 맞추어 저속한 말도 언뜻 내비치며 거리낌 없이 떠들려고 애서 보지만 어쨌거나 달뜬 분위기에는 영 마음이 내키지 않았다. 이 집 뿐만 아니라 어디서건 수다 방에 끼어들지 않게 된다. 워낙 내게 발랄함과 민첩성이 부족하다보니 수다와 재치에 대해 주눅이 들었다. 그 집은 유쾌한 응수나 농담 또는 궤변 같은 것들을 척척 생성해 내지 못하는 나의 어수룩함이 들통나지 않을 만큼 차분하고 고요한 분위기여서 정말 좋았다.

그 집은 황혼을 즐겨 바라보는 고아한 품위를 지닌 무명 시인이 어설프게 만들었지만 자연 속에 오래 정착한 안락한 집 같았다. 내가 나그네의 마음으로 아무때나 드나들어도 집주인은 전혀 눈치를 주지 않아 편안했다. 예고 없이 불쑥 찾아가도 우아하고 부드러운 분위기로 반겨주었다. 안락한 방들을 차례차례 들락거리면 내 마음에 따스한 즐거움이 쌓여가곤 했다.

특히 애틋한 그리움이 넘실대는 그 집에서는 적절히 느슨해진

인습으로 아름다운 일탈에 대한 동경을 꿈꿀 수 있어 좋았다. 장미꽃처럼 우아한 능선이 겹쳐진 산골짜기의 햇살 좋은 곳에서 그대와 맑은 바람 같은 화음으로 노래하는 상상을 할 수 있어 좋은 곳이었다.

마음이 우울할 때 그 집에 들어서면 초원의 어여쁜 꽃들만큼 밝고 해맑은 미소를 느낄 수 있어 위안이 되곤 했다. 심신이 고달픈 날에 잠시 들어가 쉬노라면 세상을 초연하게 바라보는 힘을 얻는 것 같아 좋았다. 삭막한 갈등에 시달릴 때에는 눈꽃만큼이나 신비한 분위기에 자못 깊이 있게 사유할 수 있는 힘을 얻곤 했다.

한결같이 '타인' 보다는 '나'를 조율하고자 애쓰는 품격 높은 사색의 공간이 황량하고 수선한 일상에 지친 내게 참으로 진지하고 아름답게 다가왔다. 이건 내 생각이지만 속되고 교활하며 기회주의자인 사람들에게는 아주 재미없는 집일 것이다. 물론 나 자신도 고품격이지는 못하다. 하지만 활기찬 교류를 요구하지 않는 곳이다 보니 내게는 행복한 쉼터로 다가왔다. 이야기는 있되 잠잠하며 발소리는 있되 평화로운 집이어서 몰래 들어가 쉬곤 했다. 그 집에 들어서는 그 누구도 당연히 순수한 눈으로 세상을 보며 삼가는 마음으로 자신의 내면을 들여다보아야 한다는 깨달음을 가질 것이라 여겨졌다.

고통도 행복도 모두 자신의 가슴 안에서 조탁하여 혼탁한 감정을 한줄기 빛으로 승화시키고자 고뇌하는 그 집의 주인을 나는 늘 응시하며 경외했다. 그런데 얼마 전부터 석양에 물든 풍경을 유난히 자주 노래하는가 싶더니 어느 날 '홈페이지 닫습니다. 죄송합니다.' 하는 메시지를 허공의 깃털처럼 허망하게 대문에 달아놓고 있었다.

'진작 내게 평안한 집이었노라고 넌지시 고백할 것을….'
 안타까웠다. 늘 머뭇거리다 놓치는 것이 나의 고질적인 습성임을 확실히 증명해주는 것 같아 더욱 서글펐다.

산을 씻는 눈석임물

'봄 전달 대표'라는 완장을 찬 눈석임물은 온 산 구석구석을 휘젓는 중임에 틀림없다. 복병처럼 산 속 어디든 숨어서 닿는 무엇이든 축축하게 적셔놓고 미끄러지게 했다. 조신한 몸가짐을 유념하지 않을 수 없었다. 나는 감히 순례자 흉내를 내는 듯 느릿느릿 발걸음을 뗐다. 하지만 그렇게 걸어도 감탕이 된 산길에 신발이 닿는 족족 걸쭉한 흙이 달라붙어 나를 휘청거리게 했다.

명상에 잠긴 듯 고요하게 선 나무들 앞에서 좀 머쓱했다. 아무 때나 어지러이 발걸음을 옮기는 건 아니라고 변명하듯 멈추어 서서 나무들을 자주 올려다보았다. 잔가지를 넘나들며 산새들이 경쾌하게 지저귀었다. 신발은 무거워져 가도 내 마음은 점점 유쾌해져 갔다. 봄이 바짝 내 코앞에 다가온 기분이 들었다.

소나무 숲에 다다르자 나의 발끝에 툭툭 무엇인가가 떨어졌다. 올려다보는 내 이마를 탁 때렸다. '앗, 뭐지?' 이마를 쓱 만져보니 물방울이었다. 나뭇가지 사이사이에 그리고 솔잎 사이사이에 꽉 들어박혀 숨었던 하얀 눈이 햇살에 녹는 중이었던가 보다. 눈 녹은 물은 솔잎을 씻어주고 나무줄기를 닦아주어 산뜻하게 봄을 맞이하도록 부추기는 중이리라. 말쑥한 소나무 가지들이 더없이 산뜻해 보였다. 나의 지끈거리는 이마도 한 방울의 눈석임물로 시원해지겠거니 좋아했다. 눈석임물은 산속 곳곳으로 달려가기 바쁘리라. 봄을 전하라는 엄중한 명령을 충실히 이행하기 위해 나무뿌리와 온갖 씨앗들을 부지런히 찾아가리라.

정자에 올랐다. 지붕의 눈 녹은 물이 처마 끝 낙숫물이 되어 햇살에 반짝였다. 삭아가는 가랑잎 위로 툭툭 떨어져 내렸다. 가을날 곱던 빛깔은 잃었지만 깨끗하게 닦여진 낙엽이 산뜻했다. 말끔해진 낙엽 위에 고인 눈석임물이 무척 맑아 보였다. 단번에 마시고 싶을 만큼 정갈했다. 작은 산새가 이런 맑은 물 한 모금 몰래 마시고 그토록 아름다운 노래를 부르는지도 모른다. 사방에서 들려오는 고운 산새소리에 나는 눈석임물 따라 봄맞이 여행 중인 나그네려니 상상했다. 방랑자처럼 자유롭게 훌쩍 떠나온 기분이 들어 마음이 설렜다.

갑자기 하모니카 소리가 적막을 깨뜨렸다. 소리가 들려오는 쪽으로 고개를 돌려보니 누군가 스마트폰으로 하모니카 연주곡을 감상하며 올라오는 중이었다. 하모니카 소리에 낙숫물 소리가 묻혀버렸다. 청력이 약해진 노인들은 큰 소리로 음악을 듣게 마련이어서 언짢아할 수가 없다. 또 하나의 봄 전령이려니 유쾌하게 맞이하기로 했다. 하지만 하모니카 음악을 크게 감상하는 이가 어쩌면 예상치 않게 나를 발견하고 머쓱해할지도 모른다는 생각이 들었다. 마주칠세라 성급히 정자를 내려왔다. 지나쳐오며 살짝 쳐다보니 내 또래일 것도 같았다.

눈석임물이 흐르는 산길을 음미하는 나에게는 사실 하모니카 소리보다 새소리가 더 곱게 다가왔다. 맑은 눈석임물에 목청을 꾸준히 다듬었을 새들의 노래가 이쪽저쪽에서 들려오는 산길이 마냥 유쾌했다. 새들의 지저귐은 산의 구석구석 봄맞이를 시작하는 모든 것들에게 있어 경쾌한 두드림이요 아름다운 응원가가 아니겠는가! 바위 그늘에서 스멀스멀 흘러나오는 눈석임물에도 새들의 노랫소리는 실려 있으리라. 땅속에 숨어있는 꽃씨도 새소리처럼 고운 꽃을 피우기 위해 푸른 숨을 내쉴 채비를 서두르리라.

오솔길의 어느 쪽을 걸어도 눈석임물은 흥건하게 고여 물웅덩이를 만들며 흘러내렸다. 낙엽을 적시고 나무뿌리를 스치면서 돌부리도 말끔하게 씻어주었다. 눈석임물은 보일 듯 말 듯 흐르지만 산길을 감탕으로 만들었다. 내 바지에 흙물이 튀어 얼룩얼룩 엉망으로 만들어도 너그러이 묵인하기로 했다. 눈과 얼음이 그만큼 다급하게 녹아 봄맞이를 서두르는 것이려니 오히려 흐뭇해했다. 많은 생명을 찾아 쉼 없이 달리는 눈석임물에 내 기운도 쑥쑥 북돋워지리라 기대했다.

눈석임물이 파 내려간 흔적을 가만히 들여다보았다. 위대한 서예가의 달관한 붓놀림인 듯했다. 산길에 '봄' 이라고 웅장한 필력으로 휘휘 써 놓은 것 같았다. 아니 어느 서각명장의 초연한 작품 같기도 했다. 햇볕이 아롱아롱 지나간 흔적을 음각으로 정성들여 새겨놓은 것 같았다. 들여다보는 내 가슴속에 따스한 봄 햇살이 그려지는 것이려니 몹시 흐뭇해했다.

'아! 눈석임물은 내 마음속에 다정한 봄의 길을 내주는 거야.'

눈석임물이 산길을 엉망으로 만들어 놓아도 불평하지 않기로 했다.

산을 거의 내려왔을 때 눈석임물이 고인 낙엽 위에다 신발 바닥을 문질렀다. 달라붙었던 흙이 말끔하게 씻기었다. 가뿐해진 발길로 겨우 몇 발짝 떼었을 뿐인데 또 다시 찐득찐득한 흙이 무지막지하게 달라붙었다. 봄의 기척을 신발에 가득 싣고 가라는 아우성일까? 떼어내도 달라붙고 또 달라붙었다.

'아무래도 눈석임물이 나에게 뭔가 할 말이 있는가 보네. 아차, 산속 구석구석은 눈석임물로 산뜻해졌다고 감탄했는데 정작 나 자신은 아무것도 씻어내지 못한 거야!'

부끄러워졌다. 하모니카 연주를 들으면서 올라오던 여인과 유쾌한 봄 인사를 나누었어야 했다. 인사치레로 하는 말일지언정 봄의 기적에 대해 다정하게 한 마디 건넸어야 했다. 그런데 내 멋대로 '배려'라는 알량한 구실을 내세워 모르는 척 한 것은 씻기지 않은 탁한 마음임에 틀림없다. 아무리 눈석임물이 봄이 온다고 구석구석 살뜰히 전해주어도 사람의 음성으로 전해주는 따스한 인정만 할까?

"봄 햇살이 참 곱지요?"

슬며시 한 마디 건넸더라면 하모니카 소리보다 듣기 좋은 봄날의 인사라고 반겼을 텐데….

눈석임물이 '마음을 씻고 가야지요!' 나를 붙잡느라고 그토록 내 발바닥에 매달렸던가 보다. 좀 더 원숙하고 포용하는 마음을 지녀야한다는 끈끈한 충고이리라.

산길 끝자락에서 낙엽 위 눈석임물에 신발바닥을 박박 문질렀다. 드디어 양쪽 신발 모두 말끔하다고 흐뭇해했다.

'에구머니나, 눈석임물이 흙탕물 되어버렸잖아? 새들이 마실 물일 텐데. 봄볕 아른대는 맑은 물을 기어이 내 신발바닥으로 더럽혀 놓았군.'

낙엽 위로 흙물이 번져가는 걸 보자 난 그만 기분이 언짢아졌다. 어수룩하고 청아하지 못한 내 자신을 얼마만큼 씻어내야만 할까? 흐려진 눈석임물을 물끄러미 바라보았다.

'나는 또 흘러서 맑아지고 낙엽 사이에서 다시 빛날 것이니 염려 마십시오. 무엇보다도 당신의 마음을 씻을 때 더 흐뭇하답니다.'

온 산을 씻으며 내려온 눈석임물의 아름다운 속삭임이 들리는 듯했다. 내 마음속에 햇살의 길을 그려준 눈석임물이 다시 맑아져 새들의 갈증을 해소시켜 주리라 믿기로 했다. 눈석임물로 훨씬 말쑥해져 보이는 산기슭을 다시 한 번 올려다보았다. 내 마음도 한결 산뜻해지는 기분이 들었다.

누군가가 바라본 노을로 손색이 없을까?

 뒷산은 숱한 이야기를 품고도 고요하다. 날마다 사람들의 발길에 묻어온 갖가지 감정이 바람 따라 떠도는 수많은 씨앗처럼 산속 어딘가에 흩어져 자리하리라. 심각하거나 오묘한 말 몇 마디부터 경박하거나 시끄러운 긴 잡담까지 산 구석구석에 쌓이리라. 밤이 되면 뒷산은 수선댔거나 침울했던 이들을 위해 경건한 기도를 올리는 걸까? 어둠속에 묵직하게 침잠해 있다. 가끔 거실에서 뒷산의 어둠을 건너다보는 나의 마음도 덩달아 숙연해지곤 한다. 때론 너그럽고 고요한 뒷산의 분위기를 좇아 나도 그윽한 상념에 젖어보기도 한다.
 산속 어디쯤엔가 하잘것없는 나의 이야기도 돌이나 풀 또는 나무 사이에서 머뭇거릴지도 모른다. 그래서일까? 산길에 들어서면 나의 마음이 푸근해진다. 사실 나는 마음이 어떠해서라기보다는 그냥 궁금하여 뒷산에 오르는 날이 더 많다. 어떤 꽃이 피었는지, 어떤 열매가 빛나는지, 어떤 향기가 그윽하게 풍겨 나오는지 뒷산은 감추지 않고 내게 다 드러내 보여준다. 천진난만한 뒷산이 친밀하게 여겨져서 참 좋다. 내가 다가갈 때마다 뒷산은 아무런 조건도 없이 늘 정다운 정경으로 맞이해 주어 참 즐겁다. 거창한 풍광이 아니어도 숲의 소소한 모습에 심취하다보면 어느새 마음이 산뜻해지

고 차분해진다.

　붉은 노을이 점점 서산으로 잦아드는 어느 날이었다. 뒷산에서의 저녁노을은 어떨까 궁금했다. 뒷산으로 발길을 돌렸다.

　'내가 걷는 이 산길도 누군가의 서산이겠지. 아! 나는 누군가의 아름다운 노을 속을 거니는 거잖아?'

　생각만 해도 가슴이 벅차올랐다. 이왕이면 누군가가 맑고 우아한 눈동자로 나를 품은 산과 노을을 바라봐 주었으면 좋겠다. 아름답다고 쉽게 감동하는 누군가의 눈길이면 참 좋겠다. 그러면 나도 감히 산속 노을 풍경에 묻어가 잠시 아름다운 존재가 돼 보는 것이리라. 나는 품위 있게 걸어야 하겠다고 생각했다. 함부로 걷는 나로 인해 내가 걷는 노을 속 산등성이가 누군가에게 경망해 보인다면 큰 낭패다. 되도록 어깨를 활짝 펴고 걷고자 애썼다. 만일 내가 맑은 영혼을 지녔다면 노을에 더 고운 빛을 보탤 수 있을까? 안타까운 마음으로 먼 능선을 바라보았다.

　노을빛이 5월의 싱그러운 붉은 장미꽃을 쫙 뿌려놓은 듯 한량없이 고왔다.

　'저 서산에는 아름다운 누군가가 거닐고 있나 봐. 하늘마저 감동할만한 고운 사랑을 간직한 누군가일거야. 어쩜 저토록 고운 노을일까!'

　아름답기 그지없는 저녁노을을 바라보는 내 가슴이 따스해지는 듯했다.

　'나를 칭송해 주니 내게 신의 은혜가 큽니다. 나 역시 저쪽의 누군가가 예쁘게 바라봐 줘서 이렇게 당신이 감탄하는 빛을 얻게 된 것이랍니다. 결코 혼자 만든 빛깔이 아니랍니다. 보잘것없는 물방울이나 먼지 같은 것들이지만 빛나는 태양이 곱게 비추어 주어서

내가 이렇게 아름다울 수 있는 것이랍니다.'

'아차, 내가 털어내고자 안달하는 먼지도 이렇게 고운 빛을 받으면 아름다울 수가 있음을 잠시 잊었습니다. 참으로 신비한 빛입니다.'

노을은 처음부터 아름다운 것끼리의 이야기가 아니었다. 빛깔 없는 작은 물방울이나 우중충한 먼지가 빛나는 태양이 응시해주어 찬란한 빛을 얻은 것 아니겠는가! 하물며 숨을 지닌 것으로서 고운 빛깔을 얻지 못하는 생명체가 이 지구상에 있을까? 살아있다는 것은 빛을 간직했다는 의미이리라. 빛을 받았으니 특별히 아름다운 빛깔을 지닌 존재가 되는 건 당연하다.

오늘을 살아가는 나 역시 빛을 받고 나만의 빛깔을 간직했음을 알아야 한다. 그런데도 나의 빛깔이 어떤지 정확히 알지 못해 늘 전전긍긍이다. 그러니 다른 빛깔과 조화를 이루지 못한 채 방황함은 당연한 것이리라. 노을처럼 아름다운 빛깔이 되려면 얼마만큼 가벼운 마음이어야 할까? 걸핏하면 찜부럭을 내는 내 마음에 고운 빛깔이란 참으로 까마득한 일일 것이다.

노을이 점점 서산으로 바짝 붙어가고 더욱 짙어졌다. 저녁노을이 감싼 숲은 요정의 은밀한 은신처인 듯 더욱 아늑하고 고요해졌다. 숲은 이루 말할 수 없이 고상한 빛깔로 물들어 갔다. 그 고결한 숲에 휩싸인 나는 저절로 기품이 높아지는 착각에 빠질 지경이었다. 저녁노을과 신록이 함께 기운을 북돋워주니 더욱 가볍고 우아한 몸짓으로 걸어보겠다는 용기가 솟아올랐다.

'그 누가 내게 몽상가라고 한심해 해도 개의치 않을 거야. 노을이 아름다운 이 시간만큼은 내 몸과 마음 모두 그냥 말갛게 빛나는 구름이라고 믿고 싶어. 그래야 아주 잠깐만이라도 숲의 요정을 만난

다면 가뿐하게 함께 춤출 수 있지 않겠어?'

정말 아름다운 요정이라도 만난 듯 마냥 흐뭇해 할 때였다.

"바스락 바스락"

수풀 속에서 아직 썩지 않은 낙엽을 휘젓는 소리가 들렸다. 누굴까? 심장이 덜컥 내려앉으려는 순간 낯익은 발자국 소리라는 걸 알아차렸다. 벌렁대려는 가슴을 즉시 진정시키고 주위를 둘러보았다. 나무줄기 사이로 나를 빤히 쳐다보는 눈길을 발견했다.

'어머, 반갑다. 엊그제 만났었지?'

날씬한 다리와 말쑥한 목덜미를 지닌 아름다운 고라니였다. 가만히 선 채로 날 한참이나 바라보았다. 나는 찡긋 윙크해 주었다. 하지만 통하지 않았음이 틀림없다. 저번 날처럼 사진 찍으려고 스마트폰을 꺼내려고 주머니를 뒤지는 순간 역시 재빨리 사라져 버렸다.

'또 쓸데없는 짓했네. 매번 실수하는 건 욕심과 교만 때문 일거야. 네 개의 다리를 만들어 다가갔으면 가까워졌을지도 모르는데…'

우연히 만난 야생 동물의 눈동자를 최대한 가까이서 보았으면 하는 욕망이 있다. 더구나 저녁노을 속에서 응시하면 내가 결코 닿을 수 없는 신비로운 세계를 가르쳐 줄 것 같기 때문이다. 하지만 내게는 순수한 야생동물의 맑은 눈동자를 가까이 할 자격이 없다. 무거운 마음을 지닌 채 냄새나는 인간의 몸짓에 충실하니까.

어둠이 잠자리 날개처럼 얇게 숲을 덮기 시작했다. 숲은 더욱 침착해져 갔다. 높은 나무 꼭대기 이파리들 사이에서 모습을 드러내지 않던 새들도 낮게 휘이익 날기 시작했다. 새들의 목청도 한결 차분하고 부드러웠다. 숲 입구의 작은 연못에서 들려오는 개구리 소리도 꿈결에 들리는 노래인 듯 아늑함을 안겨 주었다. 고요히 성찰의 시간을 가져보라고 숲은 점점 깊은 어둠으로 변해가는 것이리라. 숲의 거룩한 밤 기도를 위해 모두들 온순해지는 것이리라.

저녁노을이 사라지고 어두워질수록 숲은 암흑에서 걷지 못하는 나와 같은 인간의 영역에서 멀어져 가기 바빴다. 사방이 깊은 동굴처럼 깜깜해질 참이었다. 서둘러서 '누군가가 바라본 노을 속의 정경으로 나는 괜찮았을까?' 하는 의문을 다정한 숲 한 구석에 감히 꾹 저장했다. 저장완료라는 듯 산길의 가로등이 하나 둘씩 켜져 갔다.

내 눈동자는 신의 어느 쪽 부속품일까?

송기중 사진

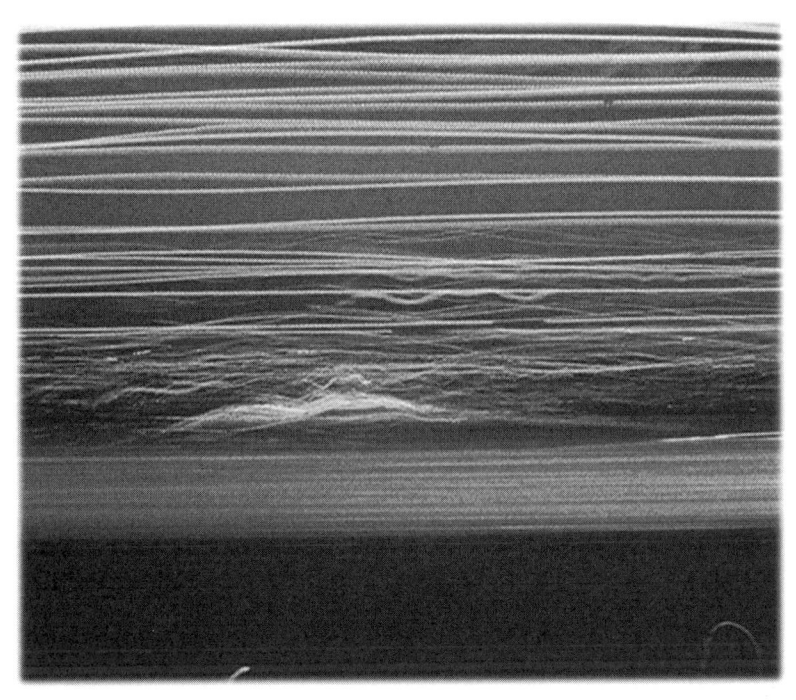

2부
문득문득 헤아리는 흐름

삶의 물결에 밑줄 그으며 흐름을 타다

송기중 사진

노랑꽃 그늘에서의 얕은 사유

　산수유 꽃의 그늘에 들어선 순간 명상가였으면 싶었다. 오묘한 꽃의 이치에 닿을 수 있었으면 싶었다. 꽃과의 교감을 깊이 나눌 수 있지 않을까 하는 욕망이리라. 사실 난 몰입할 수 있는 마음의 힘이 강한 것 같진 않다. 그러니 명상가는 언감생심 꿈도 꿀 자격이 없으리라. 그런데도 태연하게 명상가를 들먹이다니! 당연히 그토록 놀라운 산수유 꽃그늘의 그윽한 분위기 탓 아닐까?
　산수유 꽃그늘은 이루 말할 수 없이 신비스럽게 다가왔다. 산수유 꽃의 정령이 사람의 숨결을 말끔히 정화시켜 주는 걸까? 수많은 사람들이 서성거리는 꽃그늘이건만 산수유 꽃이 가득한 마을은 그지없이 청량한 공기가 맴도는 듯 산뜻했다. 꽃그늘을 걷는 사람들의 표정도 맑고 상큼해 보였다. 꽃의 정령에 포위당하는 시간을 누려보고자 산수유 꽃그늘을 좀 더 걷기로 했다.
　산수유 대부분이 전봇대보다 컸다. 내 얼굴 앞의 꽃도 내 어깨높이의 꽃도 흔하지 않았다. 거의 내 머리 저 위의 꽃이었다. 그것도 화려하지 않은 모습으로 침착한 눈빛처럼 가만히 날 내려다보는 품격 높은 꽃이었다. 나도 덩달아 꽃처럼 차분하고 온유해지고 싶었다. 더욱 조신하게 걸어보고자 애썼다. 꽃의 기품이 아주 잠깐 동안만이라도 나의 발길을 다독였으면 했다.

심오한 깨달음은 차치하고 고요히 걷는 것만으로도 꽃에 대한 예의는 깍듯한 것이리라. 꽃그늘의 공기는 한없이 부드러웠다. 꽃들의 숨결이 경직된 나의 마음을 마냥 온화하게 감싸주는 듯했다. 꽃들의 훈훈한 미소를 따라 나도 살며시 웃으며 꽃을 바라보았다. 꽃의 잔잔한 미소에 잠긴 마을도 그 안의 사람들도 한없이 평화롭게 여겨졌다.

당장이라도 꽃의 요정이 내 눈앞에 나타날 것 같은 기분이 들었다.

'꽃의 요정과 친해지려면 고운 미소를 띠어야 해.'

입가에 미소를 머금는 순간 나는 양어깨에 나비처럼 아름다운 날개가 솟아날 것 같은 기분에 휩싸였다. 느릿하고 차분한 음악에 발을 맞추기라도 하는 듯 나는 산수유 꽃그늘을 천천히 거닐었다. 걷는다기보다는 둥둥 떠다닌다는 기분을 내며 이쪽저쪽으로 소요했다.

꽃을 보러온 사람들이 여기저기 빼곡했으나 꽃만 존재한다는 착각에 빠질 정도로 고요했다. 운치 있고 매력적인 꽃그늘이기 때문인지 하릴없이 걸어도 마냥 흐뭇했다. 다 똑같은 꽃들뿐이지만 언덕을 넘고 밭둑을 건너 또 쳐다보고 감상하기를 거듭해도 지루하지 않았다. 아무리 바라봐도 질리지 않는 묘한 마력을 지닌 작은 산수유 꽃송이들이었다.

'크고 화려하지 않아도 이토록 아름다운 걸!

남보다 먼저 눈에 뜨이고픈 욕망이 일어날 때는 더욱더 산수유 꽃그늘을 걸어보면 좋지 않을까 하는 생각이 들었다. 드러나지 않으면서도 강렬한 이끌림을 지닌 매력에 대해 깊이 사색할 수 있을 것 같기 때문이다.

난 늘 꽃이 나보다 훨씬 앞서는 걸로 이해했다. 식탁 위의 꽃도 당연히 내 얼굴 앞에서 나보다 곱게 웃었다. 행사장의 생화 역시 내 가슴에서 나보다 훨씬 화사하게 웃었다. 꽃무리 앞에 서서 사진을 찍을 때에도 변변하지 못한 나의 외양이기에 여전히 꽃보다 초라함을 당연시 했다. 아무리 내가 치장을 한들 화려하거나 청초한 아름다움을 결코 내게 양보해 주지 않는 타고난 아름다움을 지닌 꽃들이라고 나는 인정하곤 했다. 그 어떤 모양과 색깔과 향기를 지녔다할지라도 꽃은 무조건 도도하게 나를 앞서겠거니 여겼다. 꽃을 무척 사랑하면서도 꽃의 정령은 나와는 거리가 먼 것이려니 초연해 하고자 애써 왔다.

산수유 꽃도 역시 그러하겠거니 짐작했다. 하지만 직접 맞닥뜨려보니 다른 꽃과 퍽 다르게 느껴졌다. 꽃에 대한 나의 편협한 사유를 확 뒤집어 놓았다.

'내 그늘을 걷는 당신은 참으로 아름답습니다.'

산수유 꽃은 오히려 보잘것없는 나를 치켜세운다는 착각이 들만큼 무구해 보였다. 산수유 꽃그늘에서는 나를 압도하기 위한 화려함이나 도도함은 전혀 눈치 챌 수가 없었다. 그래서 마냥 편안하게 바라보고 쉴 수 있는 꽃그늘이었다. 한량없이 겸허한 꽃으로 다가왔다.

'꽃 한 송이 한 송이를 따로 보면 그다지 예쁜 꽃은 아니야'

속이 얕은 사람의 눈빛답게 시큰둥하게 대하려 했다.

'눈에 보일 듯 말 듯 아주 조그만 꽃잎이 힘을 합쳐 온 세상을 밝히고 있음이 더 숭고한 거 아니겠어요?'

아, 그랬다. 팽팽한 자의식으로 서로를 견제하는 느낌을 갖게 하는 꽃은 결코 아니었다. 또한 사람의 손에 닿지 않게 까마득히 높은 데서 피었기 때문에 묘한 분위기를 자아내는 것만도 아닌 것 같았다.

산수유 꽃을 손안에 넣을 수 없어도 가까이 가야한다는 사명감을 지닌 듯 수많은 사람들이 모두 산수유 꽃그늘로 몰려들지 않는가! 산수유 꽃을 겉모습만 보고 시시콜콜 평하기보다 절대적인 아름다움을 먼저 사유하고 칭송해야 하리라.

'역시 산수유 꽃도 내가 넘겨다볼 수 없는 고고한 꽃일 따름이야.'

어깃장을 부리려던 찰나

'나의 그늘에서는 당신에게 깃들 평화에 대해 가만히 생각하기만 하면 됩니다.'

유치한 나의 질투를 다 이해한다는 듯 꽃그늘은 나를 푸근하게 품어주었다.

거룩한 꽃그늘에서 나는 산수유 꽃을 가슴에 새겨 넣지 않으면 안 될 것 같았다. 잠깐 동안만이라도 세속의 사념을 떠올리지 않기로 했다. 산수유 꽃만 쳐다보기로 했다. 꽃을 가슴에 품으려면 나를 얼마나 곱게 꾸미느냐보다는 어떻게 온화하고 차분한 미소를 지닐 수 있는가를 헤아려 보아야 하리라.

더러더러 키 작은 산수유가 있어 내 눈 높이의 가지에서 핀 꽃을 발견했다. 가만히 숨죽여 들여다보았다. 어리숙한 나에게 용기를 불어넣어 주려는 걸까? 꽃은 한없이 다정한 눈빛으로 나를 마주보았다. 꽃의 정령이 나의 어깨를 가만히 감싸준다는 기분이 들었다. 꽃 앞에서 더없이 평안해졌다. 산수유 꽃 한 잎은 깨알 같아서 외양을 논하기에 앞서 먼저 우주로부터의 의미를 생각해 보는 것이 산수유 꽃을 제대로 들여다보는 격식일지도 모른다. 그 작은 잎을 위해 하늘 먼 곳으로부터 따뜻하게 전해져오는 정기를 느껴보고자 고개를 젖혔다.

'우와! 이토록 고아한 꽃빛이었어!'

하늘은 흐려서 태양이 환하게 드러나지 않았다. 그 대신 고결한 산수유 꽃빛깔이 나의 양 눈에 가득 들어찼다. 바라보는 마음을 들뜨지 않게 다독거려주는 고매한 빛깔이었다. 그때서야 내 머리 저 위에서 내 마음을 가만가만 다독이는 꽃의 따스한 정기가 실감나는 듯했다. 숙연한 순례자였다면 꽃의 그늘에서 경건하게 긴 기도를 올렸으리라.

"자, 여기서 사진 찍어봅시다."

사진을 찍으려면 노랑꽃의 그늘에서 벗어나 산수유 저만치 앞에 서야 했다. 내가 꽃보다 더 뽐내야 할 판이었다. 산수유 꽃을 순전히 내 뒤 저 멀리로 밀어내야 했다. 산수유 꽃은 그런 나를 한량없이 너그럽게 이해해 준다는 듯 멀리서 차분히 미소 지었다. 기꺼이 그윽하고 수수한 빛으로 한없이 넓은 배경이 되어 주었다. 이렇게 아름다운 봄날에 하늘로 가신 내 어머니처럼 산수유 꽃이 자애로운 빛으로 내 등을 어루만져 주기 때문일까? 나는 맘 놓고 활짝 웃으며 사진을 찍었다.

가벼운 꽃잎

조금 센 바람이 불었다. 벚꽃 꽃잎이 우수수 떨어졌다. 허공에 날리는 조그만 꽃잎의 숫자가 압도적으로 많아 내 시선을 꽉 붙잡았다. 웅장한 꽃비였다. 꽃비를 맞으며 가만히 서 있었다. 삶의 궤도에서 한 발짝도 벗어나지 않으려고 발버둥치는 내 마음이 아름다운 꽃비 속에서는 꽃잎을 따라 자꾸자꾸 어디론가 날아가고 싶어졌다.

'높은 곳의 꽃잎이 자유롭게 땅에 내려오네. 공중의 빛이 너무 밝나? 조용하고 아늑한 곳에 안주하고 싶은 건가?'

바닥으로 떨어져 내리는 꽃잎을 멍하니 바라보았다. 낮은 곳에서 헤매는 나는 높은 곳에서 아래를 굽어보는 기분이 어떨까 늘 궁금하다. 꽃이 있던 높은 곳은 엄격하게 지켜야할 규율도, 덧없이 윽박지르는 겨룸도 없을 것 같다. 지극히 순수하고 평안한 곳일 것 같다. 그런데도 꽃잎은 뿌리보다 훨씬 높은 그 자리에서 시들지 않고 왜 굳이 뿌리 곁으로 내려오는 걸까?

'아, 신이 내린 감성의 양식일까?'

나는 두 손을 쫙 펼치고 꽃잎을 받았다. 그 많은 꽃잎 중 두어 잎이 내 손바닥에 살포시 내려앉았다. 진주알처럼 고운 꽃잎이었다. 먼지 하나 가까이 하지 않은 꽃잎인 듯 깨끗했다. 맑은 꽃잎을 가만히 들여다보노라니 하늘이 내려준 하얀 알약인 듯 여겨졌다. 나의 손을 정갈하게 씻어주는 효험 높은 약일까? 꽃잎은 티끌 많은 내 손바닥을 환하게 밝혀 주었다.

시커먼 물이 흐르는 주택가의 시궁창에도 하얀 꽃잎이 수북하게 떨어져 쌓였다. 검은 시궁창을 하얗게 뒤덮은 꽃잎을 선녀가 뿌려 놓은 꽃씨려니 들여다보았다. 금방이라도 구름 닮은 하얀 꽃이 뭉실뭉실 피어나 향긋한 꽃향기를 날려 보낼 것만 같았다. 평소에는 결코 눈여겨보지 않는 시궁창을 유심히 바라보게 하고 역겨운 냄새에 고개 돌렸던 곳에서 산뜻한 향기를 떠올리게 하는 자잘한 꽃잎들이 참으로 거룩해 보였다.

'꽃잎처럼 가벼운 마음을 지녀야 할 텐데…'

시궁창 바닥이든 깨끗한 바위자락이든 귀천을 따지지 않고, 주어진 그 자리에서 시들어 가는 숭고한 정신을 본받고 싶어서가 아니다. 앉은 자리를 탓하지 않고, 오히려 그 자리의 결점을 가려주는 꽃잎의 위대한 헌신이 성스럽게 보여서도 아니다. 가벼운 바람결에도 주저함 없이 떠날 수 있는 자유로운 방랑이 부러워 그런 것도 아니다. 단지 너의 마음에 아무런 흔적 없이 다가갈 수 있지 않을까 해서다. 정말 꽃잎처럼 가벼운 마음이라면 너의 맑은 세계를 아무리 빈번하게 들락거린들 너의 고귀한 영혼에 아무런 흠집을 내지 않으리라. 단지 봄날의 햇살처럼 너의 마음결을 살짝 스칠 수 있으리라.

30년이 넘었다는 벚꽃나무에서는 더 많은 꽃잎이 떼를 지어 유유히 내려왔다. 내리고 또 내려와 물기 없는 맨 땅에 여러 겹으로 쌓였다. 나는 꽃잎만 살살 긁어모았다. 살며시 쥐어보았다. 구름을 손안에 넣으면 이런 감촉이려나? 이루 말할 수 없이 부드러웠다.

가볍고 산뜻한 꽃잎 한 줌이 다정한 미소가 되어 나의 마음속으로 따스하게 번져 오는 기분이 들었다.

내 마음속 생각을 얼마만큼 다듬어야 꽃잎처럼 고운 미소를 지을 수 있을까? 꽃잎을 나의 윤기 없는 볼에 살살 비벼 보았다. 부드러운 손길이 나의 얼굴을 가만가만 쓰다듬어주는 기분이 들어 좋았다. 꽃잎처럼 부드럽게 너의 어깨를 어루만져 줄 수 있다면 참 좋겠다. 각박한 삶에 지친 나의 손길은 너무 우악스럽게 굳어버린 것 같아 서글프다. 다시 한 번 꽃잎을 한 움큼 쥐어보고자 꽃잎을 더 많이 모았다. 청명한 공기 구슬을 한 움큼 쥔 듯 산뜻한 느낌이 들었다.

'감히 맑지 못한 손으로 때 묻지 않은 꽃잎을 마구 구겨 놓다니!'
아무리 땅바닥에 떨어졌다 해도 청초한 꽃잎을 마구 헤치는 것은 고약한 해찰이란 생각이 밀려왔다. 꽃의 정령을 괴롭히는 것 같아 주춤했다.

금방 떨어진 꽃잎에는 고귀한 자연의 정기가 조금은 남아있을지도 모른다. 꽃잎이 새겨놓은 새들의 경쾌한 지저귐이 아직 꽃잎에 남아 있어서 그토록 사랑스럽게 다가오는지도 모른다. 꽃잎에 맺혔던 이슬의 우아한 몸짓이 아직 사라지지 않아 그토록 고상한 빛깔인지도 모른다. 꽃잎이 성스럽게 열릴 때 받아들인 하늘의 축복이 아직 남아있어 꽃비가 그토록 고결하게 느껴지는지도 모른다. 움켜지려던 꽃잎을 쏟아놓았다.

환한 하늘을 마다하고 고단한 길 위로 처연히 쏟아지는 꽃잎은 결국 내 가슴을 가만히 두드리기 위한 꽃비였던가 싶다. 내가 산뜻한 마음의 세계를 자칫 도외시할까 봐 높은 곳에서 내려오는 꽃잎이리라. 내가 쉽게 이해할 수 없었던 '부드러움'의 정수를 전해주고자 어디에고 차분히 쌓이는 꽃잎이리라.

    한바탕 또 꽃비가 화르르 쏟아졌다. 벚꽃나무를 올려다보았다. 하얗게 흩날리는 꽃잎들이 내 심장을 향해 날아오는 것 같아 움찔했다.

엄마와 목련

　흰나비를 따라 민들레꽃 만발한 들길을 마냥 걷고 싶은 따스한 봄날이었다. 남쪽 창가로부터 쏟아져 들어오는 봄 햇살은 거실 여기저기를 한없이 밝고 따스하게 비추었다.
　'순식간에 내 눈앞에서 사라지도록 요술을 부릴지도 몰라.'
　이런저런 발자취를 따라 모아놓은 열쇠고리나 핸드폰 줄, 인테리어나 광고물 자석들이 햇살을 따라 금방이라도 날아가겠다는 듯 반짝거렸다. 아무리 투박한 금속성일지라도 단번에 투명 물체로 바꿔놓겠다는 듯 화사하게 쏘아대는 봄볕에 그만 내 마음도 설렜다.
　'햇살 한 줄기를 꽉 붙잡을 수만 있다면 고운 영혼의 나라로 갈 수 있을 거야.'
　햇살이 내 손가락에 휘감기려나? 봄볕을 향해 두 손을 쫙 펼쳤다. 긴 세월 흔적인 양 울퉁불퉁해진 나의 손가락 위에서 햇볕은 더없이 환했다. 거친 손등을 고운 꽃잎인 듯 새하얗게 밝혀주는 봄볕은 정녕 신의 손길이리라. 못난 빈손을 가만히 어루만져 주는 햇살이 부드럽고 따스했다. 다감한 햇볕에 펼쳐놓은 열손가락을 모아 쥐었다. 햇살은 결코 내 손아귀에 움켜쥐어지지 않았다. 그 대신 내 마음이 햇볕 따라 밝아져서 하염없이 가벼워지는 듯했다.

친정 엄마가 가신 날도 이렇게 맑은 봄날이었다. 남쪽 창가의 햇살처럼 이루 말할 수 없이 고운 빛이 천지에 가득했었다. 친정 엄마는 아름다운 햇살을 따라 가볍게 떠나고 싶었던 걸까? 루게릭병으로 온몸의 근육이 점점 마비되어가던 엄마의 육신은 흩날리는 꽃잎처럼 가벼워지고 싶었던 걸까? 기름 닳은 등잔불처럼 희미하게 흔들리는 엄마의 생명을 봄볕에게 위로받고 싶었던 걸까? 엄마는 하늘로부터 선물 받은 슬프도록 아름다운 햇살에 마지못해 영혼을 실어 보냈으리라.

장지에서 돌아오는 차안에서였다. 눈물을 훔치다가 밖을 내다보았다. 어마어마한 꽃무리에 그만 화들짝 놀라고 말았다. 길가 어느 건물 앞에 오래 묵음직한 목련이 하얀 산을 이루고 있었던 것이다. 그 큰 목련에서 꽃이 하염없이 뚝뚝 떨어지고 또 떨어져 내리는 중이었다. 구슬픈 하얀 눈물을 펑펑 쏟아내는 것 같았다. 애통함이 하늘로 올라가는 엄마에게 닿아야 한다는 듯 나를 대신하여 천지가 울리도록 애절하게 쏟아놓는 눈물 같았다. 엄마의 마지막 손짓 같기도 했다. 당장이라도 목련에게로 달려가 꽃잎 위에서 목 놓아 울고 싶었다. 혼절하듯 나뒹구는 하얀 꽃잎이 몹시도 애달프게 다가와 내 가슴에 선명히 아로새겨졌다. 엄마 잃은 그 봄날, 나의 눈동자에는 하얀 목련꽃이 강렬하게 각인되고 말았다. 그 후로 나의 봄은 엄마와 목련으로 함축되었다.

"참 살기 좋은 세상이구나!"

다시는 들을 수 없는 엄마의 음성을 어쩌면 좋을까. 날이 갈수록 다시는 느낄 수 없는 봄볕보다 따스한 엄마의 손길이 가슴에 사무치리라. 아무리 삭막한 순간이 닥쳐와도 '엄마!' 하고 부를 수 없는 이 허무함을 어쩌면 좋을까.

엄마는 생전에 걱정이 참 많았다. 온몸이 망가졌으면서도 자식들과 손자들 염려에 슬픈 표정을 떨쳐내지 못하셨다. 비정하기 짝이 없는 나는 엄마 육신이 힘든데 자식 걱정하느라 에너지를 소비하는 게 못마땅해서 그만 횡설수설하고 말았다.

"엄마, 걱정은 이제 그만 좀 놓으세요. 마음을 가볍게 가지셔야 밝은 빛이 있는 하늘나라로 갈 수 있다고 해요."

깊은 생각에 잠긴 표정으로 쓸쓸히 고개를 끄덕이셨던 엄마, 얼마나 슬펐을까? 당장 어떻게 되는 한이 있어도 오래 살아야 한다고 떼를 썼어야 했는데 방정맞게 마지막을 얘기하다니! 난 왜 이렇게 냉담한 걸까. 왜 이렇게 감정이 무딘 걸까. 왜 그토록 지혜가 부족한 걸까. 엄마 살아생전에 단 한번 만이라도 엄마 앞에서 죄인으로서 내 머리를 조아렸어야 했다. 막말했던 시간들을 사죄하지 못하고 영원히 이별하다니! 너무나 허망하고 원통하다. 봄마다 목련꽃만 피면 엄마를 더 기쁘게 해 드리지 못한 죄책감과 회한에 눈물 짓곤 한다.

"꽃이 참 곱기도 하구나!"

엄마는 꽃을 참 좋아했다. 자식들이 성가시다고 투정할 정도로 자상한 엄마는 죽어가는 화초마저도 다시 살려내 꽃이 피게 했다. 엄마가 가신 날 꽃들은 사방에서 무더기로 뭉실뭉실 피어났다. 엄마가 가는 길을 인도해 주겠다는 듯 여기저기서 꽃들이 수런거렸다. 수많은 꽃들이 엄마와 동행하려는 것 같아 마음이 조금 놓였었다. 슬픔이 조금 누그러지기까지 했었다. 고운 꽃에게서 엄마의 따스한 숨결이 느껴질 듯해 오히려 꽃들의 미소가 고맙기도 했었다. 엄마는 자식들의 슬픔을 조금이나마 덜어주려고 그토록 꽃들이 아름다운 날에 먼 먼 길 떠나신 게 아닌가 싶다.

2009년 4월 4일 한낮에 여든의 엄마는 꽃 따라 먼 곳으로 영영 떠나가시고 말았다. 못난 자식들, 노잣돈도 충분히 드리지 못했는데…. 여태 오시지 않아 애통하기 그지없다. 가끔 꿈속에서 뵙는 엄마는 여전히 자식 걱정이다. 하늘에서도 자식 생각만 하는가보다. 하늘나라에서는 늘 미소만 짓도록 늘 즐겁고 환한 마음으로 엄마를 그리워해야겠다.

　나의 빈손을 어루만졌던 햇살이 하늘에서 엄마 곁을 지키고 있을까? 불효자의 손을 다정하게 쓰다듬어 주십사 엄마가 부탁했을까? 창가에 아른대는 봄 햇살이 엄마의 마음처럼 따스했다. 봄마다 목련꽃은 피고 지고…. 이젠 목련꽃이 내 눈앞에서 툭툭 떨어져도 비탄에 젖지 않아야하겠다. 엄마를 더 이상 슬프게 하지 말아야하겠다.

너설에서 만난 꽃

 몇 해 전 이른 봄날이었다. 소요산에 올라갔다. 여기저기 웅장한 바위가 소요산의 위세를 더욱 드높여 주는 듯했다. 그런 바위 틈새에서 간신히 삐어져 나온 가냘픈 나무줄기가 퍽 인상 깊게 다가왔다. 겨울을 지냈건만 삭지 않은 깐깐한 풀대 같았다. 놀랍게도 가느다란 나무줄기에는 은은한 연분홍빛의 아름다운 꽃이 활짝 피어 있었다. 겨울을 떠나보낸 우중충한 빛깔의 산자락에서 옅은 분홍빛 꽃잎이 단연 돋보였다. 멀리서 바라보는데도 감탄사를 연발하도록 그지없이 우아한 꽃이었다. 봄의 전령사 진달래꽃이었다.
 어쩌면 저렇게 삭막한 바위틈에서 자랄 수 있을까? 깎아지른 듯 험준한 암벽 사이사이에서 진달래가 뿌리와 가지를 벋을만한 자리가 있단 말인가? 나는 밤톨만한 돌을 밟아도 온몸이 기우뚱하는데 온통 단단한 바위인 곳에서 진달래는 어떻게 견딜까? 평탄한 길을 좋아하는 속인답게 나는 험악한 진달래의 자리를 무척 의아한 눈초리로 바라보았다. 그토록 삭막한 곳에서 의연하게 고운 꽃을 피워 나같이 무지한 사람에게마저 부드러운 미소를 보내는 진달래가 한없이 신비하게 여겨졌다.
 진달래는 비옥한 땅에서는 잘 살아남기 쉽지 않다고 한다. 기름진 땅에서 왕성하게 더 잘 자라는 다른 식물에게 자리를 빼앗긴다는 것이다. 다른 식물들이 빽빽하게 치고 들어와 햇볕을 가로막으면 진달래는 악착같이 투쟁하여 햇볕 자리를 확보하는 것이 아니라 오히려 점점 잠식당하고 만다는 것이다.
'기름진 자리에서 밀려나는 여린 꽃이구나! 참으로 맑디맑은 달관의 경지를 지닌 꽃이네!'
진달래는 척박한 산기슭에서 더 잘 살아가는 관목임을 새삼 깨달았다. 비옥함보다는 부드럽고 따뜻한 햇볕을 더 좋아한다는 걸 알았다. 진달래는 거름을 필요이상 탐하지 않는가 보다. 무한정 있는 그대로의 볕을 더 좋아하는 소박하고 담백한 관목인 모양이다.
'최대한의 쟁취보다는 최소한의 충족'
진달래꽃에서 배워야 하는 삶의 한 수다. 고귀한 가르침을 지닌 진달래꽃은 너설의 길을 가야지만 더 실감나게 볼 수 있어 안타깝다. 산불을 겪어 아직 키 큰 나무가 없는 황량하고 슬픈 산에서 더 잘 자란다고 들었다. 끔찍한 아픔을 아름답게 감싸주는 갸륵한 꽃이라 감탄하지 않을 수 없다.
내가 사는 아파트 뒷산에서도 봄이면 간혹 진달래꽃을 볼 수 있다. 키 크고 무성한 나무들 사이에서 목을 쭉 빼고 해를 찾는 듯 피어난 것을 보면 안쓰럽게 여겨진다. 진달래가 잘 살 수 있도록 주위의 우뚝 솟은 나무들을 헤쳐서도 안 되는 일이다. 별도리 없이 다만 여린 꽃송이가 그늘이 덜 짙은 쪽으로 고개를 더 돌려주기만을 기대하며 찬찬히 들여다볼 따름이다.
토박한 곳에서 잘 자라는 진달래꽃은 사람들에게 맑고 산뜻한 삶을 한번쯤 되새겨보라고 봄마다 하늘이 보내는 선물이 아닌가 싶다. 음지든 양지든 닥치는 대로 손을 뻗어 욕심껏 챙기려는 사람들의 가슴에 경종을 울리고자 바위너설에서도 연분홍으로 애틋하게 손짓하는 건 아닌지 모르겠다. 봄마다 어디서든 진달래꽃을 보게 되면 다시 한 번 더 분수에 맞는 삶인지 진지하게 고민하는 시간을 가져보리라.

기름기 좔좔 흐르거나 화려하게 치장하여 때깔 좋은 겉모습을 칭송하는 사람들에게 진달래는 어떻게 보여 지려나? 메마르고 험악한 곳에서 자라는 조악한 관목일 뿐이라고 폄하할까? 야무지고 단단한 성질을 선호하는 사람들은 살짝만 스쳐도 찢어져버릴 듯 야리야리한 진달래 꽃잎을 보고 어떤 생각을 할까? 그악하지 못해 험한 세파를 어떻게 헤쳐 나갈 수 있겠느냐고 한숨을 내쉬는 건 아닌지 모르겠다.

나도 한 때는 조그만 그릇을 완벽하게 준비하려는 의지보다 좀 허술해도 남보다 큰 그릇을 챙길 줄 아는 담력이 더 현명한 거 아닐까 생각했었다. 수단과 방법을 총동원하여 자신의 몫 이상을 당차게 획득할 수 있는 사람이 살아가는 능력을 야무지게 갖춘 거라고 믿었었다. 내 손안에 쌓고자 탐닉하고 계측할 때마다 욕망은 계곡의 홍수처럼 불어나기 마련임을 미처 몰랐었다. 이제나마 진달래의 고고한 생태를 미루어 최소한의 충족에 대해 되돌아볼 수 있으니 얼마나 다행인가!

본래 나는 내 주변의 상황에 신속히 적응하는 것이 서툴러 좀 맹추 같다는 소리를 들으며 자랐다. 그렇다보니 당차게 더 높이 오르고 더 많이 갖춘 사람이 우러러 보여 본보기로 삼고자 했었다. 그러면서 내가 방심하면 누군가 내 몫을 먼저 챙겨가는 것이려니 여겼다. 그러니 아등바등 살아갈 수밖에.

긴 세월 참 어리석게 지냈다. 나보다 덜 갖춘 사람이 있다면 그게 내가 더 챙겼기 때문이라고는 전혀 생각하지 않았다. 단순하게 세상은 넓고 획득할 것은 많다고 여겼다. 내가 조금 덜 가지면 그만큼 누군가에게 나누어질 거라고는 미처 염두에 두지 못했다. 빼앗긴다는 생각을 나누어진다는 생각보다 훨씬 앞에 두었기 때문이었다. 욕망이란 그물 속에 갇혔던 지난날이 참으로 부끄럽기 그지없다.
　다행인지 아니면 더욱 심해진 소심함 때문인지 잘 모르겠다. 어쩌면 탐심을 만족시키기 못한 삶으로 인한 체념인지도 모르겠다. 연륜이 더해질수록 점점 손안의 셈보다도 가슴의 온기를 먼저 헤아린 삶인가 고뇌하게 되는 것 같다. 감히 진달래꽃처럼 최소한의 충족을 실천했으면 한다. 나 자신을 만족시킬 모든 것의 기준 자체를 최소로 설정하기 시작했다고나 할까? 뭐든 쌓아가는 것에 회의를 느끼는 중이다. 얼마만큼 실천할 수 있을지 자신할 수는 없지만 마음도 함께 비우고자 애쓰는 중이다.
　진달래꽃은 봄에 가장 먼저 피는 꽃이다. 차갑고 어두웠던 겨울 끝자락을 떨쳐내자마자 우아하게 기지개를 펴는 꽃이다. 입춘이 지나도록 찬 그늘에서 헤어나지 못한 사람들에게 따뜻한 순리를 제일 먼저 알려주는 희망의 꽃이라고 믿는다. 봄마다 움츠린 어깨를 활짝 펴고 너설의 진달래꽃을 맞을 수 있었으면 좋겠다. 자기 자리를 넓히기 위해 남의 자리를 탐하지 않았는지 참회하게 하는 꽃으로서 '참꽃'을 가슴에 심는 새봄이면 참 좋겠다.

산꼭대기 흙의 여운

햇볕이 따스한 어느 봄날이었다. 남편과 나는 발길 닿는 대로 가 보자고 집을 나섰다. 닿고 보니 서산 '개심사'라는 절이었다. 개심사의 대웅전 뒤편으로 진달래꽃이 청초하게 미소 짓고 있었다. 자연스레 그곳으로 발을 옮겼다. 진달래꽃은 우아한 꽃 등불이었다. 결코 서둘지 않으면서 내 앞을 환하게 밝혀주었다. 앞장서서 안내하듯 저 앞에 또 저 앞에서 초연한 모습으로 손짓했다. 남편과 나는 머뭇머뭇 상당히 먼 길을 꽃을 따라 가고 말았다.

결국 '상왕산 정상까지 1.1km'라고 알려주는 푯말이 있는 곳에까지 이르고 말았다. 남편은 등산복 차림도 아닌데 계속 가자고 했다. 나 역시 등산할 복장은 갖추어지지 않았지만 동행하기로 했다. '1.1km'의 숫자 '1'이 너무나 쉬워 보였기 때문이었다. 막상 산길을 걸어가 보니 그다지 험한 길은 아니지만 역시 산길다운 굴곡은 있었다. 올라갈수록 고상한 꽃 등불도 없는 거친 바위너설 길이었다.

그럭저럭 어느 봉우리에 올랐다. 조그만 쉼터가 있었다. 나무 그루터기에 앉아 가쁜 숨을 몰아쉬자마자 그만 '전망대까지 0.5km'라는 푯말을 발견하고 말았다.

"0.5km! 그까짓 거야 뭐."

숫자 '0'이 또 나를 채신없게 만들었다.

"여기서부터는 발가락의 굴레를 모두 벗어버리는 게 어떨까?"
나는 단화와 양말을 벗어들었다. 남편은 머뭇거리다가
"그러지 뭐."
구두와 양말을 기꺼이 벗어들었다. 우린 바짓가랑이도 걷어 올렸다. 양손에 신발과 양말을 달랑달랑 들고 유유히 걸었다. 마치 지고지순한 정신세계를 꿈꾸는 순례자나 된 듯 느릿느릿 걸었다.
'산꼭대기 흙에는 산의 얼이 깃들어 있을지도 몰라.'
너무나 정갈한 얼이기 때문일까? 온몸이 오싹할 정도로 시원했다. 나는 좀 고결한 생각을 하면서 걷고 싶었다. 내 맘속의 티끌을 말끔히 씻어냈으면 했다. 하지만 이미 경박한 발길은
"와, 시원하다!"
단순한 쾌감에 젖어 버리고 말았다. 그저 대만족의 환호성을 질러댔다.
걷다보니 산꼭대기 흙이 뜻밖에도 몹시 부드럽다는 걸 알게 되었다. 차분한 나무와 산뜻한 바람과 화사한 햇살 그리고 은은한 달빛이 만들어 놓은 흙이라서 그럴까? 고운 흙이 발바닥을 어루만져 주는 것 같아 기분이 좋았다. 내 마음 속 티끌이 발바닥으로부터 스르르 빠져나가는 것 같아 유쾌했다. 머리끝까지 시원했다.
'이런 성스런 흙을 냄새 나는 땀으로 더러워진 맨발로 마구 밟아도 될까?'
좀 계면쩍었으나 신발을 신고 싶지는 않았다. 아름다운 별빛의 노래를 품은 듯 산뜻하고 정겨운 흙을 맘껏 누리고 싶었다.
나는 평소에 산막 하나 있었으면 좋겠다는 생각을 곧잘 한다. 맨발로 걸으면서 산꼭대기 흙으로 지은 나의 산막을 상상해 보았다. 산막의 흙벽 한 구석에서 연둣빛 싹이 돋아남을 떠올려 보았다. 산

꼭대기의 고결한 나무로부터 온 씨앗이려니 나는 소중하게 가꿀 것이다. 내 맨발이 닿았던 산꼭대기 흙을 얘기하며 솔향기와 솔바람 그리고 아름다운 새소리도 추억할 수 있으리라. 나뭇가지가 바람에 흔들릴 때마다 산꼭대기의 시원한 정기가 쏟아지리라. 그럼 나는 맑고 고운 산 하나를 누리는 셈이 되리라.

산막 하나를 꿈꾸다 보니 전망대에 금방 도착했다. 전망대에는 잔디가 깔려 있었다. 잔디가 발바닥을 사정없이 찔러댔다. 속눈썹처럼 부드러워 보이는 잔디는 결코 부드러운 것이 아니었다.

'나의 산막에 잔디는 필요하지 않겠군.'

양말과 신발을 챙겨 신었다. 산을 내려오는데 다리가 후들거렸다. 결코 쉽다고 얕보아서는 안 될 산길이었다.

'산꼭대기 흙의 맑은 정기에 내가 너무 호들갑이었던가 봐.'

그날 저녁 나는 몹시 앓았다. 온몸에 열이 나고 뼈마디가 다 쑤시는 듯 아팠다. 산뜻하고 고운 흙이라고 함부로 맨발로 밟는 게 아닌가 보다. 나처럼 세속에 깊이 물든 발바닥을 지닌 사람은 특히 더.

갓 피어난 산꽃처럼

동녘 햇살이 긴 팔을 벌려 야트막한 산을 포근하게 감싸 안았다. 그 산을 향해 걷는 나는 참 즐거웠다. 맑은 공기 속에서 고운 햇살이 내 발길도 따스하게 감싸줄 거라는 기대 때문이었다. 산에 들어서자 아침 햇살이 기다렸다는 듯 더욱 환하게 반겼다. 천천히 걷다 보니 내 발끝이 점점 훈훈해졌다. 금방이라도 내 신발 끝에서 산꽃이 피어날 것만 같았다.

'내가 지금 갓 피어난 산꽃이라면 얼마나 좋을까.'
'아침 햇살을 머금은 갓 피어난 산꽃이고 싶다니!'

통속적인 인간으로서 참으로 터무니없는 희망사항이지만 어쩔 수 없었다. 아침 햇살이 나무와 풀과 꽃과 나를 너무나 따뜻하고 다정하게 하나로 묶어주었지 않은가! 그러니 어쨌든 나도 자연의 하나라고 우겨도 상관없지 않느냐 떼를 쓰고 싶었다. 더구나 정갈한 동녘 햇살이 이루 말할 수 없이 온화하게 내 머리를 쓰다듬으니 나는 자연인이라고 뻐기지 않을 수가 없는 거 아니냐고 주장하고 싶었다. 나는 숲속의 나무들과 나란히 서도 좋을 만큼 맑은 햇살에 영혼이 말끔하게 정화되었으려니 믿을 수밖에 없다고 혼자서 고집했다.

발등에 남실대는 아침 햇살 때문에 내가 분수에 넘치는 착각을 남발한다고 어이없어하면서도 나는 더 밝은 빛을 향해 발길을 뗐다.

"어머, 참으로 작은 꽃잎이구나!"

땅에 붙어있다시피 낮은 자세로 핀 아주 작은 풀꽃을 발견했다. 무릎을 꿇고 들여다보았다. 꽃잎에서 아침 햇살이 노랗게 빛나고 있었다. 모래알처럼 작은 꽃잎이지만 키 큰 참나무보다 더 찬란해 보였다. 동녘 햇살에 갓 피어난 산꽃이라 여기기로 했다.

'당신의 희미한 그림자만 비추어도 나는 온 세상이 따스하다고 느낀답니다. 내일도 오늘처럼 당신의 따스한 품안에서 감미로운 전율을 만끽할 것입니다.'

키 작은 풀꽃이 큰 나무들 사이사이로 뻗쳐오는 해맑은 햇살을 향해 생의 기쁨을 전하는 듯했다. 아니 자신을 말갛게 씻어주는 햇빛에게 감사의 기도를 올리는 것이려니 여겨졌다. 그래서 그토록 산뜻하고 청초한 모습일까? 분노로 이글대는 나의 가슴과 혼탁한 눈동자로 꽃잎을 오래 응시해도 되는 것인지 송구스러울 지경이었다. 속물적 인간이 단지 밝은 햇볕을 온몸에 쪼였다고 해서 꽃잎처럼 맑게 씻긴 영혼이겠거니 착각한다면 자연의 신성한 순리를 모독하는 것이리라.

"경외의 대상을 찾아내고 감탄하는 행위가 어색한가요? 통계에 의한 이해보다 개인의 고유한 특성에 감동하는 습성이 꼴불견인가요?"

아무런 대답이 없는 사람에게 순례자의 번뇌에 대해 얘기할 수 있기를 바란다면 큰 오산이다. 자꾸만 되묻는다면 즐거운 삶을 경직시키는 무례한 처사라고 무안당할 것임이 틀림없다. 진지한 대화를 회피하는 사람은 대체적으로 산꽃에 관한 얘기보다는 항간의 떠들썩한 이야기에 더 관대하다. 산꽃과 풍문을 교묘하게 접목시킨 근사한 이야기가 있을 텐데 찾을 수 없는 내 부족한 지혜가 어쩜 더 문제일 수도 있으려나? 내가 먼저 갓 피어난 산꽃처럼 미소 지으면 관계가 원만해질까?

'나의 수고로 인해 당신이 평안하다면 그보다 기쁜 일이 또 어디 있겠습니까? 묵은 때를 찾아 말끔히 닦아내고, 낡은 것을 과감하게 교체하며, 고장 난 것을 명쾌하게 손보는 일들은 헌책에서 보석 같은 문구를 발견해 내는 것만큼이나 유쾌한 일입니다.'

내가 끼적거릴 자조일지 당신의 회고일지 구분이 되지 않는 그런 생활의 교감을 상상하며 씁쓸해하고는 풀꽃을 뒤로 하고 길을 재촉했다. 찬란한 동녘햇살에 갓 피어난 산꽃처럼 기쁨을 먼저 노래하는 것은 아름다운 삶을 위해 필수목록이리라.

'맑은 햇살과 공기를 듬뿍 취하고 나면 나도 좀 더 다정다감해지려나?'

우람한 느티나무 아래에서 심호흡을 했다. 노란 풀꽃의 그윽한 미소가 내 얼굴에 은은하게 전이되길 고대하면서 천천히 산을 내려왔다.

지는 꽃잎을 보며

 바쁘다는 핑계로 자주 돌보지 못한 주말농터가 밭도 아니고 산도 아닌 형국이 돼 버렸다. 칡넝쿨이 주 재배작물인 듯 밭 전체에 퍼져 버렸다. 칡뿌리를 캐보겠다고 남편과 나는 호미를 들고 발버둥을 쳤다. 칡뿌리는 수많은 바퀴를 장착하고 땅속을 달리는 괴물이 아닐까 여겨졌다. 저쪽에서 나온 줄기가 이쪽 나뭇가지와 기둥을 감아 올라갔다. 이쪽에서 잡아당긴 줄기가 저쪽에서 들썩였다. 끝이 어디인지 알 수 없는 칡뿌리의 깊이와 길이에 나는 그만 두 손을 들고 말았다.
 "종횡무진 사방으로 내달린 칡뿌리를 우리가 얕본 거 아녀요? 호미로 캐려하는 건 너무 무모한 짓이네요. 다음에 제대로 된 농기구를 사서 시도해 보자고요."
 나는 칡뿌리를 캐는 흉내만 냈을 뿐인데도 몹시 지쳐버렸다. 밭둑에 서서 허리를 쭉 폈다. 그제야 햇살이 부드럽게 내 얼굴을 쓰다듬고 있음을 알아챘다. 봄이 나에게로 바짝 다가왔음을 눈치 채자 내 마음도 싱숭생숭 들떴다. 더구나 주변이 온통 꽃밭이었다. 오른쪽은 복숭아꽃이 활짝 피었고 왼쪽은 배꽃이 활짝 피었다. 아래쪽에도 배나무 밭과 복숭아나무 밭이 이어졌다. 세상의 아름다운 봄볕이 모두 모여든 골짜기라는 생각이 들었다. 환한 봄꽃을 바라보자 칡뿌리 때문에 착잡해진 내 마음이 서서히 편안해지는 기분이 들었다.

아예 우거진 과실나무들 사이 길로 내려갔다. 나의 얼굴에 미풍이 스치는가 싶더니 한바탕 쏟아지는 소나기처럼 꽃잎이 우수수 떨어져 날렸다. 하얀 햇살이 한꺼번에 나를 쏘아보는 듯 눈앞이 환해졌다. 하얀 구름이 몰려와 나를 에워싸는 것 같았다. 내 몸이 가벼워지는 기분이 들었다. 무수히 흩날리는 꽃잎 속에서 어안이 벙벙해질 지경이었다. 자꾸자꾸 떨어져 날리는 꽃잎은 봄날의 그윽한 정취를 한껏 자아내는 꽃불이리라.

깨끗한 꽃잎이 내 머리, 어깨, 앞자락을 쓰다듬기 때문일까? 날리는 꽃잎 속에 서 있자니 마냥 산뜻해지는 기분이 들었다. 꽃잎들이 우아한 몸짓으로 내 주위를 맴돌며 춤추기 때문일까? 나는 어느 지체 높은 가문의 웅장하고 기품 있는 연회장에 온 기분이 들었다. 꽃잎들이 앞다투어 쏟아져도 고요하기 때문일까? 과수원 길은 다그침도, 성냄도, 힘겨룸도 깡그리 배제된 따뜻한 위안을 안겨주는 성스런 전당 같기도 했다.

복숭아나무 꽃잎과 배나무 꽃잎들이 서로 교차하며 내려앉았다. 아주 오래전부터 낯익은 사이인 듯 꽃잎들이 서로 악수하듯 겹쳐지며 다정하게 땅으로 날아와 앉았다. 다소곳한 몸짓으로 함께 쌓였다. 땅에 순응하고자 체념한 듯 조용히 바닥에 누운 꽃잎들이 무척 겸허해 보였다. 간혹 서로 뒤엉켜 부딪힌 꽃잎들도 얌전했다.

'뭐야? 용건 있어?'

이글대는 분노의 표정도 신경질적이고 날카로운 인상도 부딪히는 꽃잎들에게서는 눈곱만큼도 느낄 수 없었다. 자기 주변의 나무나 풀대를 거칠게 휘감고 햇볕을 가로막는 칡의 감성과는 완전 반

대라는 생각이 들었다.

'안녕? 반가워. 우리 함께 먼 길 가는 거야.'

오히려 '후훗' 어여쁜 웃음으로 서로를 감싸 안으며 위로하는 듯 여겨졌다. 다닥다닥 붙어서 함께 쌓이고 또 쌓였다. 그런 꽃잎을 하염없이 바라보자니 나의 귓가에 감미로운 속삭임이 들려오는 것 같았다.

'부드러운 것끼리는 아무리 세게 부딪힌들 그 어느 쪽에도 생채기가 생기지 않는답니다.'

정말 힘들어도 내가 먼저 부드럽게 다가가면 상대방도 부드럽게 다가올 텐데…. 나는 나의 고달픔만 강력하게 앞세워 자주 신경을 곤두세웠다. 나도 상대방도 함께 마음 상했던 경우가 부지기수다.

꽃잎처럼 부드럽지 못한 건 아무래도 욕심이 지나쳐서이리라. 사실 나 자신이 고달픈 상황에 처해지니 욕심을 놓아버리기 쉽지 않았다. 나만을 위해서가 아니라 내 자식의 앞날까지 염려하느라고 안 해도 되는 고민까지 끌어들여 전전긍긍하기 일쑤였다. 내가 힘들었던 부분을 정확히 파악해서 내 자식은 그렇지 않은 상태로 바꾸어 놓아야 한다는 강박관념이 내 삶을 온통 지배했다. 지혜보다 욕심을 앞세워 지나치게 바동거렸던 건 아닌가 싶다.

가만히 생각해 보면 나의 경우는 고통이 욕심을 낳았고 욕심은 불안을 낳았으며 불안은 불평을 낳은 것 같다. 불평은 불화를 낳았고 불화는 냉담을 낳은 것이다. 냉담은 사랑을 뿌리째 얼게 만들었다. 참 애석하게도 고통을 앞세워 사랑 따윈 안중에도 두지 않았다고 해야 옳다.

안팎의 일에 영육이 고달프던 나는 걸핏하면 찜부럭을 냈다. 가부장적인 남편과 자식위주의 나, 서로 인정의 교차점이 늘 어긋나

서였으리라. 툭하면 서로 화를 냈다. 고통으로부터 시작된 욕심과 냉담과 증오는 삶의 공간에 칡뿌리처럼 벋어나갔다.
 '욕심을 먼저 내려놓았더라면 고통 따위에 예민하게 반응하지 않을 수 있었을 텐데….'
 꽃비가 얼마나 아름답게 흩날리는지 알아채지 못한 채 칡뿌리와 씨름하는 남편을 바라보았다.
 "지닌 에너지가 넘치다보니 힘든 걸 모르나 보네. 저런 힘을 나누지 않고 왜 자기 자신만 챙기나 몰라. 당장 욕심을 안 부려도 되는 것에는 왕성한 열의를 내어 예쁜 꽃비도 몰라보는군."
 아름다운 봄을 인식하지 않은 채 칡뿌리와 씨름하는 남편을 보며 혼자서 빈정거렸다. 그러나 사랑스런 꽃잎들이 내 눈앞을 스쳐가자 아차 싶었다.
 '아마 내가 야무지게 일을 못해내니 내 몫까지 해야겠다는 생각에 저렇게 몰두하는 것인지도 몰라. 참으로 감사한 강건함이지.'
 아름다운 꽃비 속에서는 꽃잎의 우아한 귀띔을 잘 새겨들어야 예의일 것 같았다. 고운 꽃잎은 결코 비아냥거림을 권하지 않으리라. 더구나 아량에 대해 성찰해 보라는 듯 작은 꽃잎은 자꾸만 내 앞으로 떨어지지 않는가! 나는 긍정적인 생각을 해야 한다고 마음을 다잡았다.
 꽃잎이 날아가며 허공에 긋는 선을 가만히 응시했다. 이쪽의 꽃잎들이 내려오면서 포물선을 그려놓고 저쪽의 꽃잎들도 떨어지면서 포물선을 그렸다. 포물선이 교차했다. 한 개, 두 개, 세 개 ….
 '수없이 교차하는 포물선이 그려내는 형상은 무엇일까?'
 곰곰이 생각해 보았다. 아! 바로 꽃잎처럼 부드러운 눈동자 아닌가! 꽃처럼 아름다운 영혼이 담긴 눈동자! 누구의 모습일까? 꽃들의 정기를 가볍게 다독거리는 요정의 맑은 얼굴일까? 꽃처럼 부드러운 미소를 간직한 선녀의 얼굴일까? 세속을 초월한 거룩한 성자의 얼굴일까? 아! 알아냈다. 하루하루 괜찮았는지 사소한 움직임에도 온유함을 헤아리는 너의 선한 얼굴이었다.

"내 눈앞의 것이 의구하지 않다고 하여 사사건건 헛되다 생각하지 않기로 했어. 그렇지 않으면 자칫 삶의 빛나는 시간을 놓칠 수가 있거든. 지극히 멀리 보고, 깊이 사색하며, 널리 포용할 수 있도록 애써야겠어. 작은 의미를 담았을지언정 따스하게 공감하는 습성을 지녀야겠어."

너의 자애로운 성품과 초연한 의지가 꽃잎 같은 네 얼굴을 만들었구나! 감탄했다.

꽃잎 하나가 내 가슴팍으로 날아들었다. 걸핏하면 두서없는 발걸음인 나의 신발 위에 사뿐히 앉았다. 시들어갈 순간에도 침착하기 그지없는 꽃잎을 주워들었다. 부드러웠다. 내가 걸어온 자취는 어떨까? 어지러운 내 발길이 두려웠다. 칡뿌리처럼 얼키설키 뒤얽힌 내 안의 욕심부터 차근히 캐내야 하리라.

산새 둥우리에도 꽃잎

산벚나무 꽃잎이 바람에 흩날렸다. 봄 하늘 어딘가에 춤추는 별이 있어 그들의 그림자가 아닐까? 착각할 만큼 꽃잎이 여기저기에서 아름답게 아롱댔다. 투박한 나의 등산화에도 앙증맞은 꽃잎들이 가볍게 내려앉았다. 그런데 나는 꽃잎이 밟혀도 예사로 여기며 남편의 옷자락만 쳐다보고 걸어야 했다. 야산이지만 남편을 놓치면 길을 잃을 것 같았기 때문이었다. 긴장하지 않으면 안 되었다.

하지만 봄의 정령은 야무지지 못한 내 심기를 쉽게 정복했다. 산벚나무 꽃잎과 어린 새싹이 아기자기한 소품처럼 여기저기서 반짝거리자 나는 마음의 갈피를 잡을 수가 없었다. 야산이 내 집인 양 편안해하며 사랑스러운 꽃과 새싹을 한없이 들여다보기 일쑤였다. 그러다가 남편을 시야에서 놓치곤 했다. 헐레벌떡 남편의 뒤를 바짝 따라붙느라 진땀이 났다.

한줄기 부드러운 바람이 내 얼굴을 스쳤다. 그러자 산벚나무 꽃비가 우수수 쏟아졌다. 봄볕 정령들이 나를 얼싸안으며 반기는 듯했다. 꽃비가 내 몸에 스치면 산뜻한 봄볕이 스며들까 온몸으로 꽃잎을 맞으리라 머뭇거렸다. 훨훨 날아오는 꽃잎은 투박한 나의 등산화마저 환하게 무늬를 넣어주려고 애쓰는 듯했다. 경쾌해진 발걸음으로 또 저만치 앞서가는 남편을 따라잡느라 허겁지겁 버둥대느라 바쁜 산길이었다.

　남편의 뒤꽁무니에서 고사리 찾아내는 안목을 키워 보고자 신중하게 숲을 살피기로 했다. 그러다가 산 바닥에서 나뒹구는 산새 둥우리를 발견했다.

　"우와! 새둥지네! 어쩜 이리 앙증맞을까?"

　나는 호들갑을 떨며 산새 둥우리를 주워들었다. 야생의 새가 만든 간장 종지만한 둥우리를 실물로는 생전 처음 보는 터라 무척 흥분되었다. 작은 둥우리는 새처럼 사랑스럽게 생겨서 내 관심을 확사로잡았다. 둥우리가 금방이라도 새처럼 날아갈 것만 같았다. 조심스럽게 두 손으로 감싸 쥐었다. 산새의 체온이 느껴질 것 같은 기분이 들었다. 귀여운 산새가 내 품에 안긴 듯 설레기까지 했다.

　둥우리는 풀잎과 풀줄기를 섬세하게 겹겹으로 붙여서 만든 것으로 보였다. 도예가가 빚은 어여쁜 종지 같았다. 짧은 부리로 뻣뻣한 풀잎과 풀줄기를 자유자재로 다루어 동그랗게 모양을 내다니! 이토록 어여쁜 둥우리를 만들어낼 수 있는 힘의 근원은 무엇일까? 참으로 신비롭게 다가왔다.

　"우와! 둥우리에 꽃잎도 붙어 있네. 산벚나꽃 꽃잎인가?"

　내 새끼손가락의 손톱크기 만한 둥근 잎이 붙어 있었다. 분명 초록빛이 아닌 연분홍색 꽃잎이었다. 양파의 표피만큼이나 얇고 부드러워 보였다. 부서지지 않고 원형 그대로 붙어있는 꽃잎이 참으로 신기하기 그지없었다.

　'꽃비에 감동한 산새!'

　나보다 훨씬 낭만적인 멋을 아는 산새가 만든 작품이구나! 여겨졌다. 꽃잎 붙은 새둥우리가 이루 말할 수 없이 신비롭게 여겨졌다.

둥우리에 꽃잎 붙인 정겨운 산새 부부를 상상해 보았다.
"참으로 환상적인 꽃비가 내리고 있어요!"
"당신의 얼굴과 마음처럼 예쁜 꽃비군요. 당신의 깃털처럼 부드러운 꽃잎이 온 산에 가득하네. 정말 행복한 봄날이야!"
"당신의 미소처럼 고운 꽃잎인 걸요. 여기도 꽃비, 저기도 꽃비예요. 우리의 사랑을 축복하는 아름다운 꽃불이군요."
"우리의 보금자리도 꽃잎으로 장식해야겠군요."
"정말요? 역시 멋진 당신이군요!"

그렇게 해서 둥우리엔 꽃잎 두어 장이 붙게 되었겠지. 산새 부부는 어여쁘고 포근한 둥우리에 알을 낳았을 거야. 축복받은 새알들은 은은한 달빛과 초롱초롱한 별빛, 그리고 따스한 햇살을 받으며 곱게 부화했을 거야. 새순처럼 사랑스러운 부리를 가진 새끼들이 세상에 나왔을 때 산새부부는 더욱 아름다운 목소리로 노래했을 거야.

'사랑스러운 우리 아가들도 꽃잎처럼 부드럽고 예쁘기 그지없다네.'

귀여운 작은 새끼들이 둥우리에서 짹짹거리는 모습을 상상해 보았다. 정말 그렇게 자란 산새들이겠지? 산기슭 어디쯤에선가 정겹게 재잘거리는 고운 새소리가 들려왔다.

둥우리를 끌어안은 나는 둥우리를 잃은 산새를 애석해하여 가슴이 미어질 듯했다. 멧돼지가 땅을 파놓은 흔적도 있는 곳인 걸 보면 멧돼지가 돌아다니다가 둥우리가 있는 나무를 건드렸나 싶다. 내 곁에 두고 둥우리속의 산벚나무 꽃잎에 녹아있을 사랑을 상상하기로 했다.

'아름다운 자연의 의지를 헤아려 보고자 애쓰면 좀 더 지혜롭고 따스한 마음을 지닐 수 있을 거야. 단순한 동행이 아닌 그윽한 교감

으로서의 삶을 터득할 수 있을 거야.'
 나의 가슴에도 산벚나무 꽃잎이 아로새겨지는 것 같아 기분이 좋았다. 앞서가는 남편의 머리칼에, 어깨에 산벚나무 꽃잎 몇 장이 떨어져 앉았다. 산새 둥우리에 붙어있는 꽃잎처럼 고왔다.

숲에서 헤아리는 힘

"쫑얼쫑얼"
"꿔억 꾁"

뒷산에서 새소리가 매우 힘차게 들려왔다. 꿩은 이미 동 트기 전부터 뒷산 전체를 뒤흔들 만큼 맹렬하게 소리쳤으리라. 생동하는 봄이 아침 햇살보다 싱그럽게 거실로 파고드는 것 같았다. 밥숟가락 위에까지 진동하는 새소리가 맘을 설레게 했다.

'도대체 봄볕이 새들을 얼마나 감동시켰으면 저렇게 온몸으로 외쳐대는 걸까?'

느긋하게 뒷산으로 향했다. 역시 새들처럼 감탄하기에 딱 좋은 봄날의 햇살이었다. 부드러운 햇살 한 줄기가 내 등을 다정하게 쓰다듬어주는 듯했다. 내 몸이 점점 따뜻해지는 것 같았다. 정겨운 기운이 온몸을 감쌌다. 지나가는 사람들의 말소리마저도 새소리만큼이나 경쾌하게 여겨졌다.

'이렇게 아름다운 봄날이라서 새들이 그토록 신나게 소리쳤구나!'

나도 명랑해져서 가볍게 발걸음을 옮겼다. 잡다한 생각이 손끝 발끝으로 슬금슬금 빠져나가는 것 같아 흐뭇했다.

내 귓가에 봄의 소리를 들려주는 새들의 목청은 참으로 활기찼다. 저마다 불끈 솟구치는 '힘'을 충분히 드러내는 듯했다. 맑고 힘찬 새소리들이 나의 머리 꼭대기부터 발끝까지 기세 좋게 휘감았다. 그런데도 전혀 시끄럽지 않았다. 큰 소리이면서 내게 불쾌한 감정을 일으키지 않는 특별한 매력은 어디서 기인한 걸까? 작은 몸에서 용솟음치는 고아하면서도 맹렬한 저력이 부러웠다.

'작은 몸으로 어쩜 이토록 맑고 울림이 굉장한 소리를 발성할 수 있는 걸까? 신묘한 경지가 느껴지네.'

생생하고 강렬한 목청은 그 어떤 역경도 다 극복해 낸다는 자신감을 드러내는 것 같았다. 숲의 어엿한 한 존재임을 명확히 밝히고자 당당하게 자신의 목소리를 뿜어내는 듯했다. 새소리가 내 귓가에 크게 울릴수록 나도 덩달아 숲속의 한 존재로 씩씩해지는 기분이 들었다. 새 힘을 얻는 듯했다.

아직도 내게 '힘'은 선망의 대상이다. 어린 시절 '오징어 놀이'라는 것을 한 적이 있다. 나는 상대편이 잡아 끌면 백발백중 끌려가고 말았다. 상대편이 밀어대면 밀리지 않으려고 용을 써도 물 먹은 종이처럼 힘이 없어져 지켜내야 할 자리에서 버티지 못하고 그만 밖으로 나가떨어지곤 했다. 내 편에게 몹시 미안했다. 한 서너 번 그런 식으로 힘겨루기 놀이에서 부대꼈을까? 양심상 도저히 내 마음이 허락하지 않았다. 더 이상 힘겨루기 놀이에 끼지 않았다.

아무리 놀이라지만 우악스럽게 잡아 끌거나 밀어대는 손길이 나는 적잖이 낯설고 두려웠다. 힘센 아이들은 놀이를 하다말고 상대편과 큰 소리로 싸우기도 했다. 기운차고 당차며 거리낄 것 없이 활달한 친구들의 활약이 오히려 내게는 두려움을 안겨주었다. 내가 만일 조금이라도 실수하면 번득이는 눈동자와 야무진 말투로 나를 다그칠 것 같아 겁이 났다. 그리고 악다구니 소리로 시끄러운 상황

또한 영 마땅찮아 그만 놀이세상에서 점점 멀어졌다.

그 후부터일까? 힘에 대해서는 나를 압도했던 놀이터에서의 거친 힘으로만 받아들여졌다. 정신적이든 육체적이든 맞닥뜨려야할 힘이 있다면 두려움 먼저 앞세웠다. '그악하게 맞서야 하겠지.' 하면서도 미리 겁먹었다. 힘겨룸에 관한 것이라면 왠만해선 회피하려고 했다. 그러니 온힘을 기울이는 연습은 요원했으리라.

나는 학창시절에 체력급수측정의 멀리던지기에서 늘 꼴찌를 면치 못했다. 팔의 힘이 유독 약했다. 나 어릴 때는 팔뚝과 손목의 힘으로 승부가 가려지는 놀이가 대부분이었다. 내겐 아주 치명적인 놀이라 볼 수 있다. 아마 내게 불리한 힘겨루기이다 보니 '힘은 나쁜 거야.' 하고 단정한 것 같다. 나 스스로 힘쓰지 않으려 한 것은 차치해 두고 악착같이 힘쓰려는 친구들의 태도마저 꺼려했으니 내게 어떤 열정이 습득될 수 있었겠는가. 나는 당차다는 격려보다 착하다는 칭찬을 들었다. 칭찬에 길들여진 나는 당돌한 해결사보다 두루뭉수리로 묻혀가는 축이었다고 봐야 옳으리라.

지나간 날을 반추해 보면 모질게 힘을 쓰지 않음으로 인해 크게 잘못된 일은 별로 없는 것도 같다. 내가 자아에 대해 신랄하게 비판하는 능력이 부족해서일까? 아니면 순종이 미덕인 시대에 살아서 그럴까? 아니면 남 탓하느라 기회를 놓쳐서일까? 아니면 진짜 어린 시절에 잘못 입력된 힘에 대한 부정적인 이미지 때문일까? 정확히는 모르겠으나 어쨌든 봄날의 새소리처럼 힘차게 내 힘을 맘껏 드러내는 삶의 여정은 획득하지 못한 듯 싶다. 그렇다고 해서 크게 한탄할 만큼 어긋난 삶은 아니라고 생각한다. 물론 가장 배우고 싶었던 바이올린의 근처에 여태껏 가보지 못한 것에 대해서는 가끔 내 힘의 기피를 탄식할 때가 있다.

'힘을 진지하게 다룰 줄 모르면 자신의 장점을 좀 더 부각시킬 수 있는 삶의 궤도를 놓치는 수가 있어.'

내 아이들이 선천적으로 주어진 힘을 일깨우지 못하면 어쩌나 조바심치곤 한다. 자신의 장점을 당당하게 펼쳐내게 하고자 아이 본연의 힘을 일깨우겠다는 명목아래 이래저래 참견하게 된다. 사실 힘에 대해 아이들에게 명쾌하게 체득시켜 준 것도 없으면서 소란만 떠는 것 같아 씁쓸하다. 나처럼 무조건 강한 힘을 회피하지만 않으면 좋으련만…. 물론 하늘의 뜻대로 어느 정도까지는 주어진 힘을 사용하겠거니 믿기는 한다. 하지만 주어진 달란트를 지혜롭게 운용할 수 있는 힘은 각자 적극적으로 다듬어야하기에 자꾸 신경이 쓰인다.

"쫑얼쫑얼"

"꿔억 꾁"

'아! 그래, 바로 이 목청이야! 봄날의 새소리야말로 신이 가르쳐주는 멋진 힘이야. 온유한 생명을 위해서라면 온몸의 핏줄이 다 진동하도록 몸부림치며 힘을 다하라는 엄중한 계시 아니겠어?'

우리 집 뒤의 숲에서는 봄마다 지저귀는 새소리가 명징하니 내 아이들도 호소력 높은 새소리를 듣고 아름다운 힘에 대한 한 수를 은연중 일깨우는 지도 모르겠다.

숲을 표한 꿩

'숲이 꿔억꿕 들어설 것 같아.'

신록이 우거질 때면 나는 숲과 꿩을 동일시하는 버릇이 있다. 창밖으로 푸른 산이 보이면 으레 꿩을 떠올린다. '꿔억꿕' 꿩의 우렁찬 목청을 생각해 내고는 숲속의 따뜻한 숨결을 상상해 보곤 한다.

'봄내 꿩의 지극한 응원에 나무들이 쑥쑥 자란 거야!'

아름다운 신록 어딘가에 잠잠히 둥지를 꾸몄을 장끼와 까투리를 그려보곤 한다.

뒤편에 산을 둔 아파트에 살게 되면서 나는 숲을 점령하는 꿩의 목청에 친밀해졌다. 봄꽃으로 화사한 4월 어느 날부터 꿩의 외침은 참으로 애절하게 울려 퍼졌다.

"꿔억꿕"

꿩은 수시로 뒷산을 뒤흔들었다. 생동감 넘치는 웅장한 울림의 소리였다. 애타는 꿩의 목청은 집안 어디에 있어도 생생하게 들렸다. 숲속 운우의 비밀을 엿듣는 것 같아 기분이 묘해지기도 했다. 하지만 따스한 봄날 하루도 거르지 않고 부르짖어 귀 기울이지 않을 수가 없었다. 차츰차츰 나는 꿩의 존재를 진지하게 받아들였던가 보다. 밥 한술 뜨는 시간조차도 은근히 숲으로부터의 기운찬 봄소리를 기대하곤 했다. '꿔엉꿩' 들려오면 와락 싱그러운 기분이 밀려오고 마음이 설렜다.

'햇살처럼 따스한 식사군요. 꿔엉꿔엉.'

단출하기 그지없는 식탁이지만 꿩이 응원해 주는 성찬이려니 달게 밥술을 뜨며 흐뭇해했다. 꿩의 목청처럼 힘찬 기운을 얻으리라 여겨졌다.

온 산을 훑고 오는 듯 장엄한 꿩의 외침! 그 호소는 내게 있어 봄의 특별한 울림으로 자리를 잡아갔다. 꼭두새벽에도, 한밤중에도, 심지어는 화장실에서도 애절한 꿩의 외침을 듣는 순간순간 내 마음은 봄바람 살랑대는 숲으로 갔다.

'맑은 햇살 스민 청초한 새잎과 봄꽃의 숨결이 너무나 아름다워서 꿩은 저토록 간절하게 호소하는 중일 거야. 호응해서 내가 청아한 노래하나 지을 수 있다면 얼마나 좋을까. 따뜻한 울림을 담아낼 수 있는 나의 영혼이라면 꿩의 노래가 더욱 값질 텐데.'

날마다 꿩의 사랑을 찬란하게 다듬어주지 못하여 안타까웠다.

'괜찮아, 하찮은 내 감성이 감히 흉내 낼 수 없는 위대한 햇살의 응원이 있으니까.'

꿩을 품은 숲에서 햇빛은 더욱 찬란하게 빛났다. 꿩이 날아가는 길목마다 햇볕은 더욱 따스했으리라. 꿩의 노래가 간절할수록 해는 더욱 높이 떴다. 신록도 점점 더 푸르고 풍성해져 갔다.

'고운 꽃이 폈어요. 꾁꾁'

꿩의 호들갑에 못 이기는 척 나는 가끔 숲길을 산책했다. 하루도 쉬지 않는 꿩의 지극한 노래를 들으며 숲속의 꽃들도 덩달아 꽃잎에 힘을 주었으리라. 오월로 접어든 숲에서는 꿩의 외침 못지않게 절절한 꽃향기가 나를 깜짝 놀라게 했다.

꽃향기에 어떤 보답을 할까 꽃 앞에서 멍한 나의 얼굴을 꿩이 보앉을까? 갑자기 내 옆에서 꿩이 "꿔억" 소리치며 푸득 날개를 치고 날아갔다. 나는 그만 혼비백산하고 말았다. 가슴이 벌렁거리고 다리가 후들거렸다. 부드러운 봄날, 꿩의 외침에 흔들리지 않는 것이 있으랴. 새로 돋아난 잎과 발아래의 새싹, 가냘픈 꽃잎, 새로 벋은 나뭇가지는 물론 심지어는 산길의 돌멩이도 움찔했으리라.

6월의 숲은 더욱 웅장했다. 찬란한 태양과 숲이 파도처럼 출렁이며 거실의 유리문으로 들어왔다. 무성한 숲은 대낮에도 좀 어두워 보일 정도로 짙은 그늘을 이루었다. 숲을 가만히 내다보노라니 레이저포인터 같은 짐승의 눈동자가 나를 쏘아볼 것 같은 느낌이 들었다. 그렇게 울울창창한 숲에서 더 이상 벽력같은 꿩의 외침은 없다. 꿩의 목청은 녹음 속에 스며들었을까? 우렁찬 꿩 소리인 듯 우거진 숲이 힘차게 나를 맞아 주었다.

꿩은 숲을 키워놓고 깔끔하게 뒤로 물러난 듯 헛기침 한 번 안했다. 그러나 숲 구석구석에 자신의 목청이 각인되기를 소원한 꿩의 기도가 이루어진 걸까? 가만히 숲을 건너다보노라면 내 귓속에선가 마음속에선가 '꿔억꿩' 소리가 나는 듯하다. 꿩이 떠난 숲일지라도 나는 존엄한 꿩의 목청을 울창한 신록으로 힘차게 느끼는 것이리라. 숲과 나를 거룩하게 이어준 꿩의 호소는 진정 삶에 대한 드높은 강론임에 틀림없다.

꽃과 바다와 나

　나는 한동안 바다를 난해하게 여겼었다. 똑같은 파도 소리로 끊임없이 저 혼자서 되뇌는 것 같아 이해하기도 어렵고 친해지기도 힘들다고 투덜댔다. 항상 비슷한 빛깔로 광활하게 펼쳐진 물결이 마냥 단조롭게 여겨져 지루해했다. 무심히 흐르는 물결은 내 마음에 와 닿지도 않는다며 쉽게 싫증냈다. 심지어는 바다가 냉정하고 도도하다고 꺼려하기까지 했다.
　동백꽃이 피는 계절을 맞아 찾아간 오동도에서 바다와 좀 가까워졌다고 해야 하나? 생애 처음 동백꽃 숲에서 바라본 바다가 매우 황홀하게 다가왔다. 훨씬 낭만적이고 서정적이었다. 다른 때보다도 여유를 가지고 푸른 물결을 감상할 수 있었음은 어여쁜 동백꽃 때문이라고 해도 과언이 아니리라. 바다는 동백꽃의 붉은 빛깔로 인해 더욱 푸르고 아름다워 보였다. 더불어 동백꽃 빛깔도 푸른 바다를 배경으로 해서 더욱 정열적으로 붉게 다가왔다.
　매혹적인 동백꽃이 바다를 돋보이게 하는 것인지 푸른 바다가 동백꽃을 돋보이게 하는 것인지 구분이 어렵도록 서로 잘 어울렸다. 드넓은 바다를 두드리는 파도의 열정이 고스란히 꽃에 전해진 듯 동백꽃 역시 강렬하고 선명하게 붉은 파장을 내뿜었다. 꽃은 고상해 보이면서도 화려했다. 동백가지 끝마다 홑꽃으로 홀로 고고하게 피어 어찌나 우아한지 나는 감탄의 시선을 거둘 수가 없었다. 동백꽃을 뚫어지게 바라보면 나의 모습도 동백꽃처럼 아름다워지는 기적이 일어나는 건 아닐까 흑심을 품어보기도 했다.

나의 시선을 확 사로잡았다고 해서 동백꽃에 감히 허풍 떨듯 감탄사를 남발하는 건 오히려 꽃의 기품을 낮추는 것이리라. 더 이상 말이 필요 없었다. 동백꽃 꽃그늘에 앉았다. 멍하니 넋 잃고 파도소리와 어우러진 동백꽃을 응시했다.

'혼절해도 좋아요!'

꽃의 정령이 나를 넌지시 떠보는 듯했다.

'참으로 아름답고 고귀한 꽃이야. 동백꽃을 바다처럼 넓은 가슴에 담아낼 수 있다면 더욱 거룩한 꽃노래가 될 텐데….'

'옹색한 마음이더라도 딱 한 송이의 꽃에 순수한 마음을 담아낼 수 있다면 그 또한 거룩한 꽃노래 아니겠어요?'

동백꽃이 여기저기서 '좋아요, 좋아요' 미소 짓는 듯했다.

묵묵히 꽃과 바다를 음미하면서 둘의 관계를 나의 가슴속에 정리하기 시작했다. 맑고 깊은 바다를 배경으로 핀 꽃은 몹시 차분해 보였다. 꽃의 고결한 숨결 때문일까? 꽃그늘의 내가 우아해질 거라는 착각에 빠져들었다. 안락함마저 느껴져 그대로 쭉 머물렀으면 싶었다. 바다 물결도 나의 감동을 응원하는 듯 부드럽게 찰랑거렸다.

'푸른 바다는 참으로 아름다운 조력자구나!'

나는 바다를 푸른 밤하늘이라 잠시 생각하기로 했다. 그러면 동백꽃은 붉은 별이 되리라. 수많은 꽃별을 품은 바다는 얼마나 아름다운 그리움을 담게 될까? 밤하늘엔 듯 푸른 바다엔 듯 빨갛게 빛나는 별 이려니 동백꽃을 응시하는 내 마음속에서도 그리움이 일렁였다. 비로소 동백꽃 꽃그늘아래 출렁이는 파도 소리가 내 가슴에 아름답고 서정적인 노래로 다가오기 시작했다. 언제든지 바닷가에 서면 고아한 동백꽃 꽃별의 노래가 내 가슴을 설레게 하리라.

동백꽃은 날마다 들려오는 바다의 깊고 푸른 노래 속에서 꽃의 기백을 드높였을까? 딱 한 송이만을 바라보아도 꽃은 강렬한 기상으로 나의 마음을 사로잡았다. 바다의 세찬 파도가 응원해 주어서 동백꽃은 그악한 비바람을 꿋꿋하게 견디며 힘찬 기백을 품을 수 있는 걸까? 동백꽃의 붉은 빛은 소극적인 성향의 내게 신선한 활력으로 다가왔다. 나도 바다처럼 넓은 이해심으로 파도처럼 힘찬 응원을 열렬하게 보낼만한 기백을 지니면 좋으련만….

동백꽃의 꽃그늘이 바다의 그윽한 숨결이려니 오래도록 서성거려도 지루하기는커녕 신비스런 분위기를 느끼게 하여 흐뭇했다. 무미건조한 내 가슴이 자연의 너그러운 한 존재가 되는 건 아닐까 은근히 기대하며 기뻐했다.

'그래, 저 혼자 괜히 출렁대는 바다가 아니었어.'

파도소리는 동백꽃의 숭고한 최후를 성대하게 기리기 위해 몸부림치며 애도하는 바다의 비가려니 여겨졌다. 파도소리가 없었다면 차가운 바닥에 함부로 내던져진 듯 나뒹구는 꽃송이로 인해 나는 무척 슬프고 허무해했으리라. 싱그러운 채 통째로 뚝 떨어지는 꽃송이를 애석해하며 그지없는 허망감에 애태우는 나의 가슴도 어쩌면 바다가 다독거려주는 것이리라. 아름다운 모습 그대로 자연의 질서에 순응하기 위해 미련 없이 땅에 떨어지는 동백꽃의 순수를 드높이느라고 그토록 푸르게 물결치는 바다려니 여기자 바다가 더욱 아름답게 다가왔다.

날이 저물어 동백꽃 숲을 뒤로 하고 여객선에 오르지 않을 수가 없었다. 동백꽃이 어두워져 가는 바다 위에 두둥실 떠오를 듯했다. 동백꽃 숲에서 건너온 저녁노을일까? 동백꽃이 토해놓은 듯 붉은 노을이 펼쳐졌다. 저녁노을로 동백꽃을 그려보리라 눈을 떼지 못하였다. 멀미로 잠시 한눈을 판 사이

"저녁 해다!"

누군가 소리쳤다. 얼른 하늘을 보았다. 아! 저녁 해가 두둥실 선명하게 검푸른 바다 위에 솟아 있었다. 참으로 크고 맑은 저녁 해였다.

'멋지다! 동백꽃의 정령이려나?'

동백꽃이 단장시켜 내보낸 듯 산뜻하고 차분한 저녁 해였다. 세상의 모든 티끌을 말끔하게 씻어낸 성인의 얼굴빛도 저토록 맑고 그윽할까? 묘한 매력을 지닌 저녁 해를 놓치고 싶지 않았다. 집요하게 해를 바라보며 그 정기를 받을 수 있으려나 기대했다. 갈수록 선명해지는 저녁 해가 이루 말할 수 없이 신비했다. 동백꽃의 정령이 손짓하는 것이려니 애타게 바라보았다. 저녁 해가 동백꽃처럼 싱그럽게 눈웃음치며 나를 마주보는 듯 여겨졌다. 나는 매우 평화롭고 다정한 기분이 들어 꼼짝 않고 서서 해를 배웅했다.

어두워져 가는 바닷물결 위에서 저녁 해는 더더욱 선명하게 붉었다. 막바지 저녁 해를 품은 바다 물결은 황금빛 가루를 뿌려놓은 듯 황홀했다. 동백꽃 꽃그늘에서 넘어온 바람결일까? 저녁 해를 드리운 물결이 곱게 살랑거렸다. 아쉬웠지만 커다란 해는 결국 무인도 뒤편으로 사라져버렸다. 바다 위는 칠흑처럼 어둠이 밀려왔다. 바다도 밤하늘이 되었다.

숲 속의 동백꽃은 별이 되어 바다 위를 비추지 않으려나? 나는 칠흑처럼 깜깜한 밤하늘 아래서 동백꽃 같이 아름다운 별을 찾느

라 주위를 두리번거렸다. 섬마을 구석구석에서 불빛이 우리를 배웅해 주려는 듯 곱게 빛나기 시작했다. 동백꽃인 듯 별인 듯 검은 물결 위에서 환상적으로 빛났다. 하늘엔 듯, 바다 위엔 듯, 내 마음 속엔 듯 붉은 동백꽃이 따스한 눈동자처럼 빛나는 것 같았다.

대교처럼 견고한 사랑을 우선 자기 자신 안에 건설해야 타인의
마음속으로
흔들리지 않고 건너갈 수 있으리라

송기중 사진

3부
이리저리 엉겁결에 헤집다

기다릴 줄 안다는 건 지나간 자취에 대한
심미안을 지녔다는 의미일 게다
송기중 사진

꽃잎과 거미줄

 아카시아 꽃이 어느새 다 지고 말았다. 어영부영하다가 꽃의 은은한 향기를 그만 놓쳐버려 아쉬웠다. 산길에는 이미 시들어버린 아카시아 꽃잎이 빽빽하게 흩뿌려져 있었다. 길바닥의 꽃잎들은 벌써 꽃 형태를 잃은 채 비틀어져 말라가는 중이었다. 향기 드높았던 시절이 언제였는지 모르게 쪼그라져 티끌처럼 뒹구는 꽃잎이 측은했다. 쓸쓸하고 덧없다는 생각이 밀려왔다.
 '시간이 지남에 따라 이토록 꽃잎의 형상이 완전히 바뀜을 적나라하게 드러내 보여주는 신의 뜻은 뭘까?'
 지금 나는 내 인생의 꽃이 피려는 중인지, 피어 있는지, 아님 지려는 중인지 갈피를 잡을 수가 없다. 적지 않은 나이에 어떤 시점을 향해 분분히 달려가는지 파악하지 못한 채 멀뚱히 서성대기만 하는 것 같아 좀 쓸쓸하다. 내일에 더 많은 기대를 거는 욕망 때문인지 아님 함부로 규정하지 않으려는 소심함 때문인지 나는 내 삶의 꽃 시기를 도무지 알아챌 수가 없어 혼란스럽다. 더구나 덕망과 학식의 깊이가 도랑물 같아서 신념이나 가치관도 자꾸 바뀐다. 성숙인지 변덕인지 아님 체념 때문인지 잘 모르겠다. 때로는 유치하고 때로는 제법 진지하고 어쩌다가는 초연한 태도에 근접하기도 하는 것 같은데 아직도 이게 나다 하고 규정지을만한 색깔은 없다.

그런데 날이 갈수록 담백해지기를 원하는 것은 확실하다. 점점 얽힘에 대해 거추장스럽게 여긴다. 무엇에든 관계 맺기를 꺼려한다는 건 그만큼 나의 에너지가 생기를 잃어간다는 것 아닐까? 아니면 단출하고 산뜻한 삶에 대한 동경일까? 아마도 두 가지 다 포함일 것 같다.

'앗, 이게 뭐야? 어라? 꽃잎이 어떻게 허공에서 대롱거리지?'

공중에 뜬 꽃잎이 내 얼굴을 강타하여 내 상념을 방해했다. 가까이 다가서려다 하마터면 얼굴이 거미줄로 휘감길 뻔했다.

'거미줄이구나! 꽃잎 때문에 거미줄이 보인 거네? 거미줄을 망가뜨리지 않아 다행이군.'

'어? 꽃잎이 거미줄로 그네 타네?'

'거미가 심심하지 않겠는 걸?'

'미약하게 남았을 꽃향기 때문에 거미는 먹잇감이 늘 수도 있겠군.'

'어머, 꽃잎이 거미줄을 어지럽혔어.'

시든 꽃잎과 거미줄의 얽힘이 내 시선을 사로잡아 이런저런 생각에 잠기게 했다. 의미 있는 소통을 일깨우는 것 같기도 하여 보잘것없는 광경일 수도 있지만 신선하게 다가왔다. 거미줄은 똑같은 굵기의 강철보다 대여섯 배나 질기다고 배웠다. 그토록 질긴 거미줄이어서 꽃잎 여러 장을 얹은 채 바람에 마구 흔들려도 끄떡없는 걸까? 아무리 그렇게 질기다 해도 아무도 보호해 주지 않는 숲에서 온전하게 꽃잎을 달고 있기가 쉬운 건 아닐 듯하다.

물기가 빠진 꽃잎! 내 눈썹의 먼지에 아무런 무게를 느끼지 못하는 것처럼 거미줄도 시든 꽃잎에 대해 무게를 느끼지 못하는 것이리라. 꽃잎과 거미줄 둘 다 얼마나 부드럽고 가벼운 존재인가. 부드럽고 가벼운 것끼리는 '부딪힘'의 기피가 아니라 '만남'의 호응이 이루어지는 것인가 보다. 그러기에 서로 화기애애하게 공존할 수 있는 것 아닌가 싶다.

'단출함에 대한 동경은 생기가 약해져서 그런 게 아니야. 좀 더 가벼운 삶에 대한 희망인 거야. 좀 더 온유하고 느긋하게 부대낄 수 있을까 하는 기대인 거야.'

정말 그런지 내 마음을 정확히 알 수가 없다. 어쨌든 사람들과의 만남으로 북적거리는 상황에 피곤이 쉽게 밀려오는 것은 사실이다. 그만큼 활기찬 움직임은 확실히 주저하게 된다. 어떻든 마음의 부담이 점점 버거운 것인지, 이해의 폭이 넓어져 대수롭지 않게 받아들여지는 힘이 생긴 것인지 잘은 모르겠다. 웬만하면 젊었을 때만큼 내 가슴에 감정을 붙들어 매지 않게 된 듯하다. 지극히 부드럽고 가벼운 마음으로 살 수 있기를 진심으로 갈망한다.

'땅에 떨어져 시든 꽃잎 속으로 개미가 숨어들어 비를 피할지도 몰라. 거미 줄에 걸린 꽃잎 사이로 새끼 거미가 가만히 숨죽이고 있을지도 몰라.'

이런 생각만으로도 시든 꽃잎은 충분히 아름답게 여겨졌다. 거미줄과 다정하게 동행하는 시든 꽃잎이 온유해 보였다.

숲의 이것저것, 이곳저곳 거미줄이 있는 곳엔 대부분 꽃잎도 함께 있었다. 긴 의자 귀퉁이, 나뭇가지 사이사이, 솔잎 위 등 안개처럼 거미줄이 아른댔다. 거미줄에는 고명처럼 시든 꽃잎이 얹혀 있곤 했다. 꽃잎이 떨어지기 전에는 거미줄이 그렇게 많은 줄 몰랐다. 긴 의자에 수시로 앉았건만 거미줄을 알아채지 못했다. 떡갈나무의 푸른 잎이 싱그러운 향기를 전해준다고 자주 노래했건만 나뭇가지의 거미줄은 미처 알아보지 못했다. 짜릿한 상큼함을 안겨

주는 솔잎의 향기에 심취했건만 뾰족한 솔잎 위에 거미줄이 있으리라고는 생각하지 못했다. 경이로운 숲을 나의 취향대로만 바라보고 내 시선대로 단정 지으며 경솔하게 지나쳤다는 자괴감이 밀려왔다.

'시든 아카시아 꽃잎과 거미줄은 서로 잘 어울리네. 서로의 가치를 드높이는군. 둘 다 가볍고 부드러운 성정을 지녔기 때문이야. 덧없이 소모될 욕망에 힘 들이지 말고 세상을 좀 더 겸허하게 바라보아야해.'

꽃잎은 심하게 우그러졌을망정 먼지가 되어 바람에 날리기 전에 내게 왔다. 낡은 거미줄이 거두어지기 전에 가벼운 삶에 대한 경각심을 나에게 던져주었다. 내 낡은 습성도 누군가에게는 깨달음의 도구가 될지도 모른다. 어쩌면 빛나든 탁하든 내게 있는 모든 것은 이미 내 것이 아닐 지도 모른다. 아침에 일어나고 밤에 잠드는 것을 주관하는 거룩한 절대자에게 나를 완전히 맡기는 것이 옳으리라. 꽃이 핀 듯 화사한 시간이라고 우쭐댈 것도 없다. 시든 꽃처럼 흙먼지가 될 시간이라고 서러워할 것도 없다. 단지 꽃잎과 거미줄처럼 서로서로 유연하게 공생하는 시간이기만을 간절히 기도해야 하리라.

꽃을 캐간 자리

 고개를 들어 하늘을 보아도 고개 숙여 땅을 내려다보아도 눈이 부셨다. 하늘엔 뜨거운 태양이 빛났고 땅에서는 어여쁜 겹채송화가 빛났기 때문이다. 주말농터의 돌무더기 사이에서 겹채송화 꽃 세 송이가 피었다. 봄에 꽃씨를 사다가 뿌렸었다. 따로 돌본 적도 없건만 어느새 나고 자라 꽃을 피웠다. 어쩌다 잘 자라나 들여다보았을 뿐 별다른 정성을 쏟지도 못했다. 그런 내가 마냥 큰일이라도 해낸 듯 탐스런 꽃송이를 보며 우쭐해할 자격이 있을까마는 꽃들은 무조건 기뻐하며 뽐내라 응원하는 듯 환하게 웃어주었다.
 어여쁘기 그지없는 꽃들의 빛깔은 내가 지상에서 처음 보는 꽃빛깔처럼 신기하리만치 고왔다. 꽃잎은 햇볕 속에 푹 잠겨서 해처럼 빛났다. 경쾌한 햇살 한 줄기가 짙은 분홍빛 정기를 내뿜었을까? 꽃송이 하나가 분홍으로 어여쁘게 빛났다. 이름을 '분홍'이라고 지었다. 고결한 햇살 한 줄기는 하얀색 정기를 내뿜었을까? 꽃송이 하나가 하얀색으로 청초하게 빛났다. 이름을 '하양'이라고 지었다. 열정적인 햇살 한 줄기는 주홍빛 정기를 내뿜었을까? 꽃송이 하나는 주홍으로 정열적으로 빛났다. 이름을 '주홍'이라고 지었다. 세 송이의 채송화 꽃이 햇빛보다 더 눈부셨다. 들여다볼수록 내게 환한 미소를 안겨주었다. 채송화 꽃 곁의 돌무더기도 덩달아 말쑥해

보였다.

'산새와 구름과 바람만이 스쳐 지나가는 소박하기 그지없는 산골짜기 밭가를 세련된 정원인 듯 착각하게 만드는 겹채송화네!'

'분홍, 하양, 주홍'이 인적이 드문 산골을 예쁘게 밝혀준다고 혼자서 감탄하고 자랑스러워했다. 심지어는 하다못해 허술한 쉼터 밖에 없는 주말농터를 아름다운 휴양지로 상상하기에 이르렀다.

그 다음 주말이었다. '분홍, 하양, 주홍'이 환한 미소로 반겨주겠거니 설렘을 안고 밭으로 향했다. 은근히 어쩌면 더 많은 꽃이 피었을지도 모른다는 기대를 품은 채 서둘러 꽃에게로 달려갔다. 밭가에 도착한 순간 내 심장이 덜컥 내려앉는 줄 알았다.

"어머나! 이게 어떻게 된 거야? 도대체 꽃들이 다 어디로 간 거지?"

'분홍, 하양, 주홍'이 감쪽같이 사라져버리고 없었다. 꽃이 있던 자리는 한없이 적막했다. 흩어진 꽃 이파리 하나 흔적이 없었다. 일주일 전에 본 채송화꽃 무더기는 환상이란 말인가? 납득이 안 갔다. 참 기가 찰 노릇이었다.

누군가가 '분홍, 하양, 주홍'을 싸잡아 통째로 뽑아가 버린 듯했다. 채송화꽃 무더기가 있던 자리는 깊고 깊은 암흑의 동굴처럼 푹 파여 있었다. 나는 허탈감에 사로잡힌 채 멀거니 빈자리를 바라보았다. 암울하기 그지없는 검은 자리가 가슴을 아프게 했다. 휑뎅그렁한 그곳은 결코 빛이 닿을 수 없는 아주 깊숙한 폐허로 다가왔다. 울고 싶을 심정이었다.

'겹채송화가 심술궂은 손길에 의해 쏙 뽑혀나간 것이 아닐지도 몰라. 척박하고 촌스런 묵정밭의 주인이 한심해서 한 번 길을 잃으면 도저히 빠져나올 수 없는 지하도시로 스스로 들어간 것일지도

모르겠어.'

참으로 어떤 상황인지 가늠조차 할 수 없어 답답한 마음 이루 말할 수 없었다. 한 포기라도 남겨놓지 그렇게 깡그리 캐내어 가는 손길이란 도대체 어떤 심성일까 몹시도 원망스러웠다.

꽃이 사라지자 밭가는 몹시 초라하고 후줄근해 보였다. 물론 밭에는 옥수수의 푸르고 긴 잎이 우아하게 너울댔다. 푸른 고추도 싱그럽게 매달려 반들반들 빛났다. 하지만 밭은 이루 말할 수 없이 공허하고 암울해 보였다. 텅 빈 모래사막 같았다. 꽃을 잃은 돌무더기도 몇 백 년 동안 씻지 않은 듯 칙칙해 보였다. 퇴색한 성터의 후미진 곳에 틀어박혀 아무런 관심도 받지 못하는 돌덩이인 양 우중충하고 무기력해 보였다.

'작물 밭에 생뚱맞게 피어있는 꽃이라 생각하고 누가 뽑아갔을까? 멋진 정원을 가진 누군가가 겹채송화를 꽃답게 가꾸어보겠다는 선한 자비심으로 뽑아갔으려니 안심해야 하나?'

당혹한 상황을 원만하게 이해하고자 애썼다. 그러나 울컥울컥 치밀어 오르는 분노는 한동안 밭을 외면하게 했다. 더구나 빛을 잃은 돌무더기를 바라보면 나의 가슴에서 피지도 못한 사랑의 꽃을 악랄하게 찍어냈던 슬픈 날이 떠올라 눈물이 앞을 흐리게 했다.

"열 번 찍어 안 넘어가는 나무가 없잖아. 그녀는 나를 사랑하면서도 열렬하게 구애하는 다른 남자에게 간 거야. 아직도 우리는 서로 사랑하고 있단 말이야."

놓친 사랑을 안타까워하는 사람과 평생 함께하게 되다니! 중매결혼에 대해 신중하게 생각하지 않았던 나 자신이 참으로 어리석었다. 몽매한 나 자신을 깊이 혐오했다. 걸핏하면 울화가 치밀었다. 우울한 내 마음속에서는 좀체 고운 꽃이 필 조짐이 보이지 않았다. 삭막한 황야를 걷듯 살아내는 하루하루가 공허하고 고독하며 쓸쓸했다.

흔적 없이 아무는 상처가 있을까? 몇 주 뒤 꽃을 캐간 자리에 조촐하게 핀 풀꽃을 발견했다. '분홍, 하양, 주홍'하고는 하늘과 땅 차이지만 그래도 그럭저럭 환한 밭가를 만들어 주었다. 무릎을 꿇고 들여다봐야 하는 아주 작은 꽃이었다. 작은 꽃에도 찬란한 태양의 손길은 무한해서 꽃의 아름다운 기품은 넘쳤다. 꽃들의 맑고 따뜻한 미소에 흐뭇하게 응시하지 않을 수 없었다. 그 작은 꽃에게도 그에 맞는 작은 벌들이 날아와 꽃의 정적인 세계를 사뭇 유쾌하게 흔들어 댔다. 작은 꽃이 가져다주는 생동감에 감격하여 나는 살며시 미소 지으며 꽃과 마주보았다. 작은 꽃들이 밭을 침범해도 뽑아내지 않았다. 온유한 하늘의 위안이려니 보살피며 예쁘다 좋아했다. 꽃을 캐간 자에 대한 분노가 점점 사그라져 갔다.

그러나 안타깝게도 풀꽃을 스칠 때마다 '분홍, 하양, 주홍'도 함께 떠올랐다. 움푹 팬 암담했던 자리도 덩달아 떠올랐다. 참으로 독한 흔적이 아닐 수 없었다.

'더 많은 꽃으로 덮으려 애쓸 것도 없어. 휑하면 휑한 대로 두고 멀리서 바라보는 연습을 해야 해. 마음속 동굴은 인간의 입김이 아닌 신의 섭리로 채울 수밖에 없어.'

아무래도 꽃을 캐간 자리보다 하늘에 더 많은 시선을 두는 게 좋지 않을까 싶다. 함부로 남의 꽃을 캐내지 말아야 한다는 단순한 계율이 아닌 '서로 사랑하라'는 숭고한 언약으로 따스하게 마주하는 포용력을 지녀야 하리라. 겸허한 눈으로 꽃을 캐간 자리를 바라보는 연습이 참 많이 필요하리라.

풀줄기에 걸린 꽃

이른 아침부터 더웠다. 숲의 생기를 드높이는 창창한 햇볕에 덩달아 신났는지 매미가 낭랑하게 목청을 뽑아댔다. 서둘러 주말농터로 달려갔다.

"나팔꽃 좀 봐!"

이팝나무 가지를 감아 올라간 나팔꽃 줄기에서 딱 한 송이 꽃이 별처럼 빛났다. 밤새도록 달빛으로 꽃잎을 곱게 다듬었을까? 나팔꽃 꽃잎이 이루 말할 수 없이 부드럽게 다가왔다. 거칠어진 내 손바닥으로 매만지면 금방 찢겨질 듯했다. 허리 굽히고 그윽하게 들여다보았다. 어찌나 맑고 고운지 들여다보는 내 눈동자도 나팔꽃처럼 아름답게 빛날 거라는 착각에 빠질 지경이었다.

꽃에게서 눈을 떼는 순간 풀이 나의 시선을 사로잡았다.

"어라? 그새 또 더 많이 나고 훌쩍 커 버렸잖아!"

꽃을 위협하는 나쁜 풀이라고 투덜대며 나는 다짜고짜 풀에게 덤벼들기 시작했다. 여름날의 풀은 무척 재빠르고 예민하다. 사람의 손길이 뜸하다 싶으면 바로 이때다 잽싸게 알아차리고 훌쩍 자라버린다. 철저한 기회주의자 같다. 척박한 곳에서도 강건하게 생존하는 걸 보면 적응력이 뛰어난 전략가인가 싶기도 하다. 비 온 뒤에 더욱 싱그럽게 파도처럼 일어서는 걸 보면 때를 놓치지 않으려는 기민함과 추진력이 매우 남다른 실천가 같기도 하다. 풀끼리 서로 얼기설기 얽혀서 영역을 다져나가는 대단한 동맹군 같기도 하여 무섭다는 소리를 듣기도 하니 풀에게 아량을 베풀기 참으로 난감할 때가 많다.

'연약한 나팔꽃이 제대로 기를 펴지 못하겠네.'

다행히도 나팔꽃 주변의 풀줄기는 가늘어 보였다. 그런 풀줄기가 내겐 만만하게 다가왔다. 두 손으로 풀줄기들을 그러모아 쥐었다. 보기에는 실낱같은 줄기였는데 맨손에 닿는 감촉은 철사 못지않았다. 크게 힘들일 것도 없이 예사로이 잡아당겼다. 줄기 끝부분만 찔끔 잘릴 뿐 끄덕도 하지 않았다.

"어라? 요것 봐라."

더욱 당차게 그러쥐었다. 그리고는 확 잡아당겼다.

"어머나! 이를 어째!"

팽팽하게 당겨 나온 풀줄기에 그만 딱 한 송이 나팔꽃이 걸려 버렸다. 당기던 풀줄기를 급히 놓아버린 순간 우렁찬 매미소리마저 뚝 멈춘 듯했다.

세상에나! 딱 한 송이 뿐인데! 어처구니가 없었다. 한순간에 꽃을 잃고 말다니! 참으로 기가 찰 지경이었다. 꽃이 사라진 나팔꽃 줄기가 몹시 애중해 하는 것 같았다. 나팔꽃 줄기 주변의 모든 것이 망연해 하는 것 같았다. 돌무더기, 이팝나무, 묵정밭 모두가 공허해 보였다. 나도 허탈하고 애석하기 그지없어 어찌할 바를 몰라 했다.
'단순하게 오직 잘 '가꾼다.'라든가 잘 '기른다.'라는 식의 자신감은 참으로 오만한 거야.'

떨어진 나팔꽃이 엇나간 나의 자만심을 힐책하는 듯했다. 내 눈에 보이는 풀줄기를 무턱대고 뽑아내기 전에 나팔꽃과 풀줄기의 얽힘을 신중하게 살폈어야 했다. 따뜻한 교감도 없이 감정적으로 조급하게 서둔 나 자신이 몹시 계면쩍었다. 나의 아둔함을 드러낸 것 같아 몹시 서글펐다. 잘해 보자는 의기가 무조건 옳다는 확신은 상대방 삶의 길을 와해시키는 폭탄일 수도 있음을 새삼 깨달았다.

"날 그냥 내버려 뒀으면 뭐든 더 잘했을 걸요? 압박감에 시달리니까 뭘 해도 신명나지 않더라고요. 맘껏 펼쳐내기 참 힘들었어요."

애들이 다 크고 나서야 속내를 털어놓았을 때 아차 싶은 생각과 동시에 천길만길 나락으로 떨어지는 기분이 들었다. 내가 옳다고 판단하게 되면 아이의 의견을 그리 신중하게 받아들이지 못했던 것 같다. 아집인지 자만인지 내 목소리를 크게 낸 것이리라. 아이들이 얼마나 답답하고 힘든 나날을 보냈을까.

내 나날의 초점은 언제나 '내 자식들'이었다. 내 자식들은 세상에서 둘도 없는 나의 아름다운 꽃들이라 착각했다. 나의 관심은 아이들이 얼마만큼 어여쁘게 자라도록 다독거려 주느냐에 집중돼 있었다. 아이들에게 있어 나쁜 풀줄기 같은 모든 것을 멀리하게 하고자 전전긍긍했다. 한 순간이라도 풀줄기에 걸린 꽃처럼 되는 건 아닐까 노심초사하며 시시콜콜 참견했다.

"애들에게 너무 많이 신경 쓰네요. 이렇게 애쓰는 엄마도 없을 거예요."

이런 평판의 이면에 도사린 불길한 그림자를 진작 알아챘어야 했다. 오히려 나는 부지런히 설쳐대는 것을 뿌듯해 하며 주위 사람들의 평을 칭송으로만 받아들였다. 이보다 더한 자기만족이 어디 있으랴! 교만하기 그지없는 어리석은 짓임을 정말 미처 몰랐다.

고루하고 편협한 양육방식을 대단한 비결인양 맹렬히 지속했으니 아이들은 얼마나 큰 압박감으로 휘둘렸을까. 어쩌면 내가 심리학자들이 말하는 '대리 만족'을 은연중 추구했던 건 아닐까 싶다. 또한 철저히 욕심의 노예가 되어 사사건건 안간힘을 썼던 것일 수도 있다. 이제 와 후회하고 탄식한다. 이미 엎질러진 물인 셈이니 그저 통탄의 눈물만 흘릴 따름이다.

"가꾸거나 기른다는 것은 신의 영역인 것 같더라고. 부모는 단지 아이를 사랑하기만 하면 되는 거였어. 언제나 따뜻한 마음으로 아이의 눈을 차분히 바라보며 겸허하게 기다릴 줄만 알면 자녀교육은 대성공일 걸?"

늘그막이란 단어가 피부로 와 닿을 즈음에서야 내가 떠들어대는 경험담이다. 아직도 뭐라 말할 자격이 있다고는 자신하지 않지만 무조건 사랑하라고 조심스럽게 얘기하곤 한다.

사랑이란 말을 실제로 내 귀에 듣지도, 내 입으로 하지도 못한 채 자란 나는 사랑은 단지 소설 속에서나 아름답게 표현하는 것이려니 여겼다. 아무리 좋은 개념도 입술 위에 올리지 않으면 땅속에 파묻힌 금덩어리다. 내게 있어 사랑은 깊디깊은 땅속에 깊이 박힌 금덩어리였던 셈이다. 사랑에 대하여 문외한인 상태로 대체 누굴 이끌어갈 수 있었겠는가!

더구나 나는 자기 자신을 사랑해야한다는 말 역시 도저히 이해할 수 없었다. 에리히 프롬의 '사랑의 기술'을 밑줄 그어가며 읽었지만 사랑에 대한 공감과 구체적인 방법은 정확하게 체득하기 어려웠다. 어려서부터 예습이 안 된 공부이니 이해하기 쉽지 않았으리라. 자기 자신도 아끼고 다독거리지 못한 성품으로 그 누구를 보듬을 수 있었으랴! 숭고하여 닿기 어려운 '사랑'보다는 그저 흉내내기 쉬운 '본보기'에 초점을 두고 아이들을 다그친 셈이리라. 꽃

주변의 아무 풀줄기든지 그러쥐고 억세게 당겼듯 아이들이 지닌 모든 감정을 싸잡아 거머쥐고 뜯어냈으리라.

  이제와 사랑의 중요성을 일깨웠다한들 금방 달라지기는 어렵다. 긴 세월 자만과 욕심으로 뒤엉킨 삶이기에 여전히 말 한 마디 한 마디 간섭인지 응원인지 저울질하며 발설해야 하리라. 불쑥불쑥 나서서 개입하면 마음 한 구석에 간신히 쟁여놓은 아이의 온건한 자존감이 뚝 떨어진 나팔꽃처럼 일순간 생기 잃게 되지나 않을까 머뭇거리게 된다. 신의 의지와 인간의 능력 사이에서 의도하지 않게 초래하게 되는 허물을 담담하게 담소할 수 있는 품위 갖춘 엄마노릇을 언제 제대로 할 수 있을까. 여전히 어느 방향으로 벋은 감정의 풀줄기인지 헤아리지 못하고 노심초사하는 변변치 못한 엄마이기에 마음이 참 아프다.

산을 들여놓은 찻집

그 찻집은 구석구석 겹겹이 도자기가 쌓여 있었다. 도자기에서는 따스하거나 혹은 고달픈 흙 이야기가 저절로 풀어져 나올 것 같았다. 두루두루 바라보기 참 좋았다. 도자기를 구경하는 것만으로도 마음이 푸근해지고 기분이 흐뭇해졌다. 오랫동안 서성거려도 지루하지 않았다.

찻집의 한쪽 벽은 굉장한 통유리로 되어 있었다. 통유리 창으로 아담한 산이 통째로 들어왔다. 소파에 앉아 산을 그윽하게 바라보았다. 내가 산 속에 들어가 앉아있는 건지 산이 내 옆에 앉은 것인지 분간 못할 만큼 청량한 기분이 들었다. 하얀 구름도 덩달아 창으로 들어설 듯 산 위에서 머뭇거리며 찻집을 건너다보았다.

'그래, 산 너는 내 옆에 앉는 거야.'

나는 따스한 녹차를 마시며 나의 속내를 털어놓는 듯 가만히 산을 응시했다. 숲의 청정한 기운이 내게 다가오는 산뜻한 기분이 들었다.

'구름아, 너는 내 마음속으로 들어와.'

구름이 내 마음속 온갖 상념을 꾸려서 하늘로 올라갔으면 싶었다. 구름을 바라보는 것만으로도 마음이 가벼워지는 것 같아 즐거워졌다. 차분하게 하얀 구름과 푸른 숲의 정경에 침잠할 수 있는 찻집의 분위기가 더없이 아늑하고 좋았다.

푸른 산을 배경으로 핀 붉은 장미가 더욱 화려하게 돋보였다. 천만 송이의 장미일까? 누군가가 사랑하는 사람에게 천만 송이의 장미를 선물하겠다는 약속이라도 했던 것일까? 넓은 찻집의 울타리가 온통 붉은 넝쿨장미꽃으로 환하게 빛났다. 장미 꽃잎마다 아름다운 사랑 이야기가 붉게 새겨졌으리라 상상할 만큼 매혹적으로 다가왔다.

물론 장미가 빽빽하게 핀 것은 아니었다. 한 쪽에선 노래를 충분히 힘차게 불러 더 이상 힘이 나지 않는다는 듯 시들어 갔다. 다른 한 쪽에선 '내 노래를 들어줘요!'하고 함성을 지르는 듯 강렬하게 붉은 빛을 발산했다. 또 다른 한 쪽에선 '곧 아름다운 노래를 부르겠습니다!' 당당하게 심호흡하는 듯 생기 있게 고개를 들고 있었다. 이제 막 피기 시작한 꽃봉오리도 정말 아름다웠다.

생생한 꽃잎이거나 쭈그려 오므라진 꽃잎이거나 우아한 꽃봉오리이거나 꽃잎이 반쯤 다 떨어졌거나 등등 여러 형태가 뒤섞인 장미 울타리였다. 이런 울타리 앞에서 '당신을 위해 여기 천만 송이 장미를 가꾸었습니다.' 라는 고백을 듣게 된다면 그 누구든 감격의 눈물을 흘리지 않을 수 없으리라.

아! 나에게 단 한 송이라 하더라도 천만 송이 장미꽃만큼 향기로운 사랑을 담아 건네준다면 얼마나 기쁠까. 아름다운 사랑 이야기가 쏟아져 나옴직한 넝쿨장미 울타리를 보고 이런저런 달콤한 상상을 하다 보니 내가 주인공이라도 된 듯 기분이 좋아졌다. 더욱 감미로운 그리움으로 장미꽃을 지그시 바라보았다. 사뭇 낭만적인 분위기에 젖어보는 것만으로도 장미꽃에 얽힌 누군가의 사랑 노래처럼 내 마음속에도 고운 노래가 깃들어지는 듯했다.

오후의 햇살에 산은 더욱 웅숭깊이 자리한 느낌이 들었다. 짙어진 녹음은 순박한 아이의 커다란 눈동자 같았다. 나를 바라보는 녹음이 맑고 시원했다. 한줄기 바람에 수많은 이파리들이 제각각 리듬을 살려 한들거렸다. 이파리의 리듬이 내 가슴에 푸른 장단으로 전해졌을까? 내 귀에 시원한 푸른 노래가 들려오는 것만 같았다.

해가 서산으로 기울기 시작하면서 산기슭 푸른 눈동자는 더욱 깊어졌다. 점점 어두워져 가는 호젓한 산을 바라보고 있노라니 서너 사람만이 앉아있는 찻집의 적막도 덩달아 깊어갔다. 산그늘이 짙어갈수록 찻집은 더욱 고즈넉해졌다. 잔잔하게 흐르던 바이올린 선율도 덩달아 달빛 속 나그네의 발소리처럼 쓸쓸해지기 시작했다.

아! 그런데 녹음은 역시 아름다운 눈동자다. 이제 막 해가 기우려는 찰나였다. 녹음은 그 큰 눈동자로 하얀 날개를 우아하게 펼치는 백로 한 마리를 그윽하게 응시했다. 나도 녹음처럼 백로의 몸짓에 사로잡혔다. 백로는 유연하게 공중 곡예를 선보였다. 짙푸른 녹음 속의 너울너울 하얀 움직임이 무척 신비했다. 산을 넘어 따스한 노을 속을 맘껏 유영하는 자유로운 영혼을 동경하며 나는 사라지는 백로를 아쉬워했다.

'삶의 굴레에서 자유롭고 싶어. 하얀 백로처럼 나도 푸른 세상을 훨훨 날 수만 있다면 얼마나 좋을까? 구름 따라 날아가다가 아름다운 산봉우리에 앉고 싶어. 빨간 장미에 진솔한 사랑의 노래를 새겨 넣는 근사한 나그네가 되고 싶어. 듬직한 푸른 눈동자처럼 모든 것을 푸근하게 바라볼 수 있는 여유를 지니고 싶어. 찻집에 앉아 잠시 감상에 젖어보는 것도 내 시간이 아닌 가족의 시간인 것을…'

"휘이익."

사념에 젖어있는 나를 퍼뜩 일깨우는 소리가 들려왔다. 내가 바라보고 앉아있는 유리문 바로 앞의 푸른 잔디 위에서 또 한 마리의 백로가 날아가는 줄 알고 깜짝 놀랐다.

"아빠, 조금 낮게 주세요."

어느 젊은 아빠가 어린 아들에게 던진 셔틀콕이었다. 사랑이 듬뿍 담긴 셔틀콕의 비행이 참 아름다웠다. 셔틀콕의 하얀 날개는 백로의 하얀 날개보다 더 아름다웠다. 셔틀콕은 '행복'이란 글자를 수없이 쓰고 또 썼다. 참으로 따뜻하고 아름다운 정경이었다.

"이제 갑시다."

나에게 집안에서보다 밖에서 특히 온화하게 대하는 남편이 머뭇거리며 불렀다. 아쉽지만 내 곁에 불러들였던, 이제 막 어두워져 가려는 산을 제자리로 돌려놓고 일어나야만 했다.

우산 속 담론

'비 내리는 숲속이 어떤지 궁금해. 난 한 번도 비 오는 숲길을 걸어본 적이 없거든. 늘그막에 갖는 관심이 참 유치하지? '관심'이란 '길러지기'보다는 '끌어내기'라고 생각해. 나이가 들어서야 겨우 관심을 갖고 들여다본다 해도 어릴 때부터 관심 갖고 들여다 본 것 못지않게 느낌이나 감동이 클 수 있다고 봐. 오히려 늘그막에 끌어내어진 관심은 그동안의 연륜이 덧붙여져 더욱 의미 깊게 형상화 되고 정돈 될 수 있다고 믿어. 푼수라고 조롱받지 않으면서 마음 저 깊은 곳에 들어있는 고갱이를 끌어내려면 아집이나 독선을 가져서는 안 될 거야. 그저 온유한 마음으로 끌어내어야 아름다운 관심으로서 숭고한 가치로 드높여질 거라고 생각해. 부드러운 마음으로 비 내리는 숲을 보려고 해. 마음먹은 대로 잘 들여다볼 수 있을까 장담은 못하겠어. 하지만 과감하게 우산을 들고 나섰지.'

공원화된 해발 100m 조금 넘는 아파트 뒷산에 들어섰다. 한낮이지만 빗속에서 아무도 없는 산길을 혼자 걷게 되니 조금은 긴장되었다.

'반갑습니다! 우리가 비를 맞고 있어 더 가까이 더 가볍게 어울리기 어려울지도 모릅니다. 하지만 빗물에 씻긴 녹음으로 어쩌면 더 싱그러운 숲의 정경을 누릴 수 있으리라 봅니다. 그리고 빗방울이

연주하는 부드러운 리듬과 가락은 얼마든지 들을 수 있습니다. 푸른 음악이려니 즐기십시오.'

초록 이파리들이 내게 속삭이듯 살랑거렸다. 어쩜 이토록 싱그럽게 반짝이는 이파리일까? 푸른 잎에 맺힌 빗방울을 받아 마시면 내 온몸과 마음도 푸르고 아름다워질까? 금방이라도 내 숨결에 푸른 생기가 더해지는 기분이 들었다. 이파리에 떨어지는 빗방울 소리는 적절히 물기 스민 감미로운 목소리처럼 부드러웠다. 다정한 발길이 내 곁에 함께 한다는 기분이 들어 마음이 편안해졌다.

숲속의 빗소리는 아무리 오래 들어도 싫증나지 않을 것 같았다.

'비 내리는 숲은 참 아늑하군. 빗방울의 푸른 연주를 들으니 마음이 온유해지는 것 같아. 허둥대던 발걸음도 차분해지는 듯해. 찾아오길 정말 잘했어.'

'당신을 흐뭇하게 해 줄 수 있으니 내게 신의 은혜가 매우 큽니다. 더욱 푸르게 노래하겠습니다. 후두두둑'

이파리와 빗방울의 싱그러운 합창으로 숲길은 산뜻하고 우아한 분위기를 자아냈다. 숲의 은밀한 속삭임은 무엇일까 귀 기울이며 하염없이 떨어지는 빗방울 소리를 들었다. 숲의 비밀을 캐기도 전에 내 삿된 생각 먼저 숲의 정령에게 들통이 나버려 내 마음이 닦여진 걸까? 내 마음은 점점 차분해지는 것 같고 내 몸 어디서부턴가 평안과 기쁨이 슬그머니 솟아오르는 듯했다.

"후두두둑"

순간적으로 우산대가 휘청거릴 만큼 거세게 빗물이 우산 위에 쏟아졌다.

"깜짝이야!"

'놀랐나요? 바람이 힘차게 지휘할 땐 이파리가 성긴 쪽으로 가야 해요. 이파리가 무성한 곳에서는우리들이 한꺼번에 우레와 같은 소리로 연주하니까요. 바람결 따라 우린 멋모르고 두서없이 신나게 이파리들을 두드리며 미끄러져 내려오거든요.'

빗방울이 놀란 나를 안심시키려는 듯 사방에서 소곤거렸다.

'참 한심하지. 빗소리에 놀라다니. 그동안 콩알만 한 담력도 갖추지 못한 채 어른 행세를 해 왔어. 그런 내 몸짓이 얼마나 졸렬했을까. 지금껏 내가 판단하고 결정한 것들이 얼마나 빈약하고 편협했단 얘길까.'

'너무 자책하지 마세요! 언제나 늘 대범하고 담대할 수는 없는 거예요.'

빗방울이 위로하듯 나의 우산을 투두둑 두드렸다. 경쾌한 리듬이었다. 빗방울이 내 운동화 아래로 흘렀다. 내가 결코 가 볼 수 없는 땅 밑과 하늘을 맘껏 휘젓는 빗방울을 나는 가볍게 밟는 셈이다. 흙바닥에 나의 운동화 크기만 한 물웅덩이가 생겼다. 빗방울이 쪼르르 모여들어 넘치다가 흘러갔다. 유연한 발걸음의 최고봉을 누리는 빗방울에게 내가 함부로 웅덩이 같은 옹색한 길을 만들어 내주다니!

나의 발바닥이 겪어낸 지략과 도량, 탐험의 크기만큼 지혜도 그것만큼 뿐이리라. 애석하게도 내가 걸어온 길은 아주 단순하고 볼품없기 그지없다. 그만큼 제한된 담력과 포용력을 지닌 옹졸한 삶이다. 그럼에도 불구하고 빗방울처럼 한없이 자유로운 영혼을 지닌 아이들의 가슴에 내 발바닥만한 전략 비슷한 것만 들이대고 윽박질렀다. 결코 품격 높지 않았으리라. 아이들이 힘에 겨운 신호를 보냈을 텐데도 나는 쉽사리 알아챌 수 없었다. 참으로 아둔한 지난날의 나였다. 생각할수록 안타깝고 비통하기 그지없다.

'참회하는 오늘은 따뜻한 내일에 이를 수 있을 거예요!'

빗방울에 반짝이는 풀잎 사이로 별처럼 예쁜 하얀 꽃들이 나를 위로해 주는 듯 활짝 웃고 있었다.

'어머나, 이렇게 고운 꽃들이 있어 더욱 아름다운 숲인 거야.'

비 내리는 숲에서 흰 꽃은 한층 환하게 다가왔다. 많은 세월 어리석었을지언정 뒤늦게 깨닫고 맑게 다듬고자 애쓴다면 내 영혼도 저렇게 고운 꽃처럼 빛날 수 있을까?

'비 내리는 숲속입니다. 지나치게 자신의 세계에 침잠해지기보다는 숲의 정경을 따뜻한 마음으로 바라보세요. 낯익은 사실을 발견할 수 있어 당신은 안심할 수 있을 겁니다. 당신의 발아래 흐르는 빗물을 보세요. 빗물이 흙탕물을 지나고 나면 수없이 걸러져 맑은 물이 되는 거 잘 알잖아요. 당신도 평생 뉘우치고 깨닫고 다시 마음을 세우면 당연히 빛나게 됩니다. 당신도 70%가 물이지 않습니까? 끊임없이 걸러내면 새로워질 것입니다.'

빗방울이 꽃잎 위에서 나를 바라보며 소리치듯 반짝였다.

'그래, 수없이 걸러내는 삶이어야 해. 내 발바닥으로 만들어진 웅덩이 속의 물에 비친 하늘이 세상의 전부가 아니야. 물길 따라 펼쳐가는 광활한 하늘을 우러르며 호기롭게 삶의 티끌을 걸러내야겠지?'

'바로 그거죠. 후두두둑'

빗방울이 다투어 응원하듯 내 우산을 두드렸다.

비 내리는 숲은 어디를 바라보아도 똑같이 은은했다. 빗속의 숲이 유난히 아늑하게 다가와 내 마음을 평안하게 이끌어 주는 이유는 바로 양지와 음지가 구분되지 않은 침착한 숲이기 때문이리라. 밝음이야? 어둠이야? 법석을 떠는 마음을 경계해야겠다.

'누군가의 가슴에 비 내리는 숲처럼 차분하게 다가가야 함을 일깨운 아름다운 산책이었어!'

 비 내리는 숲속에 대한 관심은 참 근사했다고 감히 자신 있게 말해도 될까?

먼 데 꽃과 가까운 데 꽃

"와아! 저 나팔꽃 덩굴 좀 봐. 벌이줄을 꽃 기둥으로 만들어 놓았네!"

전봇대가 잘 버티도록 얽어매 놓은 벌이줄에 나팔꽃 덩굴이 촘촘하게 둘둘 감아 올라갔다. 푸른 잎사귀와 어여쁜 꽃이 빙빙 둘러쳐져 굵은 원기둥을 이루고 있었다. 올려다보노라니 3m 가량 높이의 꽃 기둥에서 웅장한 선율이 회오리바람처럼 흘러나올 것만 같았다. 수많은 꽃송이가 들려주는 아름다운 가락을 음미해 보겠다는 듯 나팔꽃을 그윽하게 응시하느라 고개가 다 아팠다.

나팔꽃이 기운차게 자라는 곳은 김장용 배추가 자라는 밭가였다. 밭이 비옥해 보이는 만큼 배추도 나팔꽃도 싱싱하고 야무져 보였다.

'작물이 아닌 꽃이 밭 한 구석에 저렇게 버젓이 자리를 차지해 그늘을 만들어도 뽑아내기는커녕 잘 자라도록 관리해 주는 것 같군. 참으로 푸근한 정경이야. 밭주인은 분명 마음이 따뜻할 거야.'

밭 한쪽에 꽃이 핀 시골집 풍경은 어디서든 포근하고 평화로운 느낌을 주는 것 같다. 그래서 나는 밭을 가꾸는 누구에게나 밭 한 구석에 어떤 꽃이라도 피어날 수 있게 해야 한다고 내 나름의 지론을 펼치곤 한다. 그리고 예쁜 꽃을 가꾼 밭주인이라면 누구든지 홀

룡한 사람으로 단정해 버린다. 나팔꽃 꽃 기둥을 그대로 두는 배추밭 주인도 분명 인간미 넘칠 거라고 믿으면서 더욱 마음 편하게 나팔꽃을 구경하곤 했다.

오전인데도 날이 흐려서 새벽 같은 느낌이 드는 날이었다. 벌이 줄을 따라 쭉 올라가며 활짝 핀 나팔꽃이 더 풍성해 보였다. 더없이 아름다운 정경이었다.

'밤새 별들이 숨었던 자리일거야.'

별들이 빠져 나가기라도 한 듯 꽃들은 모두 하늘을 향해 활짝 열려 있었다. 꽃 속에서 별들이 남겨놓은 고운 노래가 흘러나올 듯했다.

'별들이 쏟아놓은 노래를 들어볼까?'

한참이나 서서 나팔꽃을 헤아렸다. 꽃은 순수했다. 마냥 우아하게 미소 띤 얼굴로 나를 마주 보았다. 내 심중을 떠보려고 꽃잎이든 꽃술이든 오므리거나 찡그리는 행태가 전혀 없었다.

'이런! 오히려 내가 입가를 비죽거리는 거 아냐?'

나도 모르게 어느 순간 꽃잎이 얼마나 싱싱한지, 주름이 잡혔는지, 통꽃인지, 수술은 어떤지, 암술은 어떤지, 꿀벌은 왔는지 시시콜콜 헤아리는 게 아닌가. 온갖 잡다한 감정과 지식과 상식을 총동원하여 꽃을 평가하려 대드는 고리타분하기 짝이 없는 소통방식이라니! 나팔꽃은 얼마나 당황했을까!

'차라리 먼 데 꽃을 바라보자.'

고개를 들어 위쪽의 나팔꽃을 올려다보았다. 전깃줄 가까이까지 올라간 꽃은 까마득했다. 아득히 멀리 핀 꽃은 일부러 꾸며놓은 전시용 장치 같았다. 어디선가 버튼을 꾹 누르면 꽃들이 차르르 숨겨질 것 같았다. 내 눈 가까이에서 핀 꽃과 똑같은 나팔꽃인데도 먼 곳의 꽃은 그냥 멀게 느껴졌다. 데면데면한 시선으로 바라보게 되었다. 시력이 나빠서인지는 모르겠으나 먼 곳의 꽃을 바라보는 내 눈에 힘이 들어가지지 않았다. 꿋꿋하게 하늘을 보는 먼 데 꽃도 물론 우아하고 아름다운 자태가 느껴졌다. 그러나 내 눈 바로 앞에서 마주하지 못하는 꽃이라서 그럴까? 단지 전형적인 꽃에 대한 느낌으로서 예사로이 '예쁘다' 하는 시선으로 바라보게 될 따름이었다.

'좀 멀리서 볼 때는 사소한 것까지 캐내려 하지 않고 조금은 너그럽게 바라보게 되는 것 같아. 좀 더 편안한 마음으로 느긋하게 바라볼 수도 있어. 어떤 때는 저 멀리 꽃무리가 더 신비롭게 다가오기도 하지. 하지만 거리는 공허함이라는 훼방꾼을 지니고 있어서 가끔 위험하기도 해. 먼 시선으로 머물다가 공허해지면 자칫 서로에 대한 가치를 상실할 수도 있잖아. 긴 거리감에 자칫 아무 것도 아닌 것처럼 여겨져 일부러 고개 들고 구태여 꽃을 쳐다보려 하지 않을지도 몰라. 그러면 꽃도 나를 기다리지도 않을 거야.'

먼 곳의 꽃을 바라보며 이런저런 생각을 펼치다 흠칫 놀랐다. 왜 대상과의 거리로써 시선의 품격을 조율하려고 했지? 가까이서 부대끼든 멀리서 관조하든 꽃과의 공감을 내 임의대로 해석해서는 안 되잖은가. 오히려 타고난 자신의 형질과 오래된 자신의 습성으로 아수라장인 가슴속 렌즈를 먼저 살피는 게 올바른 바라보기 아냐?

내 눈높이에 핀 꽃이라 해서 더 따뜻하게 바라보고 곱다 호들갑을 떨거나 아니면 먼데 꽃이라고 함부로 트집 잡아 삐딱하게 바라보는 것은 삼가야 하리라. 꽃잎에 깃든 신의 은총을 인정할 줄 아는 고귀한 성품인지 아닌지 자기 스스로를 먼저 헤아려볼 일이다. 내 눈과 가까운 곳에 핀 꽃이든 먼 곳에 핀 꽃이든 꽃다움을 알아줘야 옳은 품성이라고 할 수 있으리라.

　우선 꽃의 고아한 생명을 노래할 줄 아는 기품을 지닐 일이다. 자신의 기분에 따라 꽃의 가치를 좌지우지하는 심성은 꽃을 힘들게 할 뿐더러 자신도 고달프게 만드는 것이다. 꽃의 조용한 노래를 즐길 줄 아는 아취를 지닐 일이다. 소리 없이 부르는 꽃의 노래가 해처럼 밝고 달처럼 은은함을 알아채야 한다. 그래야 제대로 아름다운 교감을 나누어 꽃을 가슴에 품을 수 있으리라.

　벌이줄 나팔꽃에 벌이 날아들었다. 벌은 이 꽃 저 꽃 넘나들었다. 자신이 기준을 정해놓고는 먼 곳에 핀 꽃이냐 가까운 곳에 핀 꽃이냐를 가늠하는 것이 아니리라. 단지 꽃이기에 넘나드는 것이리라. 이러니저러니 이유를 달지 않고 고루고루 찾아가는 꿀벌의 몸짓이 참으로 순수하고 따뜻하게 여겨졌다. 순진무구한 것들끼리 가장 잘 소통하는 중이리라. 벌 한마리가 점점 위로 올라갔다. 덩달아 나도 벌이줄 꼭대기쯤의 나팔꽃에게 따스한 눈빛을 전할 수 있으려나 고개를 더 뒤로 확 젖히고 꽃을 올려다보았다.

돌밭가의 봉숭아

입속으로 들어갈 거리만 가꾸는 주말농터에 대해 나는 식상해 했다. 남편 의지대로 가꾸어지는 주말농터에 내가 기필코 꽃을 심으리라 다짐했다. 종묘상에 갔을 때, 봉숭아꽃의 청량한 미소를 그리면서 남편의 못마땅하다는 표정을 감내하고 과감하게 봉숭아 꽃씨를 샀다.

주말농터에서 봉숭아 꽃씨 봉투를 챙겨들자 생뚱맞게 밭가에 무슨 꽃이냐고 남편이 영 달가워하지 않았다. 또 잔소리 들을까봐 주저주저하다보니 제대로 씨뿌리기 방식을 취할 마음의 여유가 나지 않았다. 봉숭아 꽃씨를 밭가 돌무더기 쪽에 재빨리 흩어뿌리기 했다. 번갯불에 콩 볶아 먹겠다는 듯 서둘러 순식간에 파종을 끝낸 셈이다. 씨앗의 1.5배로 흙을 덮어주지도 못해 안타까웠다. 못내 아쉬운 마음으로 싹이 틀까 의아해 하며 며칠을 기다렸다.

'이토록 신통한 일이 또 어디 있으랴!'

오랜만에 주말농터에 들렀다가 깜짝 놀랐다. 씨 뿌리고 나서 비도 오지 않아 씨앗이 햇볕에 바싹 말라버려 싹을 틔우지 못했거니 했다. 그런데 송구하게도 모래 한 알이나마 의지 삼을 수 있었던지 많은 봉숭아 꽃씨가 초롱초롱 예쁜 싹을 틔우고 있었다. 새싹이 자칫 모래알이라고 착각할 정도로 작아서 얼굴을 바짝 들이대고 들여다보아야했다. 놀랍게도 그 작은 새싹에서 돌멩이에게서는 결코 느낄 수 없는 묘한 반짝임이 엿보였다. 살아있음의 아우라! 참으로 고귀한 생명의 기운이 아니겠는가! 나는 전신에 일종의 전율을 느꼈다.

'하찮아 뵈는 작은 씨앗 속에 그토록 절절한 생명의 노래가 숨어 있었구나!'

앙증맞은 새싹을 들여다보고 또 들여다보았다. 정중한 손길로 파종하지 못한 내가 수많은 새싹의 생기를 누릴 자격이 있는 것인지 부끄러웠다. 작은 씨앗 하나 함부로 내치지 않는 거룩한 신의 의지를 내 가슴속 깊이 새겨 두기로 했다. 기도하는 마음으로 여린 싹들을 그윽하게 눈빛으로 쓰다듬었다.

돌밭 전체가 척박한 땅이었다. 운 좋게도 약간이나마 거름기가 있는 땅에서 돋아난 봉숭아는 튼실하게 잘 자랐다. 줄기가 수탉 종아리뼈처럼 꼿꼿해 보였다. 풍성한 꽃과 씨앗을 맺으리라 매우 듬직하게 여겨졌다. 다행히 탐탁지 않은 눈치를 내보였던 남편이 작물과 어느 정도 거리를 둔 봉숭아는 뽑아내지 않았다. 나는 주말농터에 갈 때마다 맘 편하게 봉숭아를 들여다 볼 수 있어 즐거운 마음으로 길을 나서곤 했다.

시멘트 포장도로와 접한 단단한 땅에 돋아난 대부분의 봉숭아는 잎에 윤기가 없었다. 줄기가 내 머리칼처럼 볼품없이 가늘게 자랐다. 황량한 땅에서 살아가야 하는 봉숭아가 안타까웠다. 풀 뽑아주는 것 외에 내가 취할 별다른 방법은 없었다. 밭에 갈 때마다 정겨운 눈빛으로 바라봐 주는 것이나마 도움이 되었을까? 햇볕이 유난히 강렬하게 내리쬐던 한여름이었다.

"어머, 이 예쁜 꽃들 좀 봐!"

제 3부 이리저리 엉겁결에 헤집다

봉숭아꽃이 활짝 웃으며 반겨주었다. 나를 대신하여 농터를 환하게 지키는 봉숭아꽃이 참으로 고맙고 사랑스럽게 다가왔다. 나는 꼬리를 흔들며 애교를 떠는 반려동물보다 이렇게 조용히 우아하게 미소 짓는 꽃이 훨씬 더 좋다. 아무래도 나는 언젠가 내 곁을 훌쩍 떠날 것 같은 혈기왕성한 동물보다 땅에 뿌리를 단단히 두었기에 결코 우왕좌왕 갈피를 못 잡고 방황하거나 떠나버릴 일이 없는 식물에게서 더 마음의 안정을 찾으려는 심리를 지녔는가 보다. 뜸하게 지내다가도 언제든 찾아가면 그 자리에서 차분히 미소 짓는 꽃과 나무를 정말 좋아한다.

'여름 내내 내게 따뜻한 정감을 불러일으켜 줄 거야.'

어여쁜 꽃을 주렁주렁 매단 봉숭아에 한없는 애정을 쏟으리라 다짐했다. 꽃들이 나를 보고 싱그럽게 미소 짓는 듯 했다.

'날마다 꽃잎은 맑은 햇살을 온몸으로 맞이하여 그토록 환한 것일까?'

튼튼한 봉숭아도 볼품없는 몰골의 봉숭아도 피운 꽃은 똑같이 찬란했다. 내 전신에 화사한 태양이 비추이고 내 볼에는 산뜻한 바람이 스치건만 내 얼굴은 왜 그렇게 밝았다 흐렸다 변덕을 부리게 되는 걸까? 언제나 맑게 웃기만 하는 봉숭아꽃들이 그저 신비해 보였다. 내 새끼손가락보다 연약해 보이는 줄기의 고운 꽃을 보고 미천한 내가 칭송하는 것이 과연 떳떳한가? 하는 의구심마저 들었다.

"척박한 땅인데도 많은 꽃을 피웠군."

농터의 꽃을 이해하려 들지 않던 남편도 일하다가 마주친 예쁜 꽃을 보며 얼굴 가득 흐뭇한 표정을 지었다. 남편도 내심 삭막한 돌밭가의 봉숭아꽃이 뜻하지 않게 만난 반가운 친구처럼 정겨운 마음을 안겨준다고 여기는 것 같아 기분이 좋았다.

'밭이라고 해서 꼭 작물만 가꾸라는 법은 없잖아?'
 자신감을 얻은 나는 내년 봄엔 채송화 씨앗도 뿌리고 목련꽃 나무도 심겠다고 다짐했다.
 "어머나, 봉숭아 꽃길이네! 참 예쁘네요!"
 지나가는 나그네가 감탄했다. 어설픈 손길로 성의 없이 가꾼 꽃인데도 보는 사람들마다 예쁘다 칭찬해주니 겸연쩍으면서도 몹시 기분이 좋았다. 무슨 큰일을 해낸 양 나는 어깨를 으쓱했다. 더 많은 꽃으로 더 환하게 길을 밝히리라 거대한 포부를 품기도 했다.
 갑갑한 마음을 달래고자 홀연히 산책을 나온 나그네가 있다면 내일의 태양처럼 선명하게 빛나는 봉숭아꽃을 가만히 들여다보았으면 좋겠다. 아주 겸허한 눈빛으로 다정하게 꽃들을 바라봐 주었으면 좋겠다.
 '나를 보나요? 맑은 바람이 전해주는 고아한 노래를 들려줄까요? 눈부신 햇살이 가르쳐준 고운 사랑법도 들려줄게요. 경쾌한 빗방울이 남기고 간 아름다운 선율도 전하고 싶어요!'
 봉숭아꽃의 신비한 속삭임을 느낄 수 있는 나그네였으면 좋겠다. 그러면 나그네의 눈동자에 꽃처럼 맑은 빛이 감돌 수 있을 텐데…. 가슴에는 봉숭아꽃빛처럼 환한 생의 기쁨이 스며들지도 몰라. 아마 심정은 봉숭아 꽃잎처럼 부드러워지고 마음은 깃털처럼 가벼워질지도 모르지. 봉숭아꽃처럼 곱게 다듬어진 나그네의 심상이 무엇으로 표출되려나? 누군가의 심금을 울리는 아름다운 시였으면 참 좋겠다.
 꽃이 더러더러 시들기 시작할 때, 지나가던 여인 셋이 꽃 좀 따가도 되느냐고 물었다. 손톱에 물들이는 순진무구한 아이들을 떠올리며 당연히 그러라고 했다. 꽃을 보고도 무심히 그냥 지나치지 않는 사람들의 마음은 꽃처럼 고운가 보다.

"꽃이 다닥다닥 붙어 있는 곳에서 솎아내듯 따야 돼."

그들끼리 속삭이는 걸 듣고 나는 몹시 기뻤다.

"충분히 따 가세요. 여기 봉숭아꽃으로 물들인 손톱이 최고 고울 거예요."

돌밭가의 봉숭아꽃이 누군가의 손톱에 곱게 남아 따스한 전설로 회자되기를 욕심내며 필요 이상으로 후하게 인정을 보태고 말았다.

채색의 철학

 젊은 날, 하늘에 대한 감상은 단순했다. 그냥 파란 바다처럼 푸르고 넓은 허공이려니 생각했다. 그저 높고 먼 곳에 있어 내 관심 밖이라고 여겼다. 그래서일까? 나 자신의 가슴 속 붉은 태양만 고민했을 뿐 하늘에서 환히 빛나는 찬란한 태양에 대해서는 무감각했다. 하늘로부터 오는 빛에 대한 심오한 뜻을 결코 인식하지 못하여 더욱 무지몽매한 젊은 시절을 보냈던 건 아닌가 싶다.
 학창시절에 잠깐 유화에 관심을 두었었다. 호박잎이 싱그럽게 너울대는 풍경을 유화로 그려보았다. 캔버스에 차지한 하늘이 너무 넓은 듯했으나 개의치 않았다. 코발트색 물감 하나로 파란빛 장막을 쳐 놓은 듯 꼼꼼하게 덧칠했다. 그렇게 무감각해 보이고 단조롭게 보이는 하늘은 있을 수 없다는 사실을 이십대 초반의 나는 정말 알지 못했다.
 호박잎도 초록 한 가지 색으로 덕지덕지 발라놓았다. 초록 물감만 발라 놓으면 강렬한 태양 볕에 맹렬하게 벋어나가 펄펄 살아 숨쉬는 넝쿨과 이파리가 생동감 있게 표현해지는 것이려니 했다. 주변의 변화에 워낙 우둔하고 융통성이 없는 나 자신이다 보니 그림에서조차 다른 색끼리의 조화에 대해 무감각했던 것 같다. 더구나 응용하는 안목이 없다보니 지극히 단순하게 색을 결정하고 덧칠했다. 내 눈에 보이는 색 그대로가 사물이 지닌 고유한 빛깔이려니 의심하지 않았다. 그야말로 깊이 없이 단순한 이미지로 힘차게 채색할따름이었다.

땅도 고민할 것도 없이 황토색으로 아주 간단하게 색칠했다. 호박넝쿨이 바람에 뽑혀 날아가지 않기 위해, 홍수에 밀려나지 않기 위해 굳은 땅에 수많은 잔뿌리를 내리고 있다는 사실을 자각할 만큼 나는 통찰력을 지니지 못했다. 또한 세상 사람들이 남긴 온갖 빛깔의 발자국을 깨달을 만큼 나는 깊은 사고를 하는 젊은이가 못 되었다. 다채로운 세상을 내게 조언해 주는 그 누구도 없었기에 더욱 단조로운 색깔만 인식했던 것 같다. 책에서 엿보는 세상은 내 입맛대로 편식해서 받아들였기 때문에 심미안의 확장에 별 도움이 되지 못했던 듯싶다.

쨍쨍 내리쬐는 햇볕 아래서 작물을 가꾸는 부모님의 땀이 신성하다는 사실 역시 깨닫지 못했다. 왜 나의 부모는 겨우 농사꾼일까 서러워할 따름이었다. 땅에 마음을 담아 색칠하겠다는 생각 자체를 지닐 수가 없었다. 아무런 감상도 공감도 없이 그냥 황토색 하나만으로 꼼꼼하게 그리고 성실하게 땅이라고 구분해 놓은 공간을 기계적으로 칠할 다름이었다.

완성을 했다고는 했지만 내가 봐도 무엇인가 중요한 부분이 빠진 느낌이 들었다. 전체적으로 어색한 느낌이 들었다. 미진한 이유를 도저히 찾아낼 능력을 지니지 못한 나는 더 이상 손볼 재간이 없었다. 회화과 교수님께 그림을 보여 드렸다.

"하늘과 호박넝쿨과 땅이 서로 동떨어져 있군. 서로 조화를 이루도록 색을 만들어야 해요."

우리가 눈으로 보는 색깔 그대로를 답습하지 말고 개인의 느낌으로 창조해 내야 한다는 뜻이리라. 물감 공장에서 만들어진 색깔 그대로가 아니라 내가 마음을 담아 색을 만들어내야 한다는 의미 같긴 했으나 잘 납득이 가지 않았다.

'조화로운 색? 이미 만들어져 있는 물감에서 대략 실물과 비슷한 것을 골라 마구 칠하는 것이 그림 그리기인 줄 알았는데 그게 아닌 거야? 도대체 조화로운 색이란 무엇을 말하는 걸까?'

잿빛 번뇌 속에서 허덕이던 어느 날이었다. 근세 서양 명화집을 이리저리 넘기다가 불현듯 '색채'라는 것을 어렴풋하게나마 느끼게 되었다. 여름 숲이라고 해서 초록색만 칠해져 있는 것이 아니었다. 새로 돋은 잎은 노란빛, 더 자란 잎은 연두색, 붉은 꽃 옆의 잎은 주황색, 꽃 바로 옆은 붉은색, 짙은 그늘에는 청록색 등등 가까이 있는 것들은 서로 간섭한다는 것을 조금 알 것 같았다. 혼자만 동떨어진 색이란 있을 수가 없다는 거구나 싶었다.

어쨌든 조금 알 것도 같았다. 하늘은 땅의 온갖 것들의 형상을 품고 있으리라. 그러니 하늘은 단순히 파랑이 아닌 것이다. 나에게 특별한 관계로 다가온 것들의 빛깔을 반영해서 하늘을 의미 깊게 채색해 줘야 지상과 조화를 이룬 하늘색이 되는 것이리라. 노란 호박꽃의 빛깔도, 초록빛 호박잎의 빛깔도, 심지어는 새들이 날아가며 만든 그늘의 빛깔까지도 하늘은 품고 있어야 하는 것이리라.

강렬한 태양이 붉은 햇살을 힘차게 펼쳐내고 있음을 표현했어야 했다. 호박잎에 솟구치는 붉은 태양이 이파리 안에 존재했어야 했다. 그 찬란한 태양을 황홀하게 바라보는 나의 마음도 이파리에 스며들었어야 했다. 그리고 덩굴손이 부여잡은 썩은 장작더미 빛깔도 초록빛 호박잎에 어우러졌어야 했다. 호박넝쿨은 단순하게 장작더미만 부여잡은 게 아니라 찬란한 빛을 향해 기도하는 손으로 이해하며 들여다보고 색을 만들어 칠했어야 했다.

　땅은 태양과 하늘과 구름 그리고 호박잎 등의 기운이 조합된 신성하면서도 아름다운 색으로 채색했어야 했다. 내 발길을 따뜻하게 인도해 줄 것 같은 색깔이라면 더 감동적이려나? 아니 살아있는 모든 것들의 뿌리를 감싸 안은 강인하면서도 부드러운 손길을 느낄 수 있는 빛깔을 만들어 칠했더라면 더 성스러운 땅 빛깔이 되었을 것이다. 특히 바쁘고 고달픈 농부의 땀방울마저 그렸더라면 더욱 생명력 넘치는 아름다운 땅바닥이 되지 않았을까?

　결혼 후에는 전혀 그림을 그리지 못했다. 늘그막의 지금 다시 그림을 그린다면 평화롭고 따뜻한 색을 만들 수 있으려나? 어쩌면 지금껏 쌓은 관계지음과 어우러짐으로 인해 색깔 만들기가 더욱 어려울지도 모르겠다. 물론 욕심을 내려놓고 가장 따뜻하고 아름다운 추억만 간추려 색깔을 만든다면 조금은 조화로운 채색이 가능하려나? 하지만 솔직히 아직도 나는 그럴듯한 색을 만들 수 있다고 자신할 수 없다. 아무리 원만하게 다듬고 정리하려 해도 내가 이해하지 못한 숱한 감정이 가슴속에 미해결로 남아있기 때문이다. 그러니 자칫 허튼 입술의 붓놀림으로 검은빛 가득한 우울한 빛깔을 만들어내면 어쩌나 마음이 놓이지 않는다.

　따스한 인정과 우아한 기품, 성스런 기도 등등 좀 더 품위 있는 색깔의 기반을 다질 여력이 아직도 충분하지 못한 것 같아 안타깝다. 좀 더 의연하게 담대하게 사랑할 줄 아는 힘 먼저 헤아려야 할 것이다. 그렇지 못하면 삶이 다할 때까지도 아름다운 빛깔 만들기는 쉽지 않으리라. 아량을 향한 마음의 징검다리부터 좀 더 면밀히 검토해 보아야겠다.

격조 높은 꽃주름

밤마다 공중의 모든 티끌도 제 집을 찾아 잠드는 걸까? 아침 해가 뜨기 직전 아직 어둠이 채 가시기도 전에 산책을 나가면 코끝으로 스치는 공기가 유난히 산뜻하다. 가슴이 탁 트인다. 어쩌면 종일 하잘것없는 일로 전전긍긍하던 나의 폐부가 밤새 깊은 잠으로 잘 닦여져 상쾌하게 새벽을 맞을 수 있는 것인지도 모른다. 아니면 어제와는 다른 햇살을 맞는 삼라만상의 설렘이 내 가슴에 전해져서 덩달아 내가 흐뭇해하는지도 모르겠다.

동틀 무렵 산책이 아무리 상쾌하고 즐겁다 해도 사실 새벽 산책은 내게 좀 아득한 얘기다. 나는 아침잠이 무척 많다. 정말 특별히 작정하지 않고는 새벽 산책의 기회를 만들 수가 없다. 대부분 눈을 뜨면 이미 해가 중천에 떠 있곤 한다. 여름에는 더러 내 자신에게 선물처럼 새벽 산책을 안겨주고자 애쓰기는 하는데 참 쉽지는 않다.

평소보다 일찍 일어난 지난 어느 여름날이었다. 완전히 밝지 않은 새벽 시간이 갓 피어난 꽃처럼 싱그럽게 다가왔다. 뒷산의 공기가 현관 앞에까지 마중 나왔는지 문 열고 나오자마자 콧속으로 청량한 공기가 스며들었다.

'어쩜 이토록 청초할 수 있을까?'

아파트 울타리에서 활짝 핀 자그마한 나팔꽃 몇 송이를 발견했다. 밤하늘의 별이 그대로 꽃 속에 앉아있는 듯 남색 나팔꽃이 우아하게 빛났다. 가까이 다가가 들여다보았다. 보면 볼수록 이루 말할 수 없이 곱고 산뜻했다. 솔솔 청정한 공기방울이 꽃 속으로부터 솟아나와 나의 눈동자 속으로 스며드는 기분이 들었다. 깨끗한 꽃잎을 부스스한 모습으로 들여다보자니 민망했다. 티끌 많은 눈빛으로 뚫어져라 바라보면 당황한 꽃잎이 그만 사그라져 버릴 것 같다는 생각이 들었다. 살짝 닿기만 해도 사르르 녹아버릴 듯 여리고 고운 꽃잎이 무척 성스럽게 여겨졌다.

'어머나, 이 섬세한 선 좀 봐. 누가 이토록 고운 꽃주름을 만들어 놓았을까?'

나팔꽃 꽃잎에는 주름이 곧게 선 자국처럼 선이 그어져 있었다. 지극히 정성스런 손길로 경건하게 접은 꽃주름 같았다.

'엄지공주는 이 나팔꽃 주름치마를 입어보았을까?'

우아한 나팔꽃 드레스를 입고 기품 있게 춤추는 엄지공주를 상상하리만치 곱고 고운 나팔꽃이었다. '이 순간 세상에서 가장 아름다운 나팔꽃이로구나! 혼자서 감탄하며 예뻐 어쩔 줄 몰라 했다. 바라볼수록 신비하고 아름다웠다. 누구든 나팔꽃처럼 곱게 미소 짓는다면 틀림없이 사랑받는 사람이 되리라.

나팔꽃은 오므라졌다가 내일 다시 필 꽃송이도 아니다. 하루 종일도 아니고 새벽에서부터 서늘한 오전까지 잠깐 피었다가 덧없이 지고 만다. 그런데도 불구하고 그렇게 아름다운 주름을 만든 신의 의지는 무엇일까? 꽃이 피어날 때 두서없이 흐트러진 모습으로 개화하지 않도록 배려한 것일까? 단지 접혀진 꽃봉오리가 주름대로 차근차근 피어나게 하려고 그랬을까?

개화의 순간은 꽃을 여는 이의 거룩한 뜻이 드높여지는 시간이리라. 온 누리에 고결한 숨결이 구석구석 퍼지도록 나팔꽃잎은 청초하게 미소지어야 하리라. 꽃잎을 우아하게 펼치는 경건한 의식을 돕기 위해 신은 꽃잎에 주름을 달아주었으리라. 그토록 작은 것까지 배려하여 아름다움을 창조하는 신의 오묘한 의지를 엿보는 경외의 순간, 온몸에 전율을 느끼게 했다.

함부로 범접할 수 없는 거룩함을 느끼게 하는 나팔꽃 꽃주름을 보자 거친 내 삶의 주름이 몹시 부끄러워졌다. 도무지 의미를 알 수 없는 난해한 낙서 같은 주름이 삶에 가득하니 허망한 세월인 것 같아 서글펐다. 마음속에 욕심껏 뒤죽박죽 아무 감정이나 쌓으며 두서없이 하루해를 넘기지 말아야 하리라. 날마다 나의 영육을 가다듬고자 애쓰며 신으로부터 부여받은 생의 의지를 차근차근 되새기고 다듬어가야 하리라. 나팔꽃 꽃주름은 내게 삶을 시시각각 품격 높게 차분히 열어가라는 신의 메시지려니 마음속 깊이 새겨두기로 했다.

아침의 신선한 충격은 하루 종일 이어졌다. 나팔꽃의 꽃주름이 궁금했다. 오후에 아침녘의 그 자리에 다시 가 보았다. 나팔꽃이 오므라져 있었다.

'어쩜 이렇게 반듯할까!'

시든 꽃잎을 자세히 들여다보며 놀라워하기는 생전 처음이었다. 시든 나팔꽃은 새벽녘 아름다움의 여운을 고스란히 간직하고 있었다. 시든 꽃잎의 자태가 어찌나 고매한지 곧 그대로 다시 피어날 것만 같았다. 시든 꽃잎이 그토록 고아한 것은 나에게 아름다운 마무리에 대한 경각심을 심어주기 위한 신의 배려가 아닐는지.

꽃잎은 그어진 선대로 단아하게 차곡차곡 접혀져 있었다. 마지막 가는 길에 개미 한 마리, 티끌 하나 얼씬 못하게 하겠다는 듯 꽃잎은 야무지게 주름을 맞대어 꼭꼭 닫고 있었다. 생을 깨끗하게 마무리하고자 소망하는 나팔꽃의 고고한 의지이리라. 끝까지 반듯하게 자신을 다듬는 나팔꽃에 그저 감탄하지 않을 수 없었다. 자칫 흐트러진 모습으로 생을 마감하게 될까 늘 두려워하는 나는 한없이 부러운 시선으로 시든 나팔꽃을 들여다보았다.

꽃잎은 아무렇게나 구겨져 땅에 떨어져도 잘 썩어 흙이 되고 먼지가 될 것이다. 다음 해 봄에 씨앗은 싹을 틔워 예전의 꽃 그대로 꽃잎을 또 피울 것이다. 경망스럽게 시들어 떨어져도 나팔꽃은 여전히 나팔꽃으로 다시 태어나리라. 그런데도 함부로 자태를 흐트러뜨리지 않고 조심조심 시들어 가다니! 가벼이 넘겨볼 일이 아닌 듯하다. 깔끔하게 시든 나팔꽃은 삶을 다하는 순간까지 진지하고 정결하게 살아야 한다는 교훈을 내게 주는 것이려니 여기기로 했다.

무엇이든 팽팽하게 채우려고 욕심낸다면 정갈한 모양새의 삶이기는 힘들 것이다. 이쪽저쪽 뻗은 욕망을 과감하게 정돈하여 마음의 방을 산뜻하게 넓혀야 하리라. 내 마음의 방을 나팔꽃처럼 경건하게 착착 주름잡아 접어놓아야 하리라. 개미만한 허상도 코끼리만한 비난도 담고 싶지 않아서가 아니다. 아름다운 인정과 조우하게 될 때 마음의 방을 고아하게 펼쳐 너그럽게 맞이하고 싶기 때문이다.

뜨겁고 나른한 여름날이 계속 이어질 전망이다. 나팔꽃이 피는 동안만이라도 꽃의 거룩한 의기를 본받도록 애써야 할 텐데…. 나팔꽃이 다 지기 전에 영혼을 조탁하는 의식이랄까? 일찍 일어나 품격 높은 나팔꽃의 미소를 추앙하고 그 맑은 자태에 감동하고 싶은데 아침잠이 너무 많아 참으로 난감하다.

유람선에서의 사념

　해가 중천에 올랐어도 여객선은 여전히 바닷물을 가르며 달리는 중이었다. 갑판으로 올라왔다. 여기저기 담소를 나누는 어른들 사이로 아이들이 즐겁게 뛰어 놀았다. 아이들의 경쾌한 웃음소리처럼 바닷바람이 시원하게 내 얼굴을 스쳤다. 갑판 한 구석에 서서 멍하니 바다를 바라보았다. 뱃전의 파도소리가 사람들의 말소리와 아이들의 웃음소리를 삼켜버리는 것일까? 파도 소리에 귀를 기울이다 보니 내가 탄 여객선이 조용하고 한적한 곳에 정박했다는 생각이 들었다. 문득 무인도에 머무는 기분이 들었다. 고적함과 호젓함이 물결 따라 자꾸만 나에게로 다가오는 것 같았다. 나는 나 홀로 오지를 찾아가는 탐험가나 된 양 설레기까지 했다.
　부산항에서 얼마만큼 멀어져 왔을까? 오사카는 얼마만큼 가까이 온 것일까? 바다 멀리 내다보이는 것은 푸른 물결뿐이었다. 물결은 사방에서 굼실대며 솟았다 잦아들었다 일렁였다. 내 심장의 박동도 깊은 바다가 출렁대는 물결과 비슷한 가락일까? 물결이 일렁일 때마다 내 마음속 리듬도 덩달아 유연하게 살아나는 듯했다. 끊임없는 파동이 진중하고 경건하게 내 가슴으로 와 닿는 것 같았다.
　'멀고 먼 원시의 까마득한 리듬이 지금 내게 전해지는 거야.'
　더없는 감동으로 그 옛날 바다 물결을 닮았을 물의 움직임을 음미했다. 아스라이 사라져가는 파동 따라 내 그윽한 동경도 멀리멀리 퍼져가는 듯했다. 하늘과 맞닿은 곳에서 나의 덧없는 그리움은 희미해지고 말았다.

'수평선이 시간과 공간의 지배자를 꽉 움켜쥐고 꼼짝 못하게 하는 것 같아!'

내 손목의 시계 초침은 부지런히 돌아가건만 수평선은 똑같은 모습으로 그 자리에 그대로인 듯했다. 정체가 탄로 날까 두려운 은 자인 양 나에게서 멀리 떨어져 아른거리는 수평선을 집요하게 바라보았다. 아무리 차분하게 응시해도 수평선의 명확한 표정은 영 가늠할 수가 없었다. 결코 가까워질 수 없는 수평선이 신비해보이기도 하고 도도해보이기도 했다. 하늘과 바다를 손아귀에 넣은 수평선은 내가 탄 여객선을 은근히 원격으로 조종한다는 기분이 들었다.

'보잘것없는 내 몸이 바다 한가운데에서 영영 박제되는 건 아닐까?'

문득 묘한 기분이 밀려왔다. 태초의 엄청난 역사를 숨겨놓기라도 한 듯 나의 손끝하나 발끝하나 허용하지 않는 아득한 수평선이 결국 공허하게 여겨졌다.

하늘에는 비행기도 날지 않았다. 바다 그 어느 쪽에도 고기잡이 배 하나 보이지 않았다. 작은 섬 역시 보이지 않았다. 내게 낯익어서 구체적으로 설명이 가능한 풍경이란 단 한 점도 찾아볼 수가 없었다. 낯익은 것 같으면서도 멀고 먼 하얀 구름과 햇살과 바닷물뿐이었다. 그 어떤 스침도 이정표도 없는 바다 위 한 점은 무조건 지구 한가운데라는 믿음이 깊어졌다. 어느 쪽을 바라보아도 똑같은 망망대해였다. 어마어마한 세상의 중심에 서서 난 무엇을 바라보아야만 할까? 트이지 못한 내면의 시야는 겨우 수평선에 가로막힌 바닷물만 보게 했다.

 결국 먼 시선을 거두고 육중한 여객선의 뱃전이 갈라내는 물살을 바라보았다. 바다는 똑같은 크기의 두 편으로 나뉘는 듯했다. 물론 바다는 금방 하나가 되었다. 그러다가 곧 또 나뉘고 다시 합쳐졌다.

 '참으로 요란한 하나와 둘의 몸부림이군. 저 멀리 수평선의 명령으로 이다지도 소란스러운 장난인가?'

 뱃전에 부딪히는 바닷물이 새삼 내 심경을 장악했다. 하얗게 일어나는 물보라는 수평선으로부터 전해오는 긴긴 사연 같았다. 그러나 몹시 편협한 사고와 세속적인 가치에 길들여진 나는 멀리서 온 사연을 도저히 읽어낼 수가 없었다. 하릴없이 되도록 초연하게 하얀 물보라를 쳐다보고자 애쓸 따름이었다.

 다시 시선을 멀리 두었다. 푸른 하늘에 하얀 구름이 두둥실 유영했다.

 '저토록 고운 흰 구름이 어둡고 깊은 바다를 동경할까?'

 용기를 내어 흰 구름에 내 마음을 얹어 수평선을 바라보았다.

 '만일 내가 물 위를 성큼성큼 걸을 수 있다면 하늘도 그대로 걸어 들어갈 수 있겠지? 하늘을 훨훨 날아갈 수 있다면 물속으로도 유유히 날아 들어갈 수 있겠지? 그래, 바다를 걷지도 못하고 하늘을 날지도 못하면서 깊거나 망망함을 염려할 필요는 없어.'

 하나가 된 하늘과 바다의 광막함에 나는 그만 압도당했다. 수평선에서 거룩한 계시처럼 어떤 현상이 곧 있을 것만 같아 그윽하게 바라보았다. 하늘과 바다를 번갈아 보아도 불가사의한 일은 없고 모호한 경계만 한결 같았다. 덕분에 바다는 바다대로 더욱 드넓었고 하늘은 하늘대로 더욱 드넓었다. 바람 한 점 없어 바다와 하늘은 더욱 하나처럼 다가왔다.

'그래, 서로 다름을 관조하라는 신의 뜻이야!'

마음속에 수평선처럼 말랑말랑한 마음의 길을 내 놓아야겠다. '사랑함'은 마음의 길 저 위에 두고 '미워함'은 마음의 길 저 아래에 두어 관망해 보도록 하자. 멀리서 그윽하게 바라보면 '사랑함'과 '미워함'은 수평선처럼 서로 맞닿아 보이리라. 사랑도 아니고 미움도 아닌 단지 온유한 평안이 수평선처럼 마음의 길에 펼쳐지리라. 하늘과 바다가 맞닿아서 은밀하게 아른거린 까닭은 바로 서로 다름을 포용하라는 태초의 뜻을 깨닫게 하려 함인지도 모른다.

"엄마, 잠자리 좀 봐."

어느새 나를 찾아 올라왔는지 갑작스런 내 아이들의 환호성에 고개를 돌렸다. 육지로부터 따라온 것일까? 갑판이 잠자리의 삶터일까? 갑자기 출현한 잠자리 한 마리가 우리들의 머리 위를 빙빙 돌았다. 관념적인 바다와 하늘로 무료해질 즈음 잠자리의 가벼운 비행을 보면서 내 마음은 잠시 단순해지고 유쾌해졌다.

잠자리 한 마리가 여기서 둥글게 또 저기서 둥글게 마름질해 놓는 하늘 그리고 바다! 너무 무한해서 닿을 수 없었던 푸른 하늘과 바다는 잠자리가 그린 원만큼 축소되어 내 마음 속에 가뿐하게 들어와 앉았다. 나는 금방이라도 하늘에 날아오를 듯, 바다에 둥실 떠 있는 듯 몸과 마음이 가벼워지기 시작했다.

때론 잠자리에게 굴복하기도 하니

풀매기 하다가 잠시 쉬려고 일어섰다. 그 순간 밭가의 이팝나무 가지에서 잠자리 한 마리가 황급히 날아갔다.

'저런 경박하긴! 난 어린애가 아니야. 널 잡고 싶다는 생각은 조금도 없어. 다리가 저려서 잠깐 일어섰을 뿐이야. 저 도망가는 잠자리, 미리 겁먹는 졸렬함이라니! 한갓 두려움으로 자애로운 시선을 뭉개버리는 불쌍한 미물이라니까!'

예쁜 잠자리가 호들갑스럽게 나를 피하자 기분이 상했다. 나는 그만 극렬하게 잠자리를 능멸하며 코웃음을 쳤다.

어렸을 때 잠자리만 보면 '잡아'하고 외치며 온몸으로 쫓았다. 이루 말할 수 없이 높이 날고 빨리 날아가는 잠자리가 야속하기 그지없었다. 잠자리를 애타게 동경했지만 어린 내 손으로 잡아본 적이 없었다. 잠자리가 곧잘 내려앉는 마당가의 바지랑대는 내게 있어 하늘에 속하는 아득한 꼭대기였다. 가끔 내 손이 닿을만한 채마 밭 장다리꽃에 어여쁜 고추잠자리가 살며시 내려앉을 때도 있었다. 살금살금 다가가 잡으려했지만 매번 놓치기 일쑤였다.

'또 언제 내려오지?'

잠자리가 맴도는 까마득한 허공을 고개가 아프도록 바라보다가 하얀 구름을 발견하곤 했었다. 토끼 모양으로도 변하고 괴물 모양으로도 변하는 마술 구름에 나보다 더 가까이 가는 잠자리가 그저 부럽고 신비하게 여겨졌다. 어쩌다 누군가가 잡아준 잠자리의 날개를 손끝으로 잡고 들여다보노라면 내가 결코 가볼 수 없는 넓고 높은 하늘을 얇은 날개로 어떻게 날아갈까 신기하여 잠자리를 이리보고 저리보다 놓쳐버리곤 했다.

내 손으로 쉽게 잠자리를 잡을 수 있게 된 이후 잠자리는 더 이상 동경의 대상이 아니었다. 가까이 와서 현란하게 춤추어도 날아가는 방법을 공부 중이거나 친구나 먹이를 찾는 거려니 여겼다. 물론 잠자리의 날개는 특별히 눈여겨보고자 했다. 잠자리의 얇은 날개를 붙잡으면 내 몸도 하늘을 날며 여행할 수 있을까 상상의 나래를 펼치곤 했다. 그러나 곧 힘없는 동물일 뿐이라고 오히려 가엾게 여겼다.

'빙빙 도는 것만 하지 말고 저기 저 코 골며 낮잠 자는 사람의 콧잔등에 앉아 봐. 겁나서 할 수 있겠나?'

내 나이가 들어가면서 잠자리는 식상한 곡예사쯤으로 치부되기 일쑤이니 참으로 고약한 심사가 아닐 수 없다.

'고고하고 우아한 척 하나 한낱 연약한 날개를 휘저으며 안주할 곳을 찾느라 몸부림치는 하잘것없는 존재일 뿐이야.'

자연계의 완벽한 비행체라는 과학적 우러름마저 비웃어 대는 나의 속셈은 과연 뭘까? 나 어렸을 때 나를 멀리한 비행에 대한 보복일지도 모르겠다. 게다가 나의 옹졸한 심보가 더해져 얕보는 비아냥거림은 아닌지!

무더운 어느 여름날, 무주구천동의 시원한 계곡에서 잠시 쉴 때였다. 내 바로 옆의 나뭇가지에 잠자리가 앉아 있었다. 금방 날아가려니 대수롭지 않게 여겼다. 그런데 내가 부채질을 하며 일어섰다 앉았다 이리저리 왔다 갔다 함에도 불구하고 잠자리는 전혀 동요하지 않았다.

'잠자나? 아님 죽었을까? 아니야, 눈 돌리는 거 보니 잠자는 것도 아니고 살아 있네. 어라? 내가 가까이 들여다봐도 그냥 앉았네. 미련할 만큼 무던하거나 지나치게 용맹스런 잠자리 아냐?'

정말 가까이 가도 눈만 데굴데굴 굴리며 의연하게 고자세를 유지했다.

'내 집에 어쩐 일이람? 미물인 내게 관심이나 두겠어?'

나에게 항의라도 하는 듯 초연했다. 내가 더 큰 동작으로 다가가니 아주 잠깐 날아가는 척 하다가는 도로 돌아와 그 자리에 앉았다. 묵묵히 도를 닦는 수행자 같았다.

꽤 긴 시간 동안 꿋꿋하게 미동도 않은 채 앉아있는 잠자리가 묘하게 끌리기 시작했다. 자기 자리에서 굳세게 침묵하는 잠자리가 나의 존재를 철저히 무시하겠다며 저항하는 것으로 여겨졌다. 꽃꽂한 자세가 꼭 자신이 세상에서 가장 완벽한 날개를 가졌다고 위엄부리는 듯도 했다. 냉담한 잠자리의 태도는 내게 이루 말할 수 없는 무료함을 안겨주었다. 잠자리와 아무런 교감도 없이 한 공간을 공유하자니 무척 지루했다. 결국 내가 지고 말았다. 내가 먼저 몸짓을 가다듬어 조용조용 잠자리에게 최대한 가까이 다가가 살펴보기 시작했다.

잠자리는 실낱같은 가냘픈 다리로 나뭇가지 끝에 살짝 디뎠다. 정말 우아했다. 모든 걸 움켜쥐겠다는 우악스런 몸짓이 털끝만큼도 보이지 않았다. 세상을 초연한 듯 몹시 고결해 보이는 자태였다. 매끈한 꼬리는 볼수록 날렵하고 시원했다. 굼뜨고 느릿느릿 뒹구는 모습과 거리가 아주 먼 맵시였다. 참으로 매력적이었다. 두

쌍의 날개는 세상의 것이 아닌 듯했다. 구름으로 빚은 천상의 날개 같았다. 걸핏하면 옳으니 그르니 양분하려는 내게 '쪼개기가 아닌 균형유지로서의 구분'을 충고라도 하려는 듯 날개를 좌우 수평으로 반듯하게 펼치고 있었다. 얇디얇은 양쪽 날개에서 편향되지 않는 평온하고 고매한 비행의 이미지가 물씬 풍겨왔다. 더없이 안정돼 보이고 아름다워 보였다. 잠자리를 무시하고 하찮게 여긴 나 자신이 슬며시 부끄러워졌다.

사실 이팝나무에서 날아간 잠자리를 보자마자 '잡아.'하는 생각을 기계적으로 떠올리지 않았다면 잠자리가 도망가든 고요히 앉았든 관심 갖지 않았을 것이다. 잠자리의 비행을 생명이 깃든 동물의 한 동작으로 '그냥 날아갔을 뿐이야.' 단순하게 봐 넘겼을 것이다. 그런데 나는 잠자리의 움직임에 일그러진 내 멋대로의 기준을 잣대로 삼아 졸렬하다느니 미물이라느니 조롱했다. 나야말로 지금껏 코흘리개 심사로 잠자리를 질투하는 한심하고 비열한 족속이 아니었던가! 가슴 속에 남아 있는 껄끄러운 감정을 예리한 꼬챙이로 사용하는 겁쟁이에다가 독선가였던 것이다.

사랑이 깃든 마음 밭에서는 하찮다고 푸대접하기 이전에 조심스럽게 살피고자 다독거리는 거룩한 마음의 낟알이 싹트리라. 낮은 자세로 함께 기뻐하고 아파하는 아름다운 마음의 낟알을 염두에 두는 삶이기를 항상 기도해야겠다. 이제, 잠자리와 맞닥뜨렸을 때 '잡아'하는 고질적 폐단은 반드시 근절하리라. 그저 순진무구했던 지난날에 대한 그리움과 동경을 담아 단지 사랑스런 비상만을 감탄하리라. 장다리꽃이 필 때마다 뒤늦게 뉘우치고 되새겨본 아름다운 비행을 더욱 목말라할 듯하다.

이왕이면 향기로운 정을 담아 건넸으면 한다

송기중 사진

이여닐 수필집

4부
차츰차츰 가슴에 머무는 여운

천천히 가자. 욕심이 앞선 통로는 소통을 막는다.

송기중 사진

잡초와 풀

모든 풀대가 저마다 씨앗을 맺었다. 세상에나! 나의 속눈썹만큼이나 가늘고 작아서 눈에 보일 듯 말 듯 아주 볼품없는 풀대에도 씨앗이 맺혔다. 풀씨를 훑어 손가락 끝으로 비벼 보았다. 참깨보다 작은 씨앗이 무척 단단했다. 꾹 눌러보는 내 손가락에 자국이 날 정도였다. 낡은 옷의 실밥처럼 몹시 하찮아 보이는 풀이 미래를 다부지게 준비했음이 얼마나 신비하고 갸륵한지! 함부로 얕보아서는 안 될 생명이라고 거듭 경탄해 마지않았다.

연약한 풀줄기가 거친 바람을 어떻게 견디어 냈을까? 맹렬하게 쏟아지는 소나기에 뿌리 뽑히지 않으려고 얼마나 몸부림쳤을까? 왕성하게 자리를 넓혀가는 키 큰 다른 풀줄기에게 자리를 빼앗길까 얼마나 불안했을까? 깨알보다 작은 씨를 손바닥에 놓고 그윽하게 들여다보았다. 씨앗에서 순수한 푸른 세상이 보이는 듯했다.

'실수투성이 나의 삶보다 맑고 산뜻한 세상을 품은 씨앗일거야.'

손바닥 위에 아름다운 초원이 펼쳐지는 듯했다. 내 가슴에 산뜻하고 아늑한 기운을 북돋워주는 기분이 들었다. 내가 감히 알 수 없는 미래를 품은 작은 생명을 허투루 대접해서는 안 되리라.

친정엄마를 모시고 주말농터에 갔다.

"이게 웬일이야. 그냥 잡초 밭이구나."

내게는 작물과 간격이 떨어진 곳의 풀은 그리 못마땅할 것도 없다고 여겨지는데 친정엄마는 그렇지 않으셨다.

"여기에 비만 와 봐라. 잡초가 얼마나 무시무시해지는 줄 아니? 너희가 정말 감당하기 어렵지. 제초제 딱 한 번만 뿌려 봐. 가을이 끝날 때까지 잡초에 대해 신경 안 써도 돼."

친정엄마는 틈만 나면 내게 잡초 많은 주말농터에 제초제를 뿌려야 한다고 되풀이해서 주장하셨다.

친정엄마는 어렸을 때 일제 강점기를 겪으셨다. 거둬들인 곡식 전부를 강제공출에 빼앗겨 굶다시피 했던 한 맺힌 그 때를 결코 잊지 못하신다고 눈시울을 적시며 자주 말씀하셨다. 또한 6.25전쟁을 겪으며 더욱 극심한 기아상태에서 겨우 살아난 가슴 아픈 지난 날을 쓸쓸한 표정으로 말씀해 주시곤 하셨다. 구세주 같았던 통일벼가 나오기 직전까지 해마다 겪은 뼈저리게 슬펐던 보릿고개를 나는 겪지 않았어도 꼭 겪은 기분이 들 정도로 친정엄마는 진지한 표정으로 생생하게 전해 주시곤 하셨다.

친정엄마는 골수에 새겨진 곡식에 대한 소중함과 맺힌 한 때문인지 시대가 변했어도 잡초에 대한 편견은 확고부동했다. 논밭의 곡식은 바로 사람의 목숨임을 절대적인 진리로 여기셨다. 이런 친정엄마에게 있어 잡초에 대해 근절책을 집요하게 주장하시는 것은 당연한 것이리라. 농사의 첫 번째 계율은 잡초절멸이라고 해도 과언이 아닌 것이다.

친정엄마의 안타까운 정서에 난 충분히 공감한다고 생각하기는 하나 한편으론 잘 이해하지 못하는 지도 모른다. 먹을 것에 구애받기는커녕 먹어야 할 것이 너무 흔해서 고민인 요즘이다. 나는 체지방이 정상이지만 자칫 내장비만이 될까 두려워서 뭐든 필요이상 먹으려 하지 않는다. 주위에서도 체중을 줄이고자 애쓰는 사람들을 자주 볼 수 있다.

"엄마, 이제는 많은 사람들이 조금씩만 먹으려고 결심하는 세상이 왔어요. 조금 먹되 좋은 걸 먹으려고 해요. 제초제는 아주 독하대요. 풀에 뿌리면 땅이 오염된대요. 그럼 우리 몸속에까지 나쁜 약 찌꺼기가 쌓인대요. 땅과 사람을 보호하려면 화학적인 약을 안 쓰는 게 좋을 것 같아요. 그냥 거두어지는 대로 만족하기로 해요."

"으응. 그렇구나."

친정엄마는 그다지 달갑지 않은 표정으로 겨우 수긍을 하시는 듯했다. 그러나 밭에 도착하기만 하면 기어이 제초제를 또 언급하셨다.

잡초로 인해 먹을 양식의 감소를 우려하는 것은 참으로 까마득한 이야기가 되었다. 오히려 농약과 화학비료를 적게 사용하는 농가에는 정부에서 보조금을 주는 시대다. 어떤 논밭은 풀을 길러 거름으로 역이용하기도 한다. 풀만 보면 그 옛날 고통스럽고 쓰라렸던 굶주림에 대한 괴로움이 되살아나리라 이해할 만하나 무조건 농약을 맹신하시니 답답하기 그지없었다.

친정엄마는 어떻든 농작물 곁에 펄펄 살아 일어서는 잡초가 보이는 농터는 몹쓸 것으로 단정해버렸다. 그리고 농터에 정성을 들여야 복을 받는다고 말씀하셨다. 하여간 농터를 말끔하게 정리하는 것이 농사예의라고 굳게 믿고 계신 듯했다. 야생초에 대한 좌표가 아주 많이 다른 친정엄마와 나는 여름마다 잡초와 풀로 입씨름하며 서로의 신념을 팽팽하게 견제했다.

주말농터에 도착하기만 하면 어김없이 친정엄마는 성급하게 호미부터 찾아 들고 농작물 사이로 들어가셨다. 성에 차도록 풀매기를 할 수 없는 쇠약해진 기력을 못내 안타까워하시면서 굳세게 호미질을 하셨다. 여름마다 달라진 세상을 거듭 들먹이며 설득해 보아도 소용없었다. 풀 없는 농터는 평생 농사일로 지내오신 친정엄마께 결코 무너뜨릴 수 없는 소신이리라. 정말 친정엄마께 기쁜 농터를 보여드리기 위해 제초제를 뿌려볼까 남편과 논의도 했었다. 하지만 주말농터다보니 흐지부지 잊고 말았다.

아마도 친정엄마는 내가 하는 김매기가 시건방져 보여 더욱 몸달아 하셨던 건 아닌가 싶다. 난 키 큰 풀을 중심으로 대충 뽑아냈다. 안 뽑히면 이파리만 뜯어놓았다. 성스런 농터를 그렇게 하대하는 것에 대해 친정엄마는 속상해서 참을 수 없어 하셨는지도 모른다. 호미로 말끔히 뿌리째 뽑아내야 한다며 시범을 보이기도 하셨다. 그러면서 아주 작은 잡초까지 깡그리 뽑아내느라 악전고투하셨다.

"아이구, 힘들어 안 되겠다. 아무래도 제초제 뿌려야 할 것 같다. 난 이날 이때껏 농약 친 거 먹었어도 끄떡없구먼."

슬슬 제초제를 독촉하시곤 하셨다.

"농약 치면 메뚜기도 살지 못하는 걸요. 여기는 농약을 한 번도 안 해서 메뚜기가 많아요. 메뚜기 잡느라 팔짝팔짝 뛰며 놀던 어린 시절이 생각나서 메뚜기를 살게 하는 풀이 참 보기 좋아요."

"옛날에는 이때쯤 메뚜기가 정말 많았지."

"지금은 사람들이 걸핏하면 제초제를 뿌려서 풀벌레도 보기 힘들어졌어요. 우린 제초제뿐만 아니라 다른 농약도 안 쳐서 메뚜기가 많잖아요. 그리고 이 풀 냄새! 정말 좋지 않아요?"

"그래도 잡초 때문에 밭 꼴이 아니잖니."

팔순이 가까워가는 친정어머니는 잡초를 말씀하시고 중년인 난 풀을 이야기하다 여름이 다 가도록 제초제를 아예 구입조차 하지 않은 것에 성공했다.

노쇠한 친정어머니의 손길이 미처 닿지 못한 키 작은 잡초와 그리고 풀에 대해 야박하지 못한 낭만적인 나의 손길에 뿌리째 뽑히지 않은 풀들이 가을 햇살에 제법 야무지게 씨앗을 맺는 데에 성공했다. 내년 봄부터 맞서야 할 친정어머니의 잡초와 나의 풀을 미루어 짐작하면 자잘한 풀씨들이 성가시기도 하다. 하지만 감히 미워할 수가 없다.

'풀잎에 맺힌 이슬을 봐야 해. 아주 작지만 풀잎 끝에 대롱거리면서 세상에서 가장 큰 빛을 찬란한 무지개 빛깔로 노래하잖아. 태양이 얼마나 아름다운지 이슬을 가만히 들여다볼 때 확실히 알게 돼. 아침 햇살이 아름다운 이슬을 너무 사랑해서 꼭꼭 숨기기 바쁜 것 같아. 햇살과 이슬의 짧은 사랑을 위해 더 많은 풀잎은 여름날 싱그럽게 자라줘야 해. 풀잎은 이슬과 햇살의 사랑 이야기가 뿌리까지 전해지도록 몸부림치고 해님처럼 어여쁜 꽃을 피워내잖아. 내가 이슬처럼 아침 햇살을 환하게 노래하는 방법은 뭘까? 그래, 이슬 맺힌 풀잎을 노래하면 되겠네!'

풀씨가 내년 봄에 나의 밭 귀퉁이에 뿌리를 내려도 좋다는 변명을 내 자신에게 늘어놓았다. 친정엄마가 아시면 말도 안 된다며 기막혀 하실 것이다. 하지만 난 독한 약으로 풀의 씨를 말리고 싶진 않다. 물론 밭을 전부 풀밭으로 놓아두겠다는 건 아니다. 밭둑의 풀만큼은 꽃처럼 놓아두고 싶다. 향기 높은 풀이 있어야 햇살 품은 이슬도 더욱 곱게 반짝일 수 있을 테니까. 나는 청초한 풀잎 끝 이슬을 바라보며 그나마 주름 늘어가는 얼굴에 생기를 담을 수 있지 않을까 싶다. 흐릿한 내 눈동자도 풀잎 끝의 이슬을 동경하여 더욱 고운 세상을 헤아려보고자 애쓰리라.

"아니, 이 잡초에 씨 생긴 거봐. 내년에 잡초 천지 되겠네."

새벽녘 가을바람만큼이나 서늘한 표정으로 친정엄마는 탄식하였다. 나는 풀잎과 햇살과 이슬을 떠올리며 친정엄마 몰래 배시시 웃고 말았다.

새똥속의 작은 씨

　상추 잎을 따내던 자리는 풀밭이 되었다. 어쭙잖던 상추 고갱이는 풀에 묻혀 거의 다 삭아버렸다. 내 무릎을 넘어선 풀줄기 하나를 무심코 잡아당겼다. 그런데 예상외로 손쉽게 쑥 뽑히는 게 아닌가! 그 자리에 작물을 더 심을 계획도 없지만 밭가에 앉아 공연히 풀을 뽑아내기 시작했다. 맨손으로 뽑아도 아주 수월하게 뽑혀져 재미가 쏠쏠했다.

　'태양이 가장 찬란할 때 수많은 잎이 한꺼번에 도약하느라 서로 격렬하게 자리다툼 했었지. 그토록 필사적으로 항거하여 나를 힘들게 하더니…. 그런데 이제 이 밭을 풀이 온통 다 차지한다 해도 개의치 않은데 풀뿌리가 왜 이렇게 온유하게 잘 뽑히는 거야?'

　풀뿌리가 제 발로 걸어 나오는 듯 줄줄 뽑혀 나오는 바람에 나는 흠칫 놀라지 않을 수 없었다. 기분이 참 묘했다. 풀이 씨앗을 맺었더라도 뿌리가 뽑히지 않으려고 끝까지 흙을 꽉 붙잡으리라 생각했다. 그런데 미약한 가을빛임에도 불구하고 풀의 기운이 잦아졌다고 술술 뽑히니 허망함이 와락 밀려들었다.

　'후손을 남긴 생명은 서서히 힘을 잃는 마땅한 사실을 까마득히 잊었군. 씨앗 맺어가는 풀이 가볍게 뽑히는 상황을 의아해 하고 신기해하다니! 그런 나의 심사는 대체 뭘까? 끝까지 강렬한 힘을 지

니고자 바동대고 싶지 않다고 주장해온 터인데.'
 거부할 수 없는 대자연의 섭리에 대한 무상함일까? 무조건적 복종에 대한 단순한 거역의 몸짓일까? 행여나 내 마음속 깊은 곳에 영원한 힘에 대한 열망이 깃든 것 아닐까? 나도 내 마음을 정확히 헤아리지 못해 당혹해 하며 씁쓸해 했다. 신의 뜻에 초연하게 순응하겠다는 평소 나의 신념이 순간 가식 같아져서 언짢은 기분이 들었다.
 밭둑을 걸었다. 풀잎은 나의 조용한 발길에도 순순히 밟혀 그대로 눕고 다시 일어나지 않았다. 싱그러운 듯 꼿꼿한 풀대가 힘을 잃다니 정말 가을이 코앞임이 실감났다. 인생의 가을인 나도 주름살이 더 늘어가기 시작했다. 쓰러지는 풀대처럼 나도 무엇엔가 너그럽게 승복할 것들이 많아짐을 인식해야 하리라.
 '물소리조차 덧없이 들려오는구나!'
 밭 아래 계곡에서 물소리가 들려왔다. 가만히 귀 기울이니 한여름보다 훨씬 차분한 소리였다. 산뜻하고 청아한 물소리였다. 계곡으로 내려갔다. 계곡에 흐르는 물조차 가을햇살처럼 가냘픈 물줄기로 흘러내렸다. 가늘어진 물줄기는 가볍고 경쾌하게 노래하는 듯했다. 푸른 하늘과 하얀 구름을 품고 달려가는 물줄기가 몹시 유쾌하고 청량하게 다가왔다.
 '그래, 짐 내려놓고 홀가분해지면 오히려 명랑한 삶의 노래가 들려올 거야.'
 '육신의 쇠퇴보다 마음의 탁해짐을 두려워해야 해.'
 물속을 첨벙첨벙 걷다가 바위 위 얼룩을 발견했다.
 '웬 소꿉놀이 흔적이지?'
 물길을 지그재그로 조율하는 널따란 바위 여기저기에 내가 좋아하는 빛깔인 붉은 자줏빛 꽃물이 묻어 있었다.

'동네 아이들이 물봉숭아 꽃으로 소꿉놀이 했나?'

계곡에는 철늦은 물봉숭아 꽃이 더러더러 피어 있었다. 해맑은 아이들의 소꿉놀이를 떠올리며 예쁜 흔적을 들여다보았다.

'시들어 떨어진 물봉숭아 꽃잎으로 떡을 만들겠다고 찧었을까?'

바위에 걸터앉아 붉은 자줏빛 꽃물을 들여다보았다. 그런데 자세히 보니 아무래도 물봉숭아 꽃잎을 짓이긴 자리 같지가 않았다. 굵은 빗방울처럼 걸쭉한 흙물이 높은 위치에서 탁 떨어졌을 때 자연스럽게 사방으로 튀긴 그런 상태의 모습이었다. 꼭 꽃모양 같았다.

'새똥 아냐?'

바위 위 커다란 때죽나무에서 지저귀던 새들을 생각해냈다. 바위를 유심히 살펴보니 이쪽저쪽에 하얀 새똥, 잿빛 새똥도 흩어져 있었다. 꽃빛깔의 흔적도 바로 새똥이 말라붙은 것 같았다.

'새똥 색깔이 어쩜 이렇게 고울 수가 있지?'

호기심이 생겼다. 더욱 자세히 들여다보았다. 작은 씨앗 같은 것이 들어 있는 것 같았다. 나뭇가지에 물을 묻혀 새똥을 문질러 보았다. 유아용 그림동화책의 마침표만한 씨앗들이 드러났다.

'어머나, 꽃씨 같네! 새들이 예쁜 빛깔의 꽃을 따 먹었나?'

씨앗 너 댓개를 물에 씻어 휴지에 말렸다. 작은 씨앗이 아주 튼실해 보였다. 손가락 끝으로 비벼보니 매우 단단했다. 씨앗 껍질은 검붉은 자줏빛이었고 반짝반짝 윤이 났다. 그야말로 옹골차게 여문 씨앗이었다. 맨드라미 씨앗 같기도 했다. 맨드라미꽃을 쪼아 먹는 새들도 있을까? 씨앗을 손바닥에 펼쳐들고 계곡 위로 올라갔다. 무와 배추에 거름을 주는 남편에게 달려갔다.

"바위에 아주 예쁜 새똥이 있더라고요. 붉은 자줏빛 새똥, 본 적 있어요?"
 "없어."
 "이 씨앗 좀 봐요. 새똥에게서 나온 건데 아주 예뻐요."
 "그거? 산삼 씨앗여."
 어떤 씨앗인지 확인할 가치도 없다는 듯 남편은 눈길 한 번 주지 않고 하던 일을 계속하며 심드렁하게 소리쳤다. 겨우 새똥 따위로 호들갑 떠는 짓이 가소롭다는 투였다. 나도 비아냥거리는 투로 대꾸했다.
 "흥, 이 씨앗, 집에 가져가서 화분에 심어야지. 산삼 나오면 당신 가져요."
 "이왕이면 새똥 더 뒤지지 그래."
 남편은 여전히 일손을 멈추지 않고 내 손바닥 안의 씨앗도 거들떠보지 않으며 한술 더 떠 놀리기만 했다. 그러거나 말거나 나는 정말로 그 작은 씨앗을 집에 가져왔다.
 '새똥이 예쁠 수도 있군. 어쩌면 이토록 고운 씨앗을 품었을까? 어떻게 하면 내 사소한 흔적도 그렇게 이쁠수 있을까? 몸과 마음이 하루가 다르게 가을날의 풀뿌리처럼 쇠잔해 감에 당혹해 하지 말아야 해. 하나라도 덜 잃고자 옥신각신 밀고 당기는 습성은 내려놓기로 하자. 단지 눈빛만큼은 탁해지지 않았으면 좋겠어.'
 가끔은 한창 푸른 시절의 분별없이 덤벙댔던 용기가 조금 그립기도 하다. 하지만 연륜이 깊어 가면서 싱그러운 것보다는 향기로운 것을 염려해야 따뜻한 사람이 될 것 같다. 낡지 않은 언행이려니 욕심내다가는 자칫 추악함에 맞닥뜨리리라. 실수가 두려운 것이 아니다. 아집으로 둔갑하여 누군가의 가슴에 상처를 남길까 주저하게 되는 것이다. 한 발짝 물러서며 배려하고 포용하며 사랑의 눈길로 끊임없이 서로를 살펴야 하리라.

씨앗을 행운목 화분 한 구석에 묻었다. 젊은 날의 경솔함을 다 삭이지 못한 내가 자칫 분별없이 덤벙댈까 경계해야할 때, 고운 것을 쪼아 먹고 내놓은 예쁜 새똥을 기억하기로 했다. 싹이 튼다면 어여쁜 꽃씨를 쪼아 먹었을 기품 있는 새를 떠올리리라. 어쩜 이미 깊어진 추한 주름 몇 가닥을 미화시키고자 알량하게 높은 품격을 추구하는 나의 발악일지도 모르겠다. 미욱하나마 사려 깊은 삶을 위해 애쓰다보면 나의 두서없는 노력일지언정 그리 허황되지는 않으리라 믿으련다. 나의 귀가 더욱 어두워지고 손발이 나의 의지와는 상관없이 후들거릴 때 내 눈빛만이라도 새똥 속의 씨앗을 닮았으면 하는데 이 또한 욕심이겠지?

풀씨 묻어온 이유

길옆의 양지바른 검불밭에 언뜻 노랑꽃이 보였다.
'이런 곳에도 꽃이 피었네?'
풀줄기가 뒤엉킨 풀밭에서 한 떨기 꽃이 한들거렸다. 늦가을 소슬한 바람결에 시들어가는 풀줄기를 헤치고 꽃을 들여다보았다. 노란 산국화였다. 맑은 미소를 머금고 한들거리는 노란 산국화에게 '달빛 모아 만든 요정의 단추'라고 호들갑스럽게 찬사를 퍼부었다.
검불밭을 헤집고 나온 나의 바짓가랑이 이곳저곳에 모래알만한 것들이 다닥다닥 붙어 있었다. 아주 작은 풀씨들이었다. 발을 탁탁 굴러도 떨어지지 않았다. 떼어보니 찐득찐득한 감촉으로 유쾌한 풀씨는 아니었다. 일부러 떼기 전에는 떨어지지 않을 기세였다.
'고것 참 맹랑한데? 나의 어디가 좋아 이렇게 착 달라붙는 거야? 난 아직 너를 자세히 몰라.'
시멘트 길바닥에 그냥 떼어 놓으려다가 멈칫했다. '최성현' 작가의 따스한 글이 생각났기 때문이다. 나들이 간 서울에 도착해서야 손톱의 때만한 주름조개풀의 씨앗이 바짓가랑이에 묻어온 것을 알았지만 척박한 서울 땅에 떨어낼 수 없어 그냥 산골 집에까지 도로 달고 왔다는 내용이었다.

씨앗을 맺기까지 풀의 거룩한 노고와 지극한 종족번식능력을 존중해 주는 작가의 따뜻하고 사려 깊은 마음을 나도 본받고 싶어졌다. 시든 풀줄기 사이로 부드러워 보이는 흙바닥에 내 바짓가랑이의 풀씨를 하나하나 떼어내기 시작했다.

'찰거머리 같은 풀씨야. 고운 흙에 떨어뜨려주는 나를 만난 넌 정말 운이 좋은 거야. 시멘트 길바닥에 떨어뜨린다면 넌 단 하루도 못 견딜 거야. 수많은 발걸음에 짓이겨져서 눈에 보이지도 않는 먼지가 되고 말걸? 내가 참 고맙지?'

'그래, 도와줘서 고마워. 사실 어딘가에 묻어가려고 이제나 저제나 기다렸었지. 요즘 따라 수선 떠는 참새는커녕 동네 고양이 한 마리 나타나지 않아 조바심치던 중이었어. 하지만 난 투덜대지 않고 기다렸지. 신실하게 기다리면 기회는 온다고 믿었어. 나를 사랑하는 신의 의지를 난 믿거든. 당신의 바짓가랑이 역시 내게 있어 신이 내린 기회 아니겠어? 난 행복해. 신의 은혜가 나에게 매우 크니까.'

'신이 내린 기회라고? 신의 은혜라고? 너를 더 넓고 안락한 세상으로 옮겨 준 건 바로 나 아니냐. 나의 자화자찬이 가소로운 거야? 내 선의를 너무 심하게 묵살하는 거 아니니?'

'나를 안락한 삶터로 옮겨준 당신의 손길을 나도 인정해. 하지만 웬만큼 자상하지 않고는 발견하기도 쉽지 않은 보잘것없는 나를 못 본 체하지 않은 당신의 갸륵한 선의를 누가 인도했겠어. 바로 신의 의지 아니겠어?'

'내 선의가 바로 신의 의지라고? 풀씨, 너는 참으로 특별한 심미안을 지녔구나! 아니꼬운 동정을 그토록 거룩하게 이해해 주다니! 생각해 보니 네 말이 참 멋져. 정말 놀라워!'

풀씨에게 젠체했던 순간이 무척 부끄러웠다. 내 마음속에 웅크리고 있던 속된 턱을 들키고 나니 아름다운 산국화도 내게 위선자라고 흉보는 것 같았다. 부끄러웠다.

'도와줄 수 있어서 다행이지 뭐예요. 당신이 고마워하니 나도 기분이 몹시 좋군요.'

이런 투의 말이 내게는 아주 익숙하고 당연시되었다. 대부분 사람들이 이렇게 말하는 걸로 알고 있으니 내가 그동안 얼마나 교만했다는 건가 당혹스러웠다. 가만히 생각해 보니 정말 이 말은 자칫 오만하고 억압을 주는 말일 수 있겠구나 싶다. 자신은 상대방보다 잘 갖추어진 부분이 있었기에 도왔다는 인상을 주는 느낌이다. 그리고 고마워하지 않으면 기분이 나쁠 거라는 경고로 받아들이기 십상인 곱지만은 않은 느낌이 밀려오는 말이다. 상대방 감정보다 우선 자기 자신의 과업과 기분을 앞세운 말에 익숙한 나인 것 같아 씁쓸했다.

"함께 기뻐할 수 있어 행복합니다. 신의 은혜가 내게 참 큽니다."

이렇게 말하는 것이 바로 절대자를 앞세워 자신의 노고를 낮추는 겸허한 마음가짐이고 사람으로서 갖추어야 하는 참된 지혜이리라. 꽝하고 머리를 한 대 얻어맞은 기분이 들었다. 자신의 도움을 신의 축복으로 돌린다면 상대방은 부담을 덜 느끼고 편안하게 받아들일 수 있으니 얼마나 좋은가. 게다가 함께 기뻐한다는 것은 감정을 따뜻하게 공유하겠다는 의지를 느끼게 해 주니 얼마나 사려 깊은 말인가. 주었으니 받아야 하고, 받았으니 갚아야 한다는 은연중 품게 되는 심리적 압박감을 조금이나마 해소시켜 주는 이런 말은 참으로 기품이 있다. 서로의 품격을 높여주는 훌륭한 말 한 마디인 셈이다.

"송구하게도 내게 신의 축복이 큽니다."

이런 말이 멋지다고 예전엔 왜 몰랐을까? 왜 단순히 신앙인의 형식적인 인사치레일 거라고만 생각했을까? 아마도 자아를 먼저 들먹이는 데 익숙해 있기 때문이 아닐까 싶다. 나의 선심을 상대방의 마음속 깊은 곳에까지 각인시키고자 안달했기 때문일 것이다.

'덕분에 참으로 행복한 사람입니다. 신의 은혜가 내게 큽니다.'

이렇게 말할 줄 알아야 한다고 가르쳐준 풀씨가 바로 신의 축복임을 이제 알 것 같다. 나의 노고가 나 자신 말고 도대체 그 누구에게 큰 덕이 될 거라고 그리도 안달복달했는지 애석하기 그지없다.

생명이 있는 것 모두 신의 섭리에 따른 행보를 펼치리라 순수하게 믿는 겸손한 사람이 되라고 풀씨는 얄량한 내 바짓가랑이에 묻어왔던가 보다. 나의 바짓가랑이에 남은 풀씨를 하나도 남김없이 떼어 풀밭에 뿌렸다. 그 풀씨를 맺은 풀의 이름은 바로 주름조개풀이다.

나의 일거수일투족을 다 지켜본 산국화를 넌지시 건너다보았다.

'신께 영광을!'

더욱 맑고 환한 미소로 한들거렸다.

가을마다 짐 지는 나무

 늘어가는 빈 나뭇가지가 늦가을을 실감나게 했다. 뒷산 봉우리에는 부드러운 깃털처럼 자잘한 가지가 여기저기 드러나 시선을 사로잡았다. 우듬지는 상큼하게 다듬어 놓은 아이들 이마 위 가지런한 머리카락 같았다.
 '거인이 되어 산봉우리를 쓱 쓰다듬고 싶네.'
 유리문으로 뒷산을 내다보며 동화 속 거인을 상상했다.
 '산길은 마른 낙엽으로 푹신푹신할 거야.'
 현관문을 나섰다. 뒷산 초입부터 맞닥뜨린 붉은 산수유 열매가 마치 성냥개비의 불꽃같았다. 당장이라도 내 가슴에 따끈한 인정의 불을 지펴주겠다는 듯 그윽하게 날 응시했다. 불꽃같은 열매와 마주보는 것만으로도 내 마음이 훈훈해 지는 기분이 들었다.
 '바스락바스락'
 걸음을 옮길 때마다 낙엽 부스러지는 소리가 났다. 거인이 바삭바삭하게 잘 구워 쌓아놓은 빛깔 고운 낙엽 과자로 착각하기로 했다. 걸음을 옮길 때마다 내 발밑은 부드럽고 달콤하며 구수했다. 발바닥으로 느끼는 가을의 맛에 나는 점점 중독이 되는 듯했다. 일부러 낙엽 많은 쪽으로 자꾸자꾸 걸어갔다.
 '이런 참나무도 있었나?'

참나무는 그렇게 가냘픈 여러 개의 줄기로 자라지 않는다. 주 줄기 꼭대기가 구름에 걸릴 만큼 쭉쭉 힘차게 가지를 치면서 자라는 나무다. 구부정한 내 어깨를 잠시나마 뒤로 젖혀볼 수 있게 해 주는 굉장히 높고 훤칠한 나무다.

'본질을 훼손하는 각색인지 잘 살펴봐야 하는 거로군.'

참나무 낙엽으로 뒤덮었다고 해서 모두 참나무로 착각하지 않는 명쾌한 안목을 지녔노라 나는 잠시 으스대며 키 큰 참나무를 올려다보았다. 아직도 많이 매달린 오그라진 마른 잎이 꼭 푸른 하늘을 두드리는 북채 같았다. 마른 참나무 잎의 서걱거리는 소리가 높아질수록 가을의 리듬도 심오해지리라.

'아니, 이 나무는 좀 다르네. 쥐똥나무잖아. 쥐똥나무가 왜 이렇게 많은 짐을 졌지?'

참나무 잎을 비롯해 잎 넓은 낙엽들이 쥐똥나무 위에 수북하게 올려져있었다. 쥐똥나무는 주 줄기가 또렷하지 않은 편이다. 밑동으로부터 여러 줄기가 부챗살처럼 펼쳐지며 성장하는 관목이다. 더구나 윗부분에 잔가지가 많다보니 나무 정수리 부분이 넓고 완만하게 펼쳐진 형태다. 참나무나 소나무에 비하면 아주 낮은 앉은뱅이 나무다. 나보다 훨씬 키 큰 줄기도 많지만 숲속에서는 키 작은 나무에 속한다. 그러니 가을이면 저 높은 꼭대기에서 내려오는 낙엽이 쥐똥나무 위에 착착 쌓이는 것은 당연하리라.

더군다나 나의 엄지손톱만한 쥐똥나무 잎은 다른 많은 나무들의 잎이 뚝뚝 떨어질 쯤에도 단풍이 들까말까 했다. 아직 푸른 기가 더 강한 쥐똥나무 이파리는 잔가지와 더불어 널쩍한 낙엽의 밑받침 역할을 충분히 해냈다. 낙엽이 무더기로 올라앉기 수월하게 양손을 쫙 펼쳐 받쳐주는 형태였다. 새끼손톱 크기의 잎을 손바닥크기의 이파리들이 뒤덮고 꽉 누르는 형국을 쥐똥나무는 묵묵히 감내하고 있었다. 자칫 돌연변이 참나무나 다른 종류의 나무로 착각할 지경이었다.

'어라, 이곳에도 쥐똥나무가 있었는데?'

가까이 다가가 키 큰 참나무 아래에 의기소침한 듯 볼품없이 선 쥐똥나무를 확인했다. 엉클어져 쌓인 낙엽 사이사이 삐져나온 작은 잎과 쥐똥을 닮은 검은 열매가 쥐똥나무임을 말해주고 있었다. 여러 갈래의 쥐똥나무 줄기가 서로 얽혀서 껄끄러운 낡은 짐을 꿋꿋하게 떠받치고 있었다. 그런 쥐똥나무가 안쓰러워 보였다. 참나무 낙엽을 떠받드는 처지를 회피하지 않고 의연하게 인내하는 쥐똥나무가 갸륵해 보이기까지 했다.

쥐똥나무 가냘픈 줄기 사이사이에 마른 풀줄기와 마른 나뭇잎이 나풀거렸다. 작은 새들이 쥐똥나무 줄기 사이를 경쾌하게 지저귀며 날렵하게 드나들었다. 숨바꼭질을 하는 걸까? 아니면 푹신하고 아늑한 잠자리를 만드느라 저리도 바삐 움직이는 걸까? 밤에 작은 산새가 머물기 딱 좋은 안식처라는 생각이 들었다. 아마도 추운 겨울에는 작은 산새가 줄기 사이의 검불 속에서 눈발을 피하리라. 따뜻한 인정을 생각나게 하는 멋진 쥐똥나무구나 감탄했다.

가벼운 낙엽도 자꾸 쌓이면 무겁다. 더구나 겨울에 눈까지 덮이면 온몸이 휘청거릴 정도로 무거울 것이다. 쥐똥나무의 가냘픈 줄기가 어떻게 온전히 견디어 내는 걸까 장하게 여겨졌다. 물론 낙엽은 바람에 날아가거나 눈비에 삭아서 조금씩 떨어져 내릴 것이다. 낙엽들이 빨리 삭아 떨어져 나가지 않는다고 불평 한 마디 할 줄 아는 쥐똥나무일까?

힘들게 견디는 것에 대한 보상으로 신은 5월이 되면 쥐똥나무에게 아름다운 꽃향기를 선사해 주는 것인지도 모른다. 쥐똥나무가 내뿜는 꽃향기는 결코 붉은 산수유 열매처럼 화려하지는 않다. 하지만 말로 다 표현할 수 없을 만큼 우아하며 산뜻한 향기다. 수수한 꽃에서 품어져 나오는 고고한 향기는 쥐똥나무를 매우 세련된 분위기를 지닌 관목으로 기억하게 한다.

가을날 부스스한 머리칼처럼 온갖 낙엽을 험악하게 얹고 있어도 나의 코끝에는 봄날의 고매한 향기가 스쳐갔다. 아름다운 향기를 기억해 주는 나의 감수성을 스스로 우쭐해하며 쥐똥나무를 아는 체 했다.

'쥐똥나무, 너는 가을마다 고단하게 무거운 짐을 져야하는 운명이구나. 그런 만큼 네게 그토록 아름다운 향기가 주어진 것 아닐까 싶어. 길을 가다가도 고매한 향기에 주위를 둘러보면 쥐똥나무, 네가 있더라고.'

쥐똥나무 꽃잎 하나하나는 참깨만하여 눈에 잘 뜨이지도 않는다. 마음의 밭이 작은 나도 그렇다. 쥐똥나무 꽃잎의 차분한 흰 빛은 지성미가 넘쳐 보인다. 안타깝게도 감성먼저 들먹이기 십상인 나는 예사롭지 못한 상황에서 교양 있는 행동이 쉽지 않다. 나도 쥐똥나무처럼 고아한 향기를 지니려면 어떤 멍에나 고난이든 묵묵히 인내할 줄 알아야 하겠지?

높은 향기를 지녔을지언정 원하지 않은 무게가 당장 내 어깨를 짓누를 때 노골적인 비탄을 일삼게 되지 않을까? 분하다 애통하다 몸부림치며 주어진 처지를 한탄하는 게 당연하지 않을까? 조금만 고달파도 조금만 비난 받아도 낙담하는 얕은 정신을 지닌 나에게 칙칙한 낙엽을 이고 있는 쥐똥나무가 참으로 놀라워 보였다. 더구나 내가 만든 짐도 아니고 남이 내게 덮어씌운 굴레에 초연할 수 있음이 얼마나 위대한 모습인지! 내가 쥐똥나무라면 제 풀에 바동대다가 말라죽지 않았을까 싶었다.

'마른 낙엽이 나를 덮어주어 추위를 이겨낼 수 있답니다. 나의 지붕이 되어주는 낙엽이 아니겠어요? 흰 눈이 수북하게 내릴 때 작은 새들도 낙엽지붕을 믿고 내 줄기 사이에서 곤히 잠드는 것인지도 모릅니다. 어떤 짐이든 신의 순수한 뜻이 있다고 믿을 때 짐으로서의 고통은 사라질 것입니다. 오히려 무구하고 아름다운 향기를 품게 되어 좀 더 가치 있는 삶을 이루게 되리라 믿습니다.'

쥐똥나무가 지각없는 내게 가만히 속삭이는 듯했다. 내 온몸을 짓누르는 고난 속에서 나는 과연 아름다운 향기가 주어질 만큼 몸과 마음을 진중하게 다스릴 수 있을까? 결코 쉽지 않을 것 같다. 일단 당장의 고통이나 귀찮음 때문에 불뚝불뚝 분노하거나 투덜거리지 않는 연습을 해야겠다. 그렇게 다듬어져 가다보면 쥐똥나무처럼 고아한 향기가 아닐지라도 나름대로의 향기는 감돌아 누군가의 가슴에 가만히 스며들 수 있을지도 모른다. 삶의 고난을 감내할 이유는 어떻든 존재하기 마련이리라. 짐 진 쥐똥나무의 향기로운 저력을 가을마다 눈여겨봐야겠다.

가을마다 짐 푸는 나무

적요한 산길을 걷고 있었다. 산 중간쯤에서 두 갈래로 갈라진 오솔길이 나타났다. 오른쪽 길이 사람들의 발길이 뜸했는지 새로운 낙엽이 더 쌓인 듯했다. 가을 정취가 좀 더 깊어 보였다. 그 산길로 들어섰다. 찻길로부터 멀어져서 더욱 고요했다. '투두둑, 부스럭' 하는 소리가 들려왔다. 누군가와 이야기하면서 걷는다면 듣지 못할 아주 작은 무엇의 속삭임 같았다. 새들이 먹이 찾느라 낙엽 건드리는 소리일까? 걸음을 멈추고 서서 숲 안쪽을 가만히 바라보았다.

'와! 가을 숲의 은은한 노래였구나!'

낙엽은 햇살의 명쾌한 지휘에 맞추어 가을바람이 연주하는 아름다운 음표였다. 나무들이 맑은 햇살을 휘감고 반짝일 때 수많은 낙엽은 한줄기 바람에 우수수 쏟아졌다. 그러자 잔잔한 합창이 숲에 가득 울려 퍼졌다. 숲 여기저기에 아름다운 음표로 뒤덮였다. 내가 한 발짝 옮길 때마다 내 발밑에서도 바스락바스락 합창이 들려왔다.

'나도 지금 가을 합창의 한 축을 담당하는 건가?'

낙엽이 더욱 친근하게 여겨지고 정감있게 다가왔.

나뭇가지에서 마른 잎이 떼어지는 소리, 나뭇가지에 낙엽이 부딪히는 소리, 낙엽끼리 스치는 소리…. 잔잔하고 그윽한 선율이었다. 조급하게 구는 그 어느 것도 없는 숲속이라서 그럴까? 낙엽은 평화롭고 여유 있게 낮은 소리를 내면서 서로서로 교감을 나누는 듯했다. 더구나 바람마저 순하여 낙엽의 갈 길을 다그치지 않았다. 낙엽이 내는 소리가 오히려 숲의 고요한 분위기를 드높였다.

  평소 내 걸음은 좀 빠른 편이다. 조용한 숲에 침잠하다보니 그제야 내가 부스럭부스럭 불협화음을 내는 장본인으로 우아한 합창의 훼방꾼이었음이 드러났다. 가을 합창에 멋지게 동참한다고 뿌듯해하던 순간이 무안해졌다.

  '나는 결국 달갑잖은 침입자였군.'

  나는 아주 천천히 발걸음을 옮기기 시작했다. 한량없이 뚝뚝 떨어져 날리는 낙엽을 지그시 응시했다. 마음이 평안해졌다. 아무런 사심을 품지 않고 편히 들을 수 있는 숲속의 고아한 합창을 만끽하고자 자주 멈추어 서기도 했다. 아름다운 고요를 연주하는 낙엽의 꾸밈없는 모습과 저항 없는 이별을 음미하며 내 마음도 한결 경건해지길 기대해 보았다.

  마른 잎 떼어지는 소리처럼 내 말투도 온유했으면 좋겠다. 난 걸핏하면 뜻도 없이 불퉁거리는 말본새를 드러낸다. 그리고는 뒤늦은 후회만 일삼는다. 비록 황당하고 간교한 계략에 맞닥뜨릴지라도 갈팡질팡 허둥대며 악다구니 치지 않고 조용조용 지는 낙엽처럼 차분히 실마리를 풀어가는 지략을 갖추고자 애쓸 일이다. 낙엽에서 느껴지는 고매한 기척처럼 내가 지나온 발걸음도 누군가에게 기품 있게 스며든다면 더할 나위 없이 행복하리라. 나의 모든 몸짓이 가을 숲의 합창처럼 품위 있기를 갈망하며 낙엽소리에 귀를 기울였다.

  "앗, 깜짝이야."

뭔가 내 이마를 툭 쳤다. 참나무 마른 잎 하나였다. 나의 이마를 톡 친 낙엽은 내 발등에 툭 떨어져 내렸다.

'만일 돌멩이였다면 내 얼굴이 피투성이 되었을 거야.'

낙엽은 정말 가벼웠다. 점잖게 내 얼굴을 쓰다듬은 셈이었다. 아니 아는 체 하느라 툭 치는 몸짓 같았다. 더구나 햇살을 휘감은 나뭇가지에서 금방 내려왔는지 차갑게 느껴지지 않았다. 오히려 따스한 손길 같다는 기분이 들었다. 낙엽이 나를 반겨주는 몸짓이려니 기분이 흐뭇했다. 낙엽이 더욱 친근하게 여겨졌다.

낙엽 지는 숲길에서는 내가 나를 좀 더 명료하게 알 수 있으려나? 시간이 정지된 듯 고요한 숲에서는 오직 낙엽 밟는 소리만이 나의 존재를 밝혀 주리라. 괜한 쫓김에 경망하게 걷는다면 거칠고 황급한 낙엽 밟히는 소리가 고즈넉한 숲속을 어지럽히겠지. 굶주린 짐승의 먹이 쫓는 발자국 소리가 바로 그럴 것이다. 낙엽이 우아하게 춤추는 아름다운 숲길에서 단순히 본능에 사로잡힌 한 마리 짐승이 되고 싶지 않았다. 비록 마음의 양식이 부족할지언정 낙엽이 내게 전하는 대자연의 거룩한 뜻을 음미하고자 기품 있게 걷고 싶었다. 그러나 이미 경박하게 굳어진 내 발걸음은 자꾸 네 발 가진 동물 소리를 내는 것 같아 언짢았다.

애써 겨우 차분한 걸음으로 낙엽을 밟았다. 숲이 내게로 오는 것 같았다. 숲의 넓은 가슴이 나를 포근하게 안아주는 기분이 들었다. 숨 막히게 했던 나의 번민이 아름다운 숲속에서만큼은 조용히 사그라지는 듯했다. 마음이 평안해진 나는 조금은 조신하게 걸을 수 있으리라 흐뭇해했다. 자비로운 숲은 내 발자국 소리가 숲의 아름다운 음향을 더하는 존재로 거듭나기를 허용할지도 모른다는 생각도 해 보았다. 더욱 사려 깊은 걸음으로 낙엽을 밟고자 애썼다. 낙엽은 분명히 숲과 내가 함께 우아하게 조화하기를 원하리라 여겨졌다.

'아무나 접할 수 없는 높은 곳을 마다하고 거친 땅바닥으로 내려오는 낙엽은 허망하거나 서글프지 않을까?'

낙엽은 다정한 선율을 위한 음표답게 우아하게 기꺼이 내려앉을 뿐이었다. 덧없어 한다거나 주저한다는 느낌이 들지 않았다. 가을바람에 너울너울 장단 맞추며 거침없이 내려왔다. 낙엽끼리 또는 나뭇가지와 정거운 악수를 나누며 바닥에 내려앉았다. 강직한 나무줄기에 부딪혀도 호들갑 떨지 않았다. 느긋하게 가만가만 땅바닥으로 내려왔다. 결코 돌멩이가 떨어질 때처럼 경박하게 재빨리 서두르거나 억센 소리를 내지르지 않았다. 땅바닥에 쌓여가는 낙엽은 이루 말할 수 없이 자유롭고 아늑해 보였다.

'아! 알 것 같아. 낙엽이 쌓이는 것은 낙엽이 마지못해 떨어져서가 아니라 나무들이 완성한 잠언을 마침내 땅바닥에 기꺼이 펼쳐놓는 거룩한 과업인 거야!'

나무들이 숭고한 짐을 풀어놓음은 '따뜻한 가락'과 '겸허한 부딪힘'을 읽어내라는 신의 배려이리라. 낙엽은 가을마다 아름다움을 다듬어낸 나무들의 위대한 수료증이리라. 좀 더 자분자분하고 온화하게 살아가라 일깨워주는 가을 숲의 수료증을 내 가슴속에도 켜켜이 쌓아 고매한 삶의 지표로 삼아야할까 보다.

바람이 불 때마다 낙엽이 내 어깨, 내 발등, 내 손등을 툭툭 쳤다. 낙엽이 툭 칠 때마다 온유한 가을볕이 나의 온몸에 스미는 듯했다. 나는 한줄기 가을볕을 품고 자유롭게 유영하는 한 장의 낙엽이 되었으면 했다. 두 팔을 벌려 힘껏 기지개를 켜 보았다. 가슴이 탁 트이는 듯했다. 나의 육신이 모든 짐 풀어낸 나무가 되었으면 했다.

까치발까지 하며 기지개를 켜다 순간 나는 머쓱해졌다.
'황폐한 영육으로 가벼운 낙엽이 되고 싶다니! 짐 풀어내는 나무를 모독하는 것 아닐까?'
나무는 내일의 희망을 위해 오랜 시간 준비한 큰 짐을 풀어내는데 나는 단지 순간적으로 불편한 마음을 떨쳐내기 위해 경망한 몸짓을 풀어내는 것 아닌가 싶어 씁쓸했다.
낙엽이 또 한바탕 우수수 떨어졌다. 많은 낙엽이 얇은 마음으로 두서없이 허둥대는 나를 불쌍히 여겨 위로하는 듯 내 어깨, 내 발등, 내 손등을 어루만지며 춤추었다.
'참으로 고귀한 잠언을 마음 깊이 새겨야 해.'
한량없이 떨어지는 낙엽을 더 진지하게 읽어내지 못하는 나의 심안이 한심할 노릇이었다.
'이곳은 내 무릎만큼 낙엽이 깊게 쌓였네!'
내 무릎에 닿을 듯 쌓인 낙엽을 헤쳐 가다 산길의 깊이를 생각했다.
'낙엽이 켜켜이 쌓인 깊이는 하늘만큼 깊다고 해야 옳아. 하늘 높이 솟은 나뭇가지에서 가을볕을 꾸린 낙엽이 내 무릎에 휘감겨 내 마음을 어루만지잖아. 낙엽이 쌓인 산길은 하늘만큼 깊어.'
낙엽 쌓인 산길을 걸을 땐 하늘을 향해 기도하는 온순한 존재로 거듭나야 짐을 풀어낸 나무에 대한 예의가 아닐까 싶었다.
'신이시여! 후회보다는 각성을 앞세우고 미련을 두기보다는 혜안을 갖도록 도와주옵소서!'
가을 숲에 새겨놓았다는 기념으로 낙엽 한 장 주워들었다.

비질 시늉

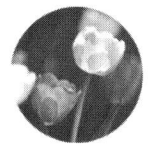

　비질 자국이 선명한 흙 마당은 온기가 느껴진다. 누군가의 살뜰한 인정이 엿보여 마음이 푸근해진다. 꼭 나를 위한 조촐한 단장 같아 흐뭇해진다. 막돌 몇 개 굴러다닐지라도 말끔하게 쓸어낸 비질 흔적에 그대로 땅바닥에 앉아 쉬고 싶어진다. 발 디딘 순간 온몸으로 느껴지는 정갈한 분위기가 좋아 비질한 흙 마당을 동경하는지도 모른다. 산뜻한 흙 마당은 방황하는 내 발길을 차분하게 다독거려줄 것 같아 좋다. 덤덤한 비질인지 알 수 없으나 따스하고 다정한 손길이라고 찬사를 늘어놓게 된다.
　물론 나 스스로 비질다운 비질은 해 본 적이 없다. 단지 어린 시절의 부모님께서 싹싹 쓸어놓은 깨끗한 마당에 대한 기억이 선명하여 내 감성을 자극하는 것 같다. 나는 부모님께서 쓸어놓은 마당에 철퍼덕 주저앉아 공기놀이도 하고 구슬치기도 했었다. 햇살마저 나의 머리 위에서 맑게 빛나는 날은 참으로 평화로웠다. 맨 땅에 앉아 먼 하늘을 올려다보면 하얀 구름도 말끔한 마당으로 놀러온 것 같아 즐거웠다. 나의 온몸을 듬직하게 받쳐 주는 마당은 내 부모님의 품속처럼 아늑한 기분이 들었다. 그런 따뜻한 추억을 지니고 있어서일까? 만일 마당이 있는 집에서 산다면 비질할 흙 마당은 꼭 마련하고 싶다.

사실 요즘은 주택이라고 해도 맨흙 마당은 거의 없다. 언제부턴가 시골 마당 역시 포장이 대세다. 앞마당은 물론 뒷마당도 포장하는 추세다. 포장한 마당은 비가 흠뻑 내려도 질척거리지 않고 햇살이 좋을 때 작물을 말리기에도 좋다. 그리고 풀이 나지 않아 농가의 바쁘고 고달픈 일손을 덜어주기도 한다. 때문에 흙 마당을 좋아하는 나 자신도 시골에 산다면 흙 마당은 아마 장난감 수준으로 만들어 놓지 않을까 싶다.

몇 년 전 정말 내게 놀이처럼 비질할 곳이 생겼다. 작은 계곡이 딸린 밭에 남편이 엉성하게 풀막을 지었다. 조악하기 그지없지만 풀막의 평상 밑에 손등만한 흙 마당이 생겼다. 몇 발짝에 다 닿는 좁은 마당이지만 흙먼지가 펄펄 날아 충분히 향수에 젖게 했다. 흙먼지 속에서 공기놀이 하던 어린 시절을 떠올리며 맨발로 흙을 밟아보았다. 산뜻하고 부드러웠다.

그 좁은 마당도 비질을 하지 않으면 몹시 구질구질해 보였다. 담배꽁초, 일회용 젓가락을 쌌던 종이 쪼가리, 라면스프 귀퉁이를 오려낸 삼각형 비닐 조각, 김치 국물로 얼룩진 꽁꽁 뭉친 휴지 등등 협소한 곳이라서 더 잘 발각되었다. 쭈그리고 앉아 때죽나무 나뭇가지로 쓱쓱 쓸어내었다. 그러면 내 맘 깊은 곳의 언짢은 기분이 함께 쓸려지는 것 같아 통쾌했다.

전국적으로 기록적인 폭염을 다른 해보다 길게 겪었던 어느 여름이었다. 풀막과 계곡에 서늘한 그늘을 드리우던 때죽나무가 일찍 지치고 말았다. 가을이 되기도 전에 이미 이파리 색깔이 식초에 닿은 풋나물처럼 색깔이 바랬다. 얼마 지나지 않아 우수수 잎을 떨어뜨렸다. 땅바닥에서 더 바싹 말라 칙칙한 갈색으로 변했다. 여름도 다 끝나지 않아 더위는 여전한데 때죽나무 잎은 깊은 가을을 맞은 듯 스산하게 뒹굴었다. 좁은 마당이 더욱 황량해보였다.

주말을 맞아 달려가 보면 금방 떨어진 잎과 낡은 잎이 한데 섞여 아수라장으로 변해 있곤 했다. 가뜩이나 허술한 풀막이 더욱 을씨년스럽게 다가왔다. 옅은 갈색으로 고르게 물들어 떨어졌으면 운치 있는 가을 풍광으로 감탄하며 칭송했으리라. 가뭄에 시달리다 억지로 떨어진 나뭇잎이라서 풀막을 한층 더 폐허로 보이게 하는 듯했다. 못마땅한 빛바랜 낙엽에 더욱 조바심이 났다. 배추밭의 풀을 매야 하고 돌무더기의 풀도 정리해야 하지만 난 마당 먼저 쓸었다.

쏟아 부은 듯 쌓인 낙엽을 나뭇가지로 쓱쓱 밀어냈다. 가벼운 낙엽이라 수월하게 쓸렸다. 어설프기 짝이 없는 나뭇가지 비질인데도 어린 시절에 들었던 아버지의 비질소리가 나는 것 같았다. 산뜻한 마당을 그려보며 쭈그리고 앉아 비질을 했다. 새들도 때죽나무 가지에 경쾌하게 날아들어 내 비질을 응원해 주는 듯 즐겁게 지저귀었다. 내 마음도 더욱 유쾌해졌다.

나의 비질에 날아간 낙엽을 따라 계곡으로 내려갔다. 계곡 바닥은 전부 바위다. 물결이 닿지 않는 넓찍한 바위 위에 서면 마당 못지않게 기분이 편안해진다. 듬직한 바위는 때죽나무에서 떨어진 잎과 내가 쓸어낸 잎이 한데 얽혀 어지러웠다. 겸허한 얼굴에 낙서한 것 같아 미안했다.

바위에 걸터앉아 나뭇가지로 너럭바위를 쓱쓱 쓸었다. 나뭇가지로 낙엽을 살짝 밀어내기만 해도 바위가 환해졌다. 맑은 햇살이 바위 위에서 한층 더 밝게 빛났다. 나는 마당에서 만끽한 기쁨보다 더한 즐거움으로 이 바위 저 바위를 넘나들며 낙엽을 쓸어냈다. 너럭바위는 비질자국이 남지 않았다. 하지만 대충 손길을 건네기만 해도 금세 말끔해졌다. 시원시원해서 좋았다. 깨끗해진 너럭바위 얼굴에서 호탕한 웃음소리가 들리는 것 같아 매우 흡족했다.

밭둑 한곳에 낙엽을 모았다. 수북하게 쌓인 낙엽을 보노라니 어릴 때 들여다본 아궁이가 생각났다. 낙엽이나 검불을 태운 아궁이에는 예쁜 불씨가 밤하늘의 별처럼 깜빡거렸다. 작은 씨앗 같은 불씨가 다 사라지면 진회색 고운 가루가 구름처럼 남아 있곤 했다. 내가 쓸어낸 낙엽도 서서히 아궁이 속 낙엽처럼 곱게 바스러져 구름 속으로 날아가리라

'낙엽은 온기 머금은 한 줄기 바람이 되어 언젠가는 자신이 머물던 나뭇가지에 다시 들리라.'

평상에 앉아 쉬면서 비질한 작은 마당을 내려다보았다. 나뭇가지 빗자루가 마른 땅에 죽죽 그어놓은 선들! 비질 시늉의 흔적 그 위로 햇살이 환했다.

'햇살 따라 날아가는 낙엽 발자국! 바로 이런 무늬일 거야.'

흉내 낸 비질 자국이지만 어린 시절 마당에서 느낀 부모님의 온유한 사랑이 다시 살아나 내게로 다가오는 듯했다. 내 가슴이 따스해지는 것 같았다.

썩지 아니한 밤톨

부엌 바닥에 밤알 하나가 굴러다녔다. 꽤 큼직했다. 컴퓨터의 모니터 앞에 놓아두고 풍요로운 밤나무 한 그루를 떠올리곤 했다. 산뜻한 윤기로 날마다 나를 반겨주는 밤톨이 정다웠다. 뜻하지 않은 갈등으로 하루가 맑지 못할 때, 생각이 술술 풀려나오지 않을 때 나는 다부진 밤알을 이리저리 굴려보거나 톡톡 건드려 보았다. '부드럽게 견뎌요.' 다정한 위로인 듯 밤알 구르는 소리가 구수했다.

나 자신이 이미 한 알의 밤톨처럼 야무지게 익어야지만 도움 받지 않고 오히려 누군가에게 도움을 줄 수 있는 사람이 되리라 생각했다. 사실 누군가의 도움을 필요로 하지 않는 사람이 되어야 한다는 생각은 참으로 오만한 생각이다. 나 자신이 사회에 필요한 사람이 되려면 나도 도움을 받을 준비가 되어야 한다. 나를 도와준 누군가도 스스로 사회에 필요한 사람이었다고 흐뭇해 할 수 있기 때문이다.

그런데 어떤 쓸데없는 편견에 사로잡혔던 까닭일까? 나는 나만 제대로 잘하면 남에게 피해를 끼치지 않아 근사한 모습으로 존재하려니 여겼다. 사실 남에게 끼칠 피해를 염려하기 이전에 나의 부족함을 인정하는 겸허함을 먼저 지녀야 했다. 다른 이에게 도움 받을 때 크게 자존심 상해할 필요는 없다고 스스로를 다독여야 했으리라. 난 참으로 교만했었음이 틀림없다. 나는 내가 완벽하게 갖추어 그 누구에게라도 수고를 끼치지 않게 해야 한다고 전전긍긍했다.

오히려 누군가의 소중한 능력을 빌릴 수 있어 행복했다고 감동할 줄 알아야 하리라. 그래야 서로 따스한 인정의 공감대가 넓어져서 한 번이라도 더 다정하게 웃을 수 있으리라. 혼자서는 결코 완전할 수 없음을 알면서도 나는 자꾸만 그 사실을 잊는다. 단단한 밤톨 같은 사람이 되고자 안달하기 일쑤다.

밤알은 한겨울이 되어도 벌레 먹거나 썩지 않고 그대로였다. 그러나 껍질의 윤기는 좀 사그라졌고 표면이 약간 우그러졌다. '깎아 볼까?' 하던 관심이 '깨뜨려 볼까?' 하는 호기심으로 바뀔 만큼 밤 껍질은 매우 딴딴하게 메말라 있었다. 위풍당당했던 밤톨이 초췌해졌다. 서랍에 집어넣었다.

'은근히 기대한 내가 어리석지. 생밤이 청동조각품도 아니고 얼마나 오랫동안 방안에서 견디겠다고! 어쨌든 철 지난 밤톨처럼 내 삶이 우그러지고 찌그러지는 건 용납이 안 돼.'

나는 더욱더 빈틈없는 삶을 위해 긴장감을 풀지 않으려고 두서없이 자신을 다그쳤다.

새봄이 오고 여름이 지나 다시 가을이 왔다. 종갓집 맏며느리인 나는 가을이면 밤과 대추에 관심을 갖게 되어 있다. 명절 차례까지 포함하여 아홉 번의 제사상에 놓을 밤과 대추를 미리 준비해 놓아야 한다는 압박감이 앞서기 때문이다. 물론 요즘은 계절에 상관없이 시중에서 적정한 가격에 얼마든지 구할 수 있어 구태여 보관하느라 신경 쓰지 않는다. 그런데 시어머님께서는 여전히 가을이면 대추와 밤알을 눈여겨보시는 듯하다.

시어머님께서 가져오신 반들반들 빛나는 밤을 보자 서랍 속에 넣어 두었던 지난해의 밤톨이 생각났다. 꺼내보니 오래 사용한 양은 냄비처럼 심하게 폭삭 쭈그러져 있었다. 고단한 삶을 짊어지고 근근이 살아낸 노인의 등처럼 둥글게 휘어져 애처로워 보였다.

'지난 가을에 팔팔했을 하얀 속살들은 지금 어떻게 되었을까?'

궁금했다. 싱그러운 햇밤들이 우르르 쏟아져 나온 시점에서 낙엽처럼 퇴색된 밤톨이 청승맞아 보였다. 손끝으로 느껴지는 감촉도 거칠었다. 껍질을 깨뜨려 보았다.

'신의 섭리를 거스르니 피 마르는 고통 속에서 나를 잃고 말았습니다.'

'어머나, 이렇게 처참하게 정기를 잃게 되다니! 온통 주름살이야!'

지난날의 아름다운 모습은 깡그리 사라져서 예측조차 할 수 없을 지경이었다. 찌그러질 수 있는 최대의 힘으로 꽉 오그라진 밤톨의 주름은 기품 있는 주름이 아니었다. 아집으로 닫아놓은 고통의 흔적 같은 몰골이었다.

'혼자서 자신만의 방식대로 수양을 쌓으려 한다면 오히려 더 지독한 독선이나 오만에 빠질 수 있을 거야.'

혼자서 잘해보겠다고 아득바득해 했던 내 몸과 마음이 바로 썩지 않고 오그라진 밤톨처럼 추한 모습인건 아닐까 덜컥 겁이 났다. 볼품없는 식견으로 완벽하게 살아가고자 발버둥치는 허세는 정말 보기 흉한 것이니까.

'그래, 나의 부족함은 단점이 아니야. 내 삶은 누군가의 도움을 필요로 하는 하나의 미완성 조각일 뿐이야.'

나의 부족함을 두려워하지 말아야하겠다. 내 좁고 미욱한 생각의 틀에서 속히 벗어나야 겠다. 말라비틀어진 밤톨처럼 마음이 일그러지지 않도록 애쓸 일이다. 미완성 조각인 내 삶을 누군가가 유쾌하게 도와줄 수 있도록 한없이 겸손하게 손 내밀 줄 알아야 하리라. 우매한 내 뜻대로 버티다 방황하지 말고 하늘의 뜻을 조심스럽게 깨우치고자 기도하고 참회해야겠다.

모과

　식탁에서나 차안에서나 모과향이 산뜻했다. 깊이 들이마시면 나의 폐가 더 깨끗해질 것 같았다. 향기를 맡고 또 맡아 보았다. 맡을수록 상큼한 향이 기분을 좋게 했다. 며칠 동안 산뜻한 모과 향기에 취해 살았다. 꽃무더기처럼 아름답게, 나비 떼처럼 경쾌하게, 별무리처럼 은은하게, 바이올린 선율처럼 고상하게, 그대처럼 다정하게…. 썩어서 버리기 직전까지 모과는 내게 멋진 생각 한 토막씩 안겨 주었다.

　예전에 미술학원 광고지나 팸플릿 따위에서 모과 그림을 보았을 때, '매끈하니 예쁜 과일도 많은데 하필 울퉁불퉁한 모과를 그릴까?' 도저히 이해가 가지 않아 혼자서 의아해 하곤 했었다. 모과는 날것 그대로 손쉽게 편히 먹을 수 있는 과일이 아니다. 그렇다보니 내 손으로 직접 구입하거나 다루어 본 적이 없었다. 그래서 그럴까? 모과에 친근한 느낌이 들지 않았다. 이름 정도만 겨우 알아왔을 따름이었다.

　발길이 뜸했던 타지역에 있는 주말농터에 남편이 모과나무를 심었던가 보다. 가을 햇살이 맑은 어느 날 울퉁불퉁한 모과 다섯 알을 수확해 왔다. 농약을 사용하지 않아서 그런지 모과 여기저기 검은 흠집이 있었다. 그러나 싱그러운 모과는 무척 근사한 향기를 내뿜었다. 나는 모과에 욕심을 내기 시작했다. 벌레 먹었거나 흠집 많다고 그냥 내버리지 않고 차안에 둘, 식탁에 세 개를 장식처럼 놓아두었다. 모과는 두고 볼수록 점점 나를 매료시켰다.

우선 모과의 향기가 드높았다. 사람들에게 아름다운 삶의 가치를 인도하는 맑은 영혼의 향기처럼 자신이 속한 공간에 산뜻한 향기를 안겨주었다. 나무가 우거진 숲속 공기처럼 청량감을 안겨주었다. 모과 곁에서 숨을 쉬면 달빛 고운 산장에서 고아한 눈빛으로 별을 헤는 어느 선량한 인상이 눈앞에 그려졌다. 모과 향기는 아무리 맡아도 질리지 않는 우아한 향기였다. 특히 모과가 썩어갈 때까지도 향긋해서 깜짝 놀랐다. 겉모습만 보고 어떨 것이다 판단하는 것이 얼마나 부질없는 짓인가를 생각하게 하는 놀랍고 신비한 모과였다. 그런 아름다운 모과 향기를 그림 속에 표현하느라 화가들이 모과를 그렸던가 보다. 번뇌 많은 화가가 모과 향기를 가슴에 품고 그림을 그린다면 영혼이 맑은 화가로 거듭 날 수 있지 않을까?

모과는 고급스런 윤기로 자신을 가꾸고 있음을 알았다. 내 손바닥은 마주대고 비빌 때마다 마른 낙엽이 서걱대는 소리가 난다. 그런 손바닥으로 잠시 모과를 감싸 쥐고 만지작거렸다. 그랬더니 내 손바닥에 살짝 기름기가 묻었다. 모과 기름기를 손가락으로 문질러 보았다. 그랬더니 피부에서 깔끔하게 퍼졌다. 최고급 로션을 바른 듯 산뜻했다. 기름종이로 닦아도 잘 사라지지 않는 돼지기름의 끈적거림과는 차원이 달랐다. 결코 거드름 떠는 발길의 구두 광택처럼 빤들거리지 않았고 경박하지도 않았다. 무척 차분하고 온유하고 세련된 느낌이었다. 그러니 화가들은 모과의 고상한 윤기를 그림 속에 표현하고 싶었으리라. 품격 높은 모과의 윤택을 표현하는 화가의 마음도 더욱 고결해지리라!

모과의 빛깔은 참으로 고상했다. 금방 따 온 싱싱한 모과일지라도 적절히 고풍스런 분위기를 풍겼다. 농익기까지 극복해 낸 험한 여정을 고스란히 간직했다는 듯 여기저기 거뭇거뭇 잡티가 나 있었다. 잡티가 있다고 해서 결코 지저분한 것이 아니었다. 오히려 의연하게 견디어낸 참된 빛깔로 여겨졌다. 모과 껍질에는 갓 돋아난 새싹에서 느낄 수 있는 연둣빛이 살짝 감돌았다. 그래서 더욱 맑고 산뜻하게 다가왔다. 모과의 겉껍질 빛깔은 어두울 때 가장 환히 돋보이는 노란빛이었다. 경쾌한 느낌을 주었다. 그러면서도 고풍스레 보이는 까닭은 삭풍에 떨고 있는 갈잎 빛깔 또한 미약하게 감돌고 있기 때문인 듯했다. 모과 빛깔은 참으로 고상했다. 그림을 그리는 사람들이 통찰하기에 더할 나위 없이 아름다운 소재였던 셈이었구나! 감탄을 거듭했다.

모과를 눈여겨본 화가들은 심오한 울림으로서의 향기와 윤기 그리고 빛깔을 다투어 캔버스에 형상화시키고자 애씀은 당연하다는 생각이 들었다. 모과를 그리는 동안 화가 자신은 세상에 단 하나밖에 없는 아름다운 가을을 만끽하는 셈이리라. 위대한 자연을 예찬하기 위해 뼈를 깎는 고뇌를 감내하는 화가의 방에는 가을마다 모과 향기가 가득하지 않을까 싶다. 삭아갈 때조차 산뜻한 향기를 품어내는 고결한 열매를 붓끝으로 다듬어 가는 즐거움을 한껏 누리면서 모과를 칭송하리라.

'사실 치기 어린 감상에 젖어들기 십상인 내가 품격 높은 모과를 얼마나 더 이해할 수 있을까? 과연 모과를 본보기로 삼아도 되는 걸까?'

감히 나는 모과처럼 산뜻한 향기를 지닌 나의 삶이기를 간구한다. 하지만 모과의 향기를 간절히 원하기에는 내 인품이 너무나 부족하여 언짢기 그지없다. 소심한 나는 대범하게 결정하기 힘들어 하고 작은 잘못도 크게 걱정하여 주변을 불안하게 한다. 담대하게 포용하는 호연지기를 지녔다면 얼마나 좋을까? 웬만한 일에는 얼굴을 찡그리지 않고 호탕하게 공감할 수 있으면 참 좋겠다. 너그럽게 조용히 인내하며 기다릴 줄 아는 사람이었으면 좋겠다. 바위너설 길에서도 따뜻한 미소를 지을 수 있다면 얼마나 좋으랴! 그러면 모든 슬픈 탄식마저 고귀한 깨달음으로 승화시킬 수 있으리라.

모과처럼 고상하게 윤기 있는 삶을 갈망한다. 하지만 모과의 윤기를 동경할 만큼 나는 세련되지 못했다. 불길한 예감에는 미리부터 몸을 사리느라 호들갑 떨기 일쑤다. 예기치 못한 상황이 갑자기 몰아닥치면 균형감각을 잃고 우왕좌왕한다. 생동감 넘치거나 톡톡 튀는 생각으로 변화무쌍한 현실에 빠르게 대응하는 능력이 결여되었다고나 할까? 더구나 육신은 땅을 향해 서서히 내려앉는다. 낡아가고 둔하며 더디다. 주름진 몸에서는 먼지도 쉽게 떨려나지 않으며 손발은 뻣뻣해졌다. 아름다운 열매 맺기에 대한 의지를 끝까지 저버리지 않으면 덜 추하게 늙어 가려나? 먼지처럼 사라질 생을 담담하게 풀어놓고 내 흔적 하나만이라도 흉한 것이 아니길 기도하리라.

나도 모과처럼 격조 높은 빛깔을 간구한다. 하지만 모과의 빛깔을 이해할 수 있을 만큼 내 마음속 빛은 넉넉하지 않다. 험난했던 사연이 얽혔다 해도 따스한 인정을 베풀면 내 삶은 모과 빛깔처럼 고상해질 수 있을까? 애석하게도 스치는 것에 정나미의 여부를 시시콜콜 가늠하는 나의 습성은 여전하다. 지극히 개인적인 식견으로 좋으니 나쁘니 함부로 말하는 버릇도 아직 없애지 못했다. 이런 내가 모과의 고귀한 빛깔을 흠모하는 것은 언어도단이지 않을까?

안타깝기 그지없다.

  가을마다 햇살을 조율하는 수많은 것들 중에서 모과를 조금이나마 이해하게 되었다고 생각해도 되려나 모르겠다. 물론 아직 모과의 모양과 맛과 효능 등등에 대해서는 깊이 생각해보지 못했다. 차츰 하나씩 진지하게 파고들면서 가을마다 마음의 향기를 가늠하는 의식을 가질 수 있지 않을까 기대한다. 더없이 아름다운 모과를 내 삶의 그림 속에 녹여내도록 애쓴다면 모과만큼 향기롭고 윤기 나며 빛깔 고운 삶 한 자락을 펼칠 수 있으리라 믿어본다.

뒷산의 어둠

산길에 깜박였던 가로등이 차례로 꺼지면 뒷산의 어둠은 점점 깊어진다. 뒷산 위 하늘은 거리의 휘황찬란한 네온사인 때문에 별이 보이지 않는다. 그러나 산속은 깜깜하다. 산이 곧 어둠이다. 뒷산의 어둠은 가로등도 없었던 1960년대 내가 살던 시골 마을의 어둠만큼 짙다.

"개암나무 열매가 겨우 이거 달렸네. 다람쥐가 따 먹고 나면 내 차례는 없겠어."

"칡넝쿨은 왜 이렇게 그악하고 이기적이지? 저 나무가 숨 쉴 수 있겠나."

"소나무를 좀 더 신경 써서 관리했으면 좋겠어. 소나무가 자꾸 병이 드는 것 같네."

"아카시아 나무 저 나무는 목재로도 쓸 수 없다고 하더라고."

숲에서 이러쿵저러쿵 떠들던 말들도 모두 사람들의 잠속으로 사라진 숲은 무척 평안해 보였다. 어둠은 숲에 드리워진 한낮의 수선함을 하나하나 끌어안고 곱게 다듬어내는 중이리라.

어둠은 뒷산을 부드럽게 품는다. 뒷산은 기꺼이 어둠에게 온몸을 내맡긴다. 산은 어둠을 필요로 하는 수많은 생명을 거느였다. 그래서 밤마다 어둠을 숙명적으로 받아들이는지도 모른다. 자신에게 기댄 생명을 위해 무시무시한 어둠 덩어리로 전락하는 산이 참으로 갸륵하다. 아니 산의 깊이를 더해주는 어둠 역시 거룩하게 여기지 않을 수 없다. 어둠을 품을 때 산은 더욱 웅장한 위용으로 존재하기에 밤마다 어둠이 뒷산에서 만큼은 신비하게 다가온다.

'어둠에 휩싸인 숲은 해와 달만큼이나 거대해 보여. 숲은 아름다운 영혼을 밤새 키워낼 거야.'

가끔 칠흑 같은 어둠인 뒷산을 응시하며 내가 닿을 수 없는 경지의 세상을 상상하곤 한다. 뒷산은 어쩌면 밤마다 하늘을 향한 그리움을 더 크게 키우는지도 모른다. 뒷산은 별을 깊이 간직한 밤하늘의 속내를 애틋해 하리라. 뒷산의 어둠을 거쳐 밤하늘을 올려다보노라면 공허하지 않은 하늘로 다가와 마음이 편해진다.

바람이 더욱 싸늘해진 어느 날 밤이었다. 잠결에 느껴지는 찬 기운 때문에 자다가 일어났다. 베란다로 향한 유리문이 열렸나 확인하기 위해 거실로 나갔다. 담배 연기와 냄새로 탁해진 공기가 와락 밀려왔다. 남편이 베란다에서 담배를 태우고 거실 유리문도 그대로 열어놓은 것을 보자 부아가 치밀어 올랐다.

"또 베란다에서 담배 피웠군요. 베란다나 화장실에서 금연하라는 방송을 매일 듣는데 죄의식이 안 느껴져요? 참 뻔뻔하고 이기적이네요. 유리문 좀 잘 닫아줘요. 식구들 감기 걸린단 말예요."

"상관 마."

언제까지 담배로 인한 감정싸움을 되풀이할 것인지 속상하기 한이 없어 나는 다시 잠들지 못하고 씩씩거렸다. 해결점을 찾을 수 없는 현실의 문제로 인해 나는 뒷산의 어둠보다 더 큰 어둠속으로 빠져드는 기분이 들었다.

'남편이란 존재는 내게 있어 참 난해하기만 하구나.'

유리문 앞에 서서 멀거니 밖을 내다보았다. 어둠이 산을 까맣게 삼켰다. 산은 어둠이 되어 나를 차분하게 바라보았다. 내 가슴속 분노를 알고 있다는 듯 측은한 표정으로 그윽하게 나를 응시했다. 거대한 몸집에 상냥한 눈을 가진 선한 거인이 나를 가만히 들여다보는 듯했다. 내가 이미 마음의 어둠으로 빠져버려서인지 뒷산의 우람한 어둠이 편안하게 다가왔다. 나와 뒷산은 각기 다른 이미지의 어둠일망정 똑같이 검다는 이유로 서로 한통속이란 생각이 들었다. 덜 외로웠다.

참으로 어둠을 품은 산은 묘한 매력을 지녔다. 낮에 들었던 새소리도 들리지 않고 나뭇가지 하나 내게 손짓하는 모습이 보이지 않지만 유심히 바라보는 내게 아늑함과 평안함을 안겨주었다. 나는 큰 나무 기둥에 기대고 서서 맑은 바람결 따라 편안하게 숨을 내쉰다는 상상을 했다. 묵묵히 두 손 벌린 뒷산에게 내 마음이 포근히 안겨지는 기분이 들었다. 바다처럼 넓은 아량을 지닌 어둠이요 산이라는 생각을 해서일까? 내가 웃어주든 화를 내든 상관하지 않고 있는 그대로의 나를 부드럽게 품어줄 것 같은 어둠 속 뒷산이 웅장한 품속처럼 여겨져 흐뭇했다.

뒷산의 어둠이 유리문에 떡 버티고 있어도 전혀 위협적이지 않았다. 뒷산이 험준하게 높지 않기 때문이다. 그리고 산 속속들이 내 눈에 익숙해져 있기 때문이기도 하다. 어디쯤 정열적인 빨간 열매가 있는지, 어디쯤에 쥐똥 같은 열매를 맺은 나무가 있는지, 어디쯤에서 너럭바위가 기다리는지 나는 훤히 알고 있다. 그러니 내가 어둠을 응시하는 것은 바로 산과 친밀하게 교감하는 것과 마찬가지이리라.

'괜찮아요. 언제든지 날 바라보고 모든 걸 털어 놓으세요.'

뒷산은 시름 많은 나를 언제든지 기꺼이 위로해 주리라. 뒷산의 어둠은 내 감정 덩어리에서 분노, 슬픔, 증오, 나태, 욕망, 교만 등 버려야 하는 감정만을 골라 밤새 곱게 다듬어 주리라 믿는다. 동녘이 밝아오면 뒷산은 기쁨, 사랑, 용기, 희망, 격려, 자비 등을 앞세워 나에게 푸르게 다가와 산뜻하게 격려해 주리라 생각하며 바라보니 뒷산의 어둠이 더욱 거룩하게 다가왔다. 날마다 뒷산은 밤새 어둠을 빌어 잠자는 나를 조용히 토닥거려 주었음에 틀림없다. 풀지 못한 앙금 따위에도 나는 깊은 잠을 잘 수 있었으니까.

'숲이 주는 어둠은 외경하는 마음을 품게 하는 것 같아.'

어둠은 야트막한 뒷산에 담겼을 때 더욱 숭고해 보이고 훨씬 푸근하게 다가온다. 거만하게 높은 산의 험악한 바위에 담긴 어둠은 생각만 해도 몸이 오싹해지는 듯하다. 버드나무 한 그루에 휘감겨 휘청거리는 어둠은 얼마나 괴기한가! 넓은 호수에 담긴 어둠은 얼마나 허전한가! 내 신발 속에 들어있는 어둠은 얼마나 얕은가! 둥그런 능선을 지닌 뒷산에 스며들었을 때 어둠은 비로소 부모님의 굽은 등처럼 따뜻하게 다가오고 다정해 보인다. 고달픔과 서러움에 지친 나 같은 사람이 특히 둥근 능선을 이룬 숲의 어둠에 반하는 것인지도 모르겠다.

'그래요, 당신의 고달픈 마음을 나의 품에 기댄다면 나는 더욱 자랑스러운 어둠이 될 거예요.'

뒷산의 어둠은 소심한 나에게 별을 숨긴 하늘을 대신해서 아름다운 세상을 꿈꾸게 하는 것이리라.

밤이 깊을수록 나무는 어둠 속에서 고아한 성장을 꿈꾸리라. 나는 한밤의 참회자로서 고매한 성숙을 꿈꾸고자 뒷산의 어둠 앞에서 한참 서성거렸다. 뒷산의 어둠은 측량할 길 없는 조물주의 위대한 손바닥이리라. 산과 나를 올려놓고 빈궁한 영혼을 밤새 뒤적이게 한다.

다시 적요함

어릴 때부터 나는 조잘대는 것을 좋아하지 않았었는지 그건 잘 모르겠다. 어쨌든 말을 많이 하지는 않았던 것 같다. 아들을 바라는 중에 내가 세 번째 딸로 태어나 관심 밖으로 밀려났다고 한다. 관심을 받지 않으면 무엇에 관심을 쏟는 것도 잘 터득하지 못하나 보다. 난 언니들을 따라 다니려고 몽니부리지도 않았던 것 같다. 유년의 기억 중 가장 생생한 것은 '적요함'이다.

어린 시절에도 내가 먼저 친구 집에 찾아다니지 않았던 것 같다. 대부분 햇볕 드는 담벼락에 기대서서 친구들이 나오기를 기다렸던 것 같다. 그런데 일곱 살 봄날에는 아무리 기다려도 그 누구도 나오지 않았다. 갑자기 내 주위가 고적해졌다는 걸 느꼈다. 집집 마당에도, 골목길에도, 큰길에도 어울렸던 친구들의 그림자가 하나도 보이지 않았다. 종일 햇볕 좋은 담벼락에 기대어 기다려도, 길목에서 서성거려도 또래들이 전혀 보이지 않았다.

'이상하네? 왜 안 나오지?'

길모퉁이로 돌아나가 하염없이 기다려도 친구들은 나오지 않았다. 길바닥에 가득 쏟아지는 환한 햇살만이 처연히 나를 비춘다는 걸 알아차렸다. 와락 쓸쓸해졌다. 아무도 없는 나라에 갑자기 나 혼자 뚝 떨어진 것 같았다. 이상한 기분이 밀려왔다.

"내 친구들 다 어디 갔어?"
엄마께 여쭈었다.
"학교에 갔지."
"근데 왜 난 안가?"
"동생 좀 봐 주고 다음에 가렴."

본능적으로 어른 말씀을 귀담아 들었던 것 같다. 친구도, 학교도 내게는 떼쓸 만큼 간절하지 않았다. 동생을 보살피는 것과 학교에 가는 것의 차이를 알아챌 만큼 난 영악하지 못해서 그랬을 것이다. 그냥 그런가 보다 멋모르고 어른 말씀에 수긍했으리라.

부모님께서 일하러 나가면 두 돌 맞은 막내 밥그릇을 들고 동생이 가자는 대로 따라 다녔다. 아장아장 걷는 동생의 발뒤꿈치를 묵묵히 쫓았다. 적적한 마당과 골목길을 온종일 누볐다. 내가 선천적으로 조용한 아이라기보다는 조잘조잘 말이 통하지 않는 너무 어린 동생을 돌보느라 재잘재잘 말하는 즐거움이 그때 이미 차단되었지 않았나 싶다. 문득문득 밀려오는 고즈넉함에 나는 곧잘 멍하니 동생의 흙장난을 바라보았던 것 같다. 그 때의 고적함을 회상하면 지금도 적요함이 나의 몸 어느 구석에서인가 연기처럼 솔솔 솟아나오곤 한다. 그러면 조금 슬프고 쓸쓸한 기분이 든다.

적요함에 내 영혼의 대부분이 잠식당한 게 틀림없다. 지금껏 어디서건 떠들썩한 분위기보다 내 숨소리마저 들릴 듯 고요함에 맘이 평안해진다. 복잡하고 부산한 사회 망에서 나는 대차게 내 목소리를 내는 것에 어설프다. 내 소리를 내려고 애쓰는 편도 아니지만 시류에 초연하려는 용기도 능력도 갖추지 못하여 대체적으로 안절부절 못하는 편이다.

때로는 단호하게 물결을 거슬러 가 보아야 하지 않을까 하는 조바심도 없진 않았다. 하지만 내 부대낌의 이득을 그악하게 헤아림이 어설프고 대찬 실천력도 없어 결국은 머뭇거리다 말 뿐이다. 그러다보니 무엇이든 한 발짝 늦게 출발하는 버릇이 생겨 버렸다. 설마 초등학교 입학 출발선이 남보다 한 발짝 늦어 생긴 의기소침은 아니겠지?

이제 내 자식들이 다 성인이 되어 나의 일손도 마음도 한가해졌다. 비로소 다시 유년의 모습으로 돌아가도 좋다는 신호가 들려오는 것 같다. 뒷산에서 들려오는 사랑스런 산새의 부추김인가? 고즈넉한 숲의 정경에 빠져들며 맘껏 고적한 시간을 누린다. 서서히 변화해 가는 고운 숲을 호젓하게 바라보며 상념에 젖는 일이 잦다. 유년의 적요함이 늘그막의 여유로 바뀔 수 있으려나?

'고요한 한낮이 참 좋군. 저 산 위 하얀 구름처럼 은은하고 부드러운 나의 하루가 참 평화롭고 아름다워.'

이젠 조용하거나 삭막하거나 텅 빈 공간에 맞닥뜨려도 일곱 살 때처럼 당황해하거나 쓸쓸해하지 않는다. 적요함을 오래된 나의 애장품처럼 편안하게 받아들인다. 오히려 적요함은 내 사색의 모체라고 해도 과언이 아니다. 만일 내가 경황없는 중에도 조금이나마 담담하게 생각할 여력이 있다면 순전히 어릴 때부터 다져온 적요함 때문이리라. 심지어는 내 존재의 기쁨을 찾게 하는 원동력으로 나는 적요함을 꼽는다.

노년에 이르러서 자신의 삶을 뜻 깊고 유쾌하게 만들 수 있는 기초적인 역량은 어릴 때부터 즐겼던 것이 바탕이 된다고 본다. 내게 있어서는 적요함이 바로 그것이라고 본다. 적요함이 지극히 자연스러운 나는 여럿이 어울리지 못한 시간이 길어져도 외롭지 않다. 오히려 혼자일 때 안락한 마음으로 내가 하고 싶은 것을 할 수 있다는 기쁨에 젖어든다. 적요함으로 빚어내는 환희 앞에서는 통속적인 행복의 조건마저 공염불로 묵살하고 마는 치기마저 부린다. 내 삶의 의미를 더듬어 가는 원동력으로 나는 적요함을 꽉 붙잡은 셈이다. 적막한 마당을 맴돌던 어린 시절의 발길이 고아한 글 마당을 맴도는 눈길로 거듭나고자 적요함에 기꺼이 빠져들기를 서슴지 않는다.

아침, 점심, 저녁, 그리고… 모든 시간은 내 삶의
바퀴살이다. 부러지지 않도록!

송기중 사진

이여닐 수필집

5부
머뭇머뭇 다가오는 애틋함

환한 내일을 위해 오늘은
영육의 어떤 관문을 뚫어갔을까?

송기중 사진

노년의 뒤란에 두고 싶은 나무

나무에 관심이 많은 동료가 초록빛 잎이 너울대는 나뭇가지를 주워와 내게 내밀었다.
"꽃도 없는 나뭇가지네. 뭐하라고?"
"코끝에 대 봐."
의아해하며 코끝에 이파리를 가져다댔다. 순간 깜짝 놀라고 말았다.
"와! 숲속의 향기가 이런 이파리에서 나오는 건가?"
"일조하는 셈이지. 이게 떡갈나무야."
떡갈나무 잎의 산뜻한 향기가 숲의 맑은 바람과 더불어 폐부 깊숙이 스며드는 듯했다.
'얽히고설킨 인연의 향기가 이렇게 맑다면 참 거룩한 삶일 거야.'
감정의 여울이 미묘하게 넘실대는 인간관계에서는 쉽게 접할 수 없는 청초한 향기라는 생각이 들었다. 매혹적인 그 향기에 떡갈나무 이파리를 집에까지 들고 왔다.
'지성과 감성 그리고 품격 높은 인성을 겸비한 사람의 내면에서는 이런 향기가 나겠구나!'
떡갈나무 잎의 고결한 향기에 푹 빠진 나는 떡갈나무 가지를 화병에 꽂았다. 곧 잎이 시들어버리자 향기도 사라졌다.

나는 본래 꾸며서 내는 향기에 관심이 없었다. 그렇다보니 향수에 대해서도 아는 게 없었다. 그런데 떡갈나무 향기를 알고 나니 향기로 좌우되는 느낌에 대해 어렴풋하게나마 이해하겠다는 생각이 들었다. 고상한 분위기를 지니고 싶을 때 떡갈나무 잎의 향에 가까운 향수를 뿌리면 좋을 것 같다는 생각마저 지니게 되었다.

그 후 녹음이 짙어갈 무렵엔 으레 떡갈나무 향기를 떠올리는 버릇이 생겼다. 창가에 서도 숲이 보이면 떡갈나무 잎 향기 먼저 이끌어 내곤 한다. 그러나 정작 녹음이 우거진 숲속에 들어서면 나무들의 잎이 비슷비슷해서 어떤 나무가 떡갈나무인지 정확하게 구분해내기 쉽지는 않다. 그러니 그 향기를 좋아한다고 떠벌리기엔 사실 체면이 서지 않는다.

그러나 겨울철에는 떡갈나무를 쉽게 알아챌 수 있다. 갈색으로 퇴색한 잎이 추위 속에서도 전부 다 떨어지지 않고 남아있기 때문이다. 안타깝게도 고고한 향기가 드높았던 여름날의 당당한 기세는 전혀 없다. 바싹 우그러진 초췌한 모습으로 매달려 있다. 마른 떡갈나무 잎을 손바닥으로 비비면 쉽게 부서진다. 그토록 매력적이던 향기는 온데간데없다. 마른 나무 냄새만 살짝 비추이고 만다. 떡갈나무는 원래 더운 지역의 나무라 떨켜를 만들지 않는다고 한다. 그래서 가을에 잎이 갈색으로 변하여 바싹 마른다 해도 다 떨어지지 않고 봄에 새 잎이 돋아나기 직전까지 바람결에 조금씩 서서히 떨어진다고 한다.

추위가 좀 누그러진 어느 겨울날이었다. 야트막한 뒷산으로 남편과 함께 산책을 나갔다. 역시 떡갈나무에는 아직 떨어지지 않은 마른 잎이 풍성했다. 잠시 의자에 앉아 바람에 사각대는 떡갈나무 잎을 바라보았다. 어느 벌레가 살다가 버리고 간 쓸데없는 껍데기인 양 쭈글쭈글해진 이파리가 처연하게 매달려 있었다.
'나를 보고 무슨 생각을 하나요?'
'버거운 모든 일, 바동대며 그냥 끌어안고 살아가는 나 자신과 너는 무척 닮지 않았나 싶어. 메말랐음에도 불구하고 떨어지지 못한 채 강풍이 밀어낼 때까지 쓸쓸하게 견뎌야 하는 너, 우리 똑같이 처량한 것 같지 않아?'
'나는 강풍이 밀어내길 기다리는 허접하고 가여운 잎이 아니랍니다. 삭막하고 고적하기 그지없는 겨울 숲에 아늑하고 정겨운 가락을 보태는 중입니다. 대롱대롱 매달려 소곤거리는 이야기꽃주머니랍니다.'
'이야기꽃주머니라! 가만히 생각해 보니 정말 낯익은 속삭임이야. 몇 년 전 온달산성에 오르는 길이었어. 바람이 불 때마다 빗소리처럼 사방에서 펼쳐지는 정겨운 이야기꽃에 놀라워했었지. 바로 떡갈나무 마른 잎이 속삭이는 소리였음을 이제야 알겠네. 덕분에 마음이 따뜻하고 흐뭇했던 겨울 산행이었다고 늘 생각하지. 너는 산길을 걷는 이들에게 유쾌한 기분을 안겨주는 참 아름다운 마른 잎이구나!'
'메마른 잎의 몸부림을 이해하려는 당신은 덧없이 떠밀리는 부초가 아닐 겁니다. 누군가에게 다정한 마음이 되기 위해 그토록 버거운 것일지도 모릅니다.'
물기가 없다고 해서 삭막한 것과 동일시하는 내 못된 습성을 떡갈나무 마른 잎이 곱게 순화시켜 준다는 생각이 들었다. 서걱대는 마른 잎이 오히려 아름답게 다가왔다. 묵묵히 바라보았다.
바람 한 줄기 불어오면 떡갈나무 마른 잎은 더욱 풍성한 소리를 냈다. 소리가 커졌다고 해서 더 자극적이거나 날카롭게 들리지 않왔다. 더 높아진 소리도 아니었다. 차분하고 담백한 느낌의 소리가 단지 풍부해졌을 따름이었다. 어떤 상황에서든 자신이 지닌 소리의 색깔을 일정하게 유지하는 갈잎이 참으로 매력적이었다. 흔들릴수록 변하거나 무너지는 것이 아니라 오히려 호소력이 짙어짐은 바로 욕심 없는 가벼운 갈잎이기에 가능한 것이리라.

작은 부대낌에도 격한 감정의 요동을 자아내기 십상인 내게 갈잎의 소리는 대자연의 위대한 메시지로 다가왔다. 갈잎의 흔들림은 횡설수설 떠드는 소리가 아니라서 내 마음까지 차분해졌다. 너무 무거운 소리가 아니라서 내 마음까지 온화해졌다. 앙칼진 소리가 아니라서 오랫동안 듣기에 편했다. 분개에 찬 소리가 아니라서 부담 없이 마냥 귀 기울일 수 있어 좋았다.

'그래, 갈잎은 힘주어 다른 것을 긁거나 의지하지 않아. 단지 혼자서 바람의 장단에 맞추어 춤추었을 따름이야. 순수한 의지는 자연스런 융화로 거듭나게 돕는 고결한 힘인 거야. 자신을 그 누구에게도 거슬리는 존재로 놓이지 않게 하는 신의 은총이야. 잔꾀나 술수로 수선 떨며 드러내는 저급한 욕망은 모두에게 껄끄러운 가시가 될 따름이지. 아무리 엄청난 상황이어도 아무리 막중한 순간이어도 이해관계를 떠나 차분히 헤아려야겠어. 함부로 힘주어 핏대를 올려서는 안 돼.'

조금 후 좀 더 센 바람이 불어왔다. 마른 잎들이 더 많이 흔들렸다. 여기저기서 서로 왕왕 부딪히고 세게 흔들렸다. 하지만 혼란스런 흔들림이란 느낌은 전혀 없었다. 오히려 차분한 분위기를 자아냈다. 왜냐면 가을비 떨어지는 소리 같았기 때문이다. 대지를 촉촉하게 적셔주는 빗방울 소리처럼 가랑잎 흔들리는 소리는 무미건조한 내 가슴을 아련한 그리움으로 젖어들게 했다. 나는 곧 아늑한 기분에 휩싸였다. 그러자 마른 잎 흔들리는 소리가 어린 시절의 부엌 아궁이에서 듣던 나뭇가지에 불붙는 소리로 여겨졌다. 내 앞자락이 따스해지는 기분이 들었다. 한편으로는 여름날 떡갈나무 잎 향기가 생각나서인지 지성적인 분위기를 이끄는 선율 같다는 느낌이 들기도 했다. 한겨울밤 책장 넘기는 품격 높은 눈동자를 떠오르게 하여 흐뭇했다.

가랑잎 소리에 몰입하던 중 갑자기 한 생각이 뇌리를 스쳤다. 남편에게 받아놓고 싶은 다짐 하나가 떠오른 것이다.

"노년에 산골짜기 고향 마을에 가서 살게 되면 뒤란에 떡갈나무 한 그루 꼭 심어 줘야 해요."

"그려, 뒷산에서 하늘을 찌를 듯 제일 큰 놈으로 캐다가 심어 줄 겨."

은퇴 후 고향에서 살겠다고 벼르는 남편이 장난기 섞인 말투로 응수했다.

"겨울의 삭막한 바람소리를 그 떡갈나무가 정겨운 소리로 바꿔 줄 거예요."

"너무 황량하고 큰 소리일 걸?"

"귀가 어두운 할머니가 되어 문풍지 떠는 소리로 착각하지 않을까요? 어쨌든 뒤란에 떡갈나무가 있다는 것만으로도 외롭지 않을 것 같네요."

지녀온 모든 것을 더 많이 비워내는 몸짓에 충실히 길들여야 하는 노년에 맞닥뜨릴 떡갈나무 잎의 향내와 마른 잎의 서걱거림은 어떤 느낌일까? 초췌한 주름살 사이로 번져갈 흐릿한 미소를 떠올려보았다. 여름날 드높은 떡갈나무의 향내만큼 산뜻한 미소일 수 있다면 참 좋겠다. 마른 잎의 흔들림처럼 세속에 초연한 속삭임을 이끌어낼 듯 차분한 미소를 지을 수 있다면 정말 좋겠다. 아직도 이런저런 욕심을 버리지 못한 걸 보면 맑고 순수한 노안이 과연 가능할는지 영 짐작할 수가 없다.

하얀 산을 검은 머리로 걷다

잿빛 구름이 하늘에 너럭바위처럼 드리워져 있었다. 하지만 가만히 걷고 싶다는 생각에 뒷산으로 나섰다. 조금 후 예상대로 큼지막한 눈이 펑펑 쏟아지기 시작했다. 상수리만한 눈송이가 여기저기서 나를 향해 모여드는 듯 내 눈앞에서 흩날렸다. 나의 마음 깊은 곳을 다 같이 함께 두드릴 기세로 다가온다는 기분이 들었다. 하얀 눈송이가 마음속 작은 티끌까지 말끔히 털어내 주려나 살며시 기대가 되었다. 조용조용 걷다보면 새하얀 마음이 되리라 흐뭇해했다.

눈 내리는 산길에 바람이 불지 않아 푸근했다. 나무들도, 운동기구들도, 긴 의자도 편안해 보였다. 나도 덩달아 아늑한 느낌에 젖어 홀로 걸어도 외롭지 않았다. 하얀 눈은 차가운 것이라기보다는 부드러운 것일 뿐이라고 고집하며 기꺼이 눈 내리는 산길을 맘껏 즐기기로 했다. 눈썹에 흰 눈이 앉아도 개의치 않았다. 금방금방 하얗게 변해가는 산이 마냥 신기하기만 했다. 나무마다 순식간에 하얀 눈꽃이 피어났다. 점점 신비해져 가는 산이 가슴 설레게 했다.

그리운 임을 위해 기도하듯 고요히 머리 숙인 마른 풀줄기에도 눈이 쌓여갔다. 바싹 야윈 가느다란 풀줄기에 더 많은 눈이 쌓이자 가냘픈 풀줄기는 허리까지 숙이며 겨울 산을 은근하게 만들었다.

갈색 낙엽들도 하얗게 뒤덮여 흔적 없이 사라지자 점점 슬픈 하얀 전설을 품음직한 겨울 풍경이 되어갔다. 나뭇가지에서 대롱거리는 갈잎에도 눈송이가 쌓여갔다. 잠시 떡갈나무 아래에 멈추어 서서 귀를 기울여 보았다. 사그락사그락 갈잎에 눈송이 내려앉는 소리가 들려왔다. 몹시 부드럽고 고왔다. 감미로운 그 소리에 내 마음속에도 다복다복 눈꽃이 피어날 것 같은 기분이 들었다. 진중한 태도로 하얀 눈을 맞이하리라 조용히 걸었다.

불과 몇 십분 사이에 산 여기저기가 새하얗게 빛났다. 삭아가는 삭정이도, 푸른 소나무도, 키 작은 잡목도 모두 하얀 꽃나무로 다시 태어났다. 그윽한 꽃향기가 사방에서 풍겨 나올 것만 같았다. 기분이 더욱 산뜻해졌다. 내 마음도 눈처럼 희어질 것 같아 흐뭇했다. 아니 내 전신이 하얗게 변할 것 같은 묘한 기분에 휩싸일 지경이었다. 하얀 세상에 대한 미묘한 호기심은 산책을 멈추게 하지 않았다.

내 발밑으로 겹겹이 눈이 쌓여갔다. 내 운동화도 더욱 무겁게 젖어갔다. 수시로 눈을 털어내는 머리칼도 차츰 물기를 머금어갔다. 하지만 그만 되돌아가고 싶지 않았다. 고결한 풍경 속에 나도 하얀 한 점으로 남고 싶었다. 오점 많은 인간으로 과연 떳떳하게 조화를 이룰 수 있을지 의문이지만 잠시나마 하얀 숲의 아름다운 한 존재가 되고 싶었다.

나뭇가지에, 마른 풀줄기에 하얗게 눈이 쌓여가자 산속은 수많은 흰 선이 그어졌다. 하얀 선으로 표현한 겨울 산이 무척 깔끔했다. 정결한 하얀 선으로 꼼꼼하게 채워지자 산속 여기저기에는 하얀 면이 이루어졌다. 하얀 면으로 이루어진 공간에서 경건한 찬양이 들릴 것만 같았다. 하얗게 눈으로 뒤덮인 산 속은 지구상에서 가장 아름다운 공간이리라. 그 공간에서 나는 신선을 떠올리고 아름다운 영혼을 꿈꾸어도 좋으리라.

정상에 올랐다. 정자에 올라 산을 내려다보니 숨 막힐 듯 아름다웠다. 온통 새하얀 산속이 지구상의 한 점 같지가 않았다. 인간이 갈 수 없는 또 다른 신기한 세상이 이렇지 않을까 싶었다. 고적한 정자에서 하염없이 눈 내리는 걸 보고 있자니 하얀 나라에 나 혼자 도착한 세속인이라는 생각이 퍼뜩 들었다. 하얀 나라는 공기가 흐르지 않는 나라일지도 모른다는 생각이 들었다. 숨 막힐까 덜컥 두려움이 밀려왔다.

'지금 신비한 세상을 만든 건 하얗게 눈 쌓인 나뭇가지들인 거야. 하얀 나뭇가지쯤이야 뭐.'

눈꽃 핀 나뭇가지를 호기롭게 바라보았다. 정자에서 내려오면서 눈꽃 핀 나뭇가지 하나를 손가락으로 톡 건드렸다. 하얀 눈이 우르르 쏟아졌다. 아름답고 신비하여 두려워했던 하얀 공간의 한 부분이 와그르르 무너져버렸다. 비로소 낯익은 나뭇가지가 드러났다. 덕분에 나는 산길 따라 걷는 나그네일 따름이라고 안도의 숨을 내쉴 수 있었다.

'아무래도 겨울 산의 하얀 선은 예사롭지 않아. 어떤 심오한 뜻에 밑줄을 그어놓고 읽어보라는 거 아닐까?'

하얀 눈꽃을 바라보며 산을 내려오던 중이었다.

"째재쨱쨱, 부르르릉."

갑자기 머리 위에서 맑은 새소리가 들리더니 곧이어 날아가는 소리가 들렸다. 얼마나 잽싸게 날아가는지 새의 모습도 제대로 볼 수가 없었다. 나무 위에서 내려다본 새의 눈에는 모두 다 하얀 곳에서 인간의 검은 머리칼이 섬뜩했으리라. 내가 작은 새의 평화를 무너뜨린 것 같아 조금 머쓱해졌다.

'아, 맞다. 새가 있었지. 새들도 하얀 세상을 신기해하다가 나를 보고 당혹해 했을까?'

눈꽃 핀 겨울 산을 나 혼자 차지한 양 한껏 멋 부리며 취해 있는 걸 새가 낱낱이 보고 있었겠구나 싶어 쑥스러웠다. 하지만 내가 호젓해 할까봐 새가 은근히 함께 한 것이라 생각하기로 했다. 내 마음이 따스해져 오는 듯했다.

'산새의 맑은 노랫말에 눈의 요정이 하얀 밑줄을 그은 거였군.'

낯선 하얀 세상에 고운 새소리가 없다면 얼마나 삭막할까? 모든 움직임이 정지된 듯 고요한 겨울 산에서는 새소리가 울려 퍼져야 산의 정기가 덩달아 곳곳으로 흘러가리라. 이 가지에서 저 가지로 활달하게 움직이는 산새는 가만히 서 있는 나무들에게 씩씩한 기상을 일깨우리라. 나 역시 온통 하얗고 한적한 산속에서 산새의 어여쁜 격려로 명랑한 기분을 지닐 수 있었다.

덩굴진 잡목 사이에 혹시 작은 새들이 있을까 그 안을 들여다보았다. 어떤 흔적은 없었다. 마른 풀줄기와 잔가지 위에 하얀 눈이 곱게 쌓여 아담한 공간이 이루어져 있었다. 눈의 요정이 아늑하게 덤불 지붕을 지켜줄 것 같았다. 새들이 따뜻하게 잠들 곳이라고 생각하자 들여다보는 내 마음까지 포근해졌다.

마른 덤불 위의 하얀 눈이 정겹게 다가왔다. 눈을 한 움큼 쥐어 보았다. 몹시 차가왔지만 부드러웠다. 하얀 꽃잎을 감싸 쥔 기분이었다. 마른 덤불에서 흰 눈처럼 곱게 필 봄날의 작은 풀꽃들을 떠올렸다. 풀꽃들은 햇살처럼 따스한 미소를 지닐 것이다. 먼 곳의 태양을 보듯 눈이 부신 그런 곱고 환한 꽃들이 피어나리라. 따뜻하고 아름다운 꽃이 필 자리에서 고운 꿈을 꾸는 새들을 생각해 보았다.

'꽃이 피었던 흔적을 지니지 않은 새의 보금자리는 없어.'

겨울에도 새들은 예쁜 꽃을 꿈꿀지도 모른다. 예쁜 꽃의 정령이 겨우내 새들에게 고운 소리를 가르쳐 주는지도 모른다.

"째짹, 짹짹"

예쁜 새소리가 하얀 눈 속으로 푹 파고드는 듯했다.

'봄이 오면 저 맑고 고운 새소리를 수풀의 고운 꽃망울 속에서 그대로 느낄 수 있을 거야. 새하얀 눈꽃과 새소리를 간직한 내 마음 속에도 고운 꽃이 피어나겠지?'

산뜻하고 정다운 꽃잎을 생각하며 예쁜 산새가 앉았을까 나무를 올려다보았다. 하얀 눈송이만 내 눈 위로 날아들었다. 내가 걸어온 산길을 뒤돌아보았다. 심히 흐트러졌을 내 발자국이 흰 눈속으로 벌써 사라졌다. 다행이었다.

'새들이 만용을 뒤집어 쓴 내 검은 머리를 떠올릴까 봐 하얀 눈이 자꾸자꾸 내 발자국을 지우나봐.'

멀리서 들려오는 새소리를 뒤로하고 인간 세상에서 더 멀어져 가려는 듯 하얗게 폭폭 깊어지는 산길을 벗어났다.

먹구름 짙은 바닷가에서

잿빛 하늘은 어느 대가의 수묵화 같았다. 여기저기 몇 단계의 농담으로 번진 잿빛 구름은 대담한 필력으로 휘두른 울창한 숲 그림 같았다. 먹빛으로 그려진 웅장한 구름의 숲이 그대로 바다에 통째로 드리워졌다. 광활한 바다는 그대로 잿빛 그림으로 뒤덮인 하늘이 되었다. 바다와 하늘이 서로 똑같아진 풍광은 어마어마했다. 넓이와 깊이를 결코 가늠할 수 없는 거대한 대자연 앞에서 나는 한없이 작아져가는 것만 같았다.

아득한 수평선까지 온통 잿빛인 바다가 몹시 중대한 비밀기지 같았다. 그 누구도 입을 뻥끗 해서는 안 될 듯 무거운 분위기를 연출했다. 묵언 수행을 떠올리며 묵묵히 바다를 응시했다. 마냥 광대한 바다는 냉철해 보였다. 나의 자존감을 견제하기 위한 무언의 압력은 아닐까? 그런 건 또 아닌 듯했다. 눈여겨보니 물결은 아기를 달래주는 엄마의 속삭임처럼 잔잔하게 살랑거렸다.

구름이 더욱 무거워지고 한줄기 바람이 휘잉 불어왔다. 순간 바다 물결은 화들짝 겁먹고 달아나는 고라니처럼 철썩철썩 이리로 왔다가 저리로 갔다. 정중한 바다 속은 한 발짝도 움직이지 않을 것 같으나 물결은 구름까지 출렁이게 할 듯 힘주어 철썩거렸다. 방파제 멀리서 바다 물결을 바라보고 섰으나 물결의 강렬한 리듬에 내 몸이 물결 속으로 휩쓸릴지도 모르겠다는 두려움이 밀려왔다.

'먹빛 구름을 만난 바다는 더욱 씩씩하네. 음산할수록 펄펄 살아 꿈틀대는 바다는 용맹스럽고 대범해. 함부로 범접할 수 없는 호장한 기세에 나는 오히려 무섭기만 하네.'

내 기운은 아직도 얕은 물줄기와 같으리라. 조금 센 바람에마저 갈팡질팡 정신을 못 차린다. 젊은 시절엔 더욱더 사정없이 휘둘리는 가느다란 물줄기였다. 빈곤은 소심한 사람에게 있어서 훨씬 더 어둡고 두꺼운 벽으로 작용하리라. 사소한 것에서도 선택하는 기쁨을 박탈당하기 십상이어서 빈궁은 알게 모르게 씩씩한 기상을 위축시키는 것 같다.

침울한 벽이 사방으로 둘러쳐진 기분으로 올려다보는 하늘은 아무리 찬란해도 나를 위한 빛으로 여겨지지 않았다. 나의 하늘은 단지 공허하게 뚫린 동굴과 같다고 여겼다. 나의 등불은 꺼졌고 나는 깜깜한 길을 걸어야 한다고 미리 단정했다. 지레 용기를 잃었다고나 할까? 스스로 밝은 빛이 되어 암담한 벽을 뛰어넘겠다는 배짱을 부릴 엄두를 내지 못했다. 단지 머뭇거리는 습성만 굳혀갈 따름이었다.

이제 와 곰곰이 생각해 보면 단순히 '빈곤'으로 인한 우울한 삶을 두려워했던 건 아닌 것 같다. 단지 '욕심' 때문이 아니었나 싶다. 황금만능주의에 빠져 세속에서 한 발짝도 밀려나지 않고자 발버둥치는 행태를 답답해하고는 스스로 어둠이라 생각했던 것 같다. 내 삶의 깊은 바다를 주관하는 궁색한 흐름에 묵묵히 순종해야 했던 대담하지 못한 성격 때문에도 걸핏하면 암울한 하늘만 들먹였던 것 같다.

나이가 들면서 하늘에는 내가 염려하고 내가 인지한 빛깔만 담긴 곳이 아님을 인식하기 시작했다. 신은 세상에 어둠과 빛을 함께 놓으셨음을 새삼스럽게 깨달아가기 시작했다. 삶에 굳은살이 박이기 때문일까? 나름대로의 담력도 커지기 시작했다.

'꿈보다도 현실에서 지나치게 허덕이다 보니 마음의 바다가 잿빛으로 여겨졌던 걸 거야. 각박함으로 옭아매어진 나는 하늘을 온통 잿빛으로 느꼈을 테지. 차분히 살피면 삶의 어느 구석에 감추어진 빛을 발견할 수 있을 거야.'

이미 놓쳐버린 관심이나 재능의 개발은 나로부터 까마득한 거리로 물러나 있을 것만 같아 서러워했다. 그런 막막함으로 인해 나는 용기와 활기를 잃고 두려움만 크게 하는 것 같다. 더욱 겸허하게 내려놓는 삶을 간구해야 하리라. 혹시 자만심이 과한 건 아닐까 한 번 더 자신을 돌아보고 현재 누리는 하늘의 명암을 가늠해야 하리라.

'A man's heart plans his course, but Yahweh directs his steps.
　사람이 마음으로 자기의 길을 계획할지라도 그의 걸음을 인도하시는 이는 여호와시니라. (잠16:9)'

나는 이미 내 길을 가보겠다고 계획다운 계획을 제대로 세워 본 적이 있던가? 단지 주어진 여건에 의해 움직였을 따름이다. 또한 신이 인도해주리라는 믿음을 가졌던가? 원래 졸렬한 기질이어서인지 눈에 보이지도 않는 신이 내 손을 어떻게 붙잡아 줄 수 있다는 건가 신에 대해 관심조차 갖지 않았다. 그러니 형편 탓을 하며 어영부영 주어지는 대로 이끌려 지내 왔음이 뻔하다.

단지 성실하고 부지런히 움직이면 아주 가치 없는 삶은 아니려니 믿었다. 그것은 오만한 생각이었다. 티끌만한 부딪힘에도 내 마음이 어두워짐을 인정해야 했다. 걸핏하면 좋다 나쁘다 변덕부린다는 사실을 직시해야 했다. 그렇게 흔들리기 쉬운 인간이어서 신께 의지해야 하는 걸까? 그게 전부가 아님을 알 것 같다. '사랑'만이 삶의 진정한 가치이고 '사랑'하기 위해서는 자신이 스스로 밝은 빛을 들고 있어야 함을 알 것 같다. 그 빛은 바로 신의 말씀에 있지 않겠는가! 내 손에 등불을 들면 어느 길에서든 방황하지 않을 수 있잖은가! 기쁘다 눈에 띄게 호들갑 떨지 않게 되고 슬프다 깊은 구석에서 웅크리지 않게 되리라. 부드럽고 느긋하게 세상을 관망하며 내 주위의 기색을 돌아보게 되리라.

나아진다고 전전긍긍하고 발버둥 쳤으나 사실 내가 겪어온 먹구름 하늘에서 아직도 크게 벗어나지 못한 기분이 들 때가 많다. 욕심 때문이기도 하겠지만 삶은 단순히 자신의 극성스런 의지로 거창하게 바뀌는 것이 아닌 듯하다. 절대자 품안에서 놀이하듯 편안한 마음으로 가꾸어 갈 때 진정 아름다운 삶이 꾸려지리라.

먹구름 짙은 삶의 바다라고 인식하기 이전에 이미 내가 신의 품안에 있음을 먼저 깨우쳤더라면 참 좋았을 것이다. 그러면 차근히 삶의 항해를 계획하고 진중하게 기도하면서 침착하게 전진해 나가는 길을 쉽게 터득할 수 있지 않았을까 싶다. 그리고 함부로 잿빛 하늘이라고 주눅 들지 않았을 것 같다. 겸허하게 신의 뜻을 헤아리고 내 발길을 당당하게 내딛는 배짱은 아무리 두둑해도 괜찮으리라.

"배가 저만치 멀어졌네."

여행객 중의 한 아이가 외쳤다. 나도 사념에서 벗어나 배와 수평선을 바라보았다. 어느새 바람은 잔잔해졌고 먹구름은 수평선보다 조금 더 위로 올라간 듯했다. 정박해 있다고 생각했던 배가 조금 더 작아져보였다. 구름도 잿빛 숲 그림을 지워나가는 중이었다. 작아져가는 화물선을 그윽하게 바라보노라니 내가 점점 커져가는 기분이 들었다. 파도소리가 유쾌한 노래인 듯 경쾌하게 들려왔다.

신선의 수레를 볼 것 같은 풍경

　베란다의 블라인드를 올리는 순간 깜짝 놀라고 말았다. 밤사이 유리창 너머의 산기슭이 확 달라졌기 때문이다. 쓸쓸한 겨울 산기슭의 우중충한 빛깔은 흔적조차 없었다. 산기슭이 온통 새하얀 세상이었다. 맑은 영혼의 숨결이 솔잎 사이사이, 나뭇가지 사이사이 스쳐지나간 흔적일까? 나무마다 눈꽃이 활짝 피어 아름답기 그지없었다. 하얀 눈으로 뒤덮인 뒷산이 참으로 성스럽게 다가왔다.
　나의 흐릿한 눈동자가 새하얀 풍광으로 맑아지지 않을까 눈꽃에 오래오래 시선을 두었다. 독야청청 솔잎에 뭉실뭉실 눈꽃이 핀 소나무로 겨울 숲은 이루 말할 수 없이 거룩한 분위기를 풍겼다. 당장이라도 맑은 성가가 울려 퍼질 듯했다. 신선이 사는 곳의 나무가 바로 이런 모습일거라는 생각이 들었다.
　'푸른 기개와 너그러운 감성이 잘 조화된 사람의 영혼은 눈꽃이 핀 소나무처럼 고매할 거야. 말 한 마디 한 마디 기품 있게 건네는 사람은 떡갈나무 눈꽃만큼 고아한 성품일 거야. 고상한 이가 읊는 노래 한 구절 한 구절은 풀대 위 눈꽃처럼 청초할 거야.'
　나무마다 품격 높은 작품을 쏟아내어 산은 더욱 찬란하게 빛나는 듯했다.
　산등성이의 떡갈나무 우듬지에는 아직 떨어지지 않은 잎이 주렁

주렁 매달렸다. 떡갈나무 잎의 눈꽃도 역시 하얗게 아름다웠다. 어느 대저택의 샹들리에가 저만큼 우아할 수 있을까? 떡갈나무 잎마다 피어난 눈꽃은 날아가는 새들의 기분을 환하게 밝혀주는 화사한 전등이리라. 아니 내 마음을 곱게 밝혀주는 따뜻한 등불이라고나 할까? 어쩌면 눈꽃은 날마다 씻어야할 나의 입과 눈과 귀를 위해 겨울날 하늘이 내린 하얀 성찰의 자명종인지도 모른다.

'깜깜한 밤, 선량한 이의 등불이나 죄악에 물든 이의 등불은 똑같이 반짝이는 빛일 따름입니다. 그렇듯 까마득히 높은 곳에서 수많은 영혼을 굽어보는 신의 눈에는 게으른 사람이든 부지런한 사람이든 가릴 것 없이 모든 영혼이 가엾게 보일 것입니다. 당신은 아무것도 탓하지 말아야 합니다. 오히려 당신 자신은 한없이 낮아지게 하고 당신에게 껄끄러운 사람은 자꾸자꾸 높이 세워 놓을 때 서로 새하얀 눈꽃처럼 아름다워 보일 것입니다.'

외경의 묵시로 다가오는 성찰의 자명종이 나의 참회를 고무시키듯 더욱 새하얗게 빛났다.

회색빛 하늘에서 잠깐씩 햇살이 쏟아졌다. 그때마다 하얀 산기슭의 눈꽃이 아쉽게도 조금씩 부스러지기 시작했다.

'신선이 타고 있는 수레가 지나가기라도 하는 걸까?'

여기저기 나무에서 눈꽃이 뚝뚝 떨어져 내렸다. 내 마음에 깊이 새겨두기도 전에 성찰의 자명종이 떼구루루 멀리 굴러가는 것 같아 안타까웠다. 잠깐의 햇살에 또 더 녹았다. 응달의 녹지 않은 눈만 고즈넉하게 빛났다. 특히 내가 즐겨 바라보는 풍경인 소나무 숲을 지나 뒤편의 참나무 숲으로 휘돌아간 산길은 흰빛 그대로 그윽하게 빛났다.

좁다란 하얀 산길은 아무도 모르는 신비스러운 곳으로 향하는 비밀 통로 같았다. 부드럽게 휘어진 산길을 따라가면 새하얀 신선의 옷자락이 보이려나? 착각할 만큼 하얗고 적막하며 맑은 정기가 어려 보였다. 발자국을 내며 산책한 이도 없어 더욱 심원한 산길로 여겨졌다. 어쩜 꽃잎 같은 새들의 발자국이 살짝 찍혔을지도 모르겠다만 인간의 흐트러진 자취하나 없는 고요하고 새하얀 오솔길에 신선의 수레는 정말 성스럽게 잘 어우러지리라. 금방이라도 하얀 수레가 새하얗게 빛나는 산길로 조용조용 지나갈 것 같아 설렜다.

늦은 오후가 되자 산기슭의 눈이 거의 다 녹았다. 급기야는 산기슭의 칙칙한 바닥까지 드러났다. 하얀 산길은 확 좁아져 있었다. 좁아졌지만 부드럽게 흘러간 산길은 잿빛 산속에서 더욱 하얗게 빛났다. 나뭇가지가 바람결에 한들거리자 하얀 산길도 덩달아 살랑대는 듯 했다. 아니 바람에 부드럽게 흩날리는 하얀 실낱같기도 했다. 신선이 탄 수레는 하얀 수염 한 가닥을 흘려 놓고 나 몰래 휙 지나갔을까?

'행여 하늘나라에 계신 내 어머니의 가냘픈 어깨에 붙어 있었던 하얀 머리카락! 아닌지….'

괜히 건드렸나 보다

햇살이 남쪽 창가에서 환하게 아른댔다. 뒷산의 까치소리도 햇살처럼 따스하게 전해져 왔다.

'남쪽에서는 벌써 꽃망울을 터트렸겠네. 여기저기 햇살을 끌어당기는 꽃눈의 함성이 들리는 것 같군.'

찬란히 빛나는 고운 햇살을 보자 산책하고 싶어졌다. 뒷산을 향해 길을 나섰다. 집안에서 맞이하는 햇살은 바로 내 발등에서 아롱거려 당장이라도 벤자민이 새로운 움을 틔울 듯 따스했다. 하지만 바깥에서는 햇살이 너무 멀리 있는 듯했다. 햇살보다 차가운 공기가 먼저 옷깃을 파고들어 목을 움츠리게 했다. 날씨는 겨울의 꼬리를 아직 놓지 않았음이 분명했다. 그래도 입춘이 목전인지라 햇살은 수다스런 참새 떼처럼 여기저기서 찬란하게 아른거렸다. 산새들도 사뭇 명랑하게 지저귀었다. 맑은 햇살을 서로 물고 당기겠다는 듯 즐겁고 정답게 지저귀는 새소리가 한층 쾌활하게 다가왔다. 저절로 내 발걸음도 가벼워졌다.

아파트 울타리의 앙상한 이팝나무가 먼저 내 눈을 사로잡았다. 이팝나무 가지에 휘휘 감긴 마른 나팔꽃 줄기가 확 눈에 띈 것이다. 정교하게 감아 오른 나팔꽃 줄기를 따라 나팔꽃 열매가 층층이 매달려 있었다.

'봄이 코앞으로 다가왔는데 아직도 씨앗이 열매 껍질 속에서 나오지 못한 거야? 지금쯤 땅속에서 열매 껍질이 터지고 썩어가야 하는 것 아닐까?'

갑자기 내가 다급해졌다. 내 팔이 닿는 곳까지 열매를 쭉 따서 마구 비볐다. 곰 인형의 까만 눈처럼 까맣게 잘 익은 씨앗이 내 손바닥에 올망졸망 놓였다.

'꺼내줘서 정말 고마워요.'

앙증맞게 눈웃음치며 속삭이는 것 같았다. 듬직한 씨앗을 바라보는 내 마음도 몹시 흐뭇해졌다.

'여기 햇볕 잘 드는 곳에 내려줄 테니까 여름에 고운 미소로 날 맞아주렴!'

척박하지 않을 것 같은 흙바닥을 골라 나팔꽃 씨를 훌훌 뿌렸다. 여름에 마주할 청초한 나팔꽃을 생각하며 유쾌하게 걸음을 옮겼다.

나팔꽃 꽃씨를 뿌린 바로 다음날이었다. 세상에나! 눈이 내렸다!

"입춘을 며칠 앞둔 시점에서는 햇살이 아무리 화사해도 겨울임을 잊어서는 안 돼."

해마다 새봄이 다가올 무렵 햇살에게 골탕 먹고 이렇게 되뇌었건만 또 당하고 말았다. 그만 눈앞의 화려한 햇살에 또 경계심을 풀고 말았으니… 내 마음이 너무 얕은 탓이리라.

입춘이 지나지 않았어도 햇살이 따스한 곳이면 나팔꽃 씨앗이 싹을 틔우리라. 그러다 한파가 몰아닥치고 눈발이 날리면 일찍 틔운 싹은 얼어 죽게 될지도 모른다. 나팔꽃 열매 껍질이 스스로 터지고 삭아서 씨앗이 바닥으로 떨어질 때까지 기다리는 중이었던 모양인데…. 내가 순식간에 그렇게 서둘러 씨앗을 억지로 꺼내놓은 까닭은 뭘까? 내가 추위에 바싹 움츠리다가 그만 따뜻하고 화사한 햇볕이 쏟아지자 잠시 이성을 잃은 것이리라. '햇볕과 새싹'만 떠올리다가 앞뒤 가리지 않고 무턱대고 일을 저지른 것이다.

도움의 손길을 뻗치는 순간 행여나 필요이상의 연민은 아닐까 한번쯤 헤아려보아야 하리라. 가장 중요한 것은 자신의 마음 상태를 정확히 파악하는 것이라 하겠다. 과잉으로 들뜬 기분일 때 내놓은 판단이 이로울 리 없다. 특히 과욕을 부리며 내리는 판단은 더욱 자기 자신뿐만 아니라 주위의 모든 사람을 힘들게 하리라.

'쓸데없이 참견하지 말자. 함부로 저울질하지 말자. 그냥 그대로를 존중하자.'

뒤늦게 깨달은 나의 사람을 대하는 나름의 방식이다. 특히 나보다는 신선한 별빛으로 빛날 수밖에 없는 젊은이의 세계를 수많은 세월 낡고 탁해진 나의 삶에 견주어 헤아리는 것은 정말 삼갈 일이다. 아무리 총기가 남달라서 보는 눈이 예리한 노인이라할지라도 젊은이를 비판하기보다는 살펴어주는 것에 더 많은 비중을 두어야 하리라.

'아이들의 모든 것은 이미 위대한 신이 곱게 빚어서 내게 보냈으니 따뜻하게 살피고 아껴주기만 하면 돼.'

특히 자식을 돌볼 때는 이런 마음가짐으로 다가가야 하것만 무지몽매한 나는 그렇지 못했다. 끝없는 탐욕으로 아이의 몸과 마음을 좌우지 했다고 봐야 옳으리라. 무조건 따뜻하게 인정해 주고 사랑으로 안아주기만 하면 된다는 걸 애들이 성인이 된 후에야 나는 겨우 깨닫게 되었다. 그러니 아무리 깊이 참회한다 해도 내 죄악을 속죄하려면 참으로 긴 시간 기도해야 하리라.

'신이 내려준 능력을 맘껏 발산할 기회를 인간이 빼앗았다. 한껏

즐겁게 나아갈 방향을 인간이 비틀었다. 마냥 행복해 해야 할 아이들의 자격을 인간이 묵살시켰다.'

  이 얼마나 슬프고 두려운 일인가. 참으로 지난날을 뼛속깊이 탄식하고 후회하지만 영 마음이 개운하지가 않다. 지금도 내 멋에 겨워 거침없이 연민을 앞세워 어리석은 짓을 저지르지 않는가!

삭풍을 유난스레 알리는 나무

겨울날 뒷산의 소나무를 거실에서 바라보노라면 명상가의 눈동자가 저렇지 않을까 생각하곤 한다. 그윽하게 펼쳐진 소나무가 매우 차분하게 겨울 숲을 다독거리는 것 같다. 소나무는 숲의 성인 같다. 자칫 무겁게 가라앉기 쉬운 겨울 산에 푸르게 생기를 북돋우며 조용조용 나무들을 격려하는 듯하다. 소나무가 있을 때 산은 비로소 산답게 다가온다. 찬바람 속 푸른 소나무는 간절히 기도하느라 모은 두 손 같다. 지친 사람들에게 싱그러운 용기를 건네 주기 위해 삭풍을 견뎌내는 푸른 손 같다.

'불러도 대답 없는 사람 같아. 움직임 없는 조형물 같기도 해. 새치름하게 눈을 내리깔고 어우렁더우렁 왁자한 삶의 터를 도외시하는 사람처럼 도도한 건 아닐까?'

통속적 삶의 모습에 길들여진 나의 안목이어서 일까? 간혹 소나무에게 시답잖은 시비를 걸고 싶을 때가 있다. 가벼운 실랑이에도 삶 전체를 흔들 듯 요란 떠는 경망한 나의 언행에 낙담하여 고고한 소나무를 헐뜯고 싶어지는 것이리라. 꿋꿋하고 의연하며 고결한 소나무에 대한 질투심일지도 모르겠다.

능선으로 눈을 돌리면 삭풍을 유난스레 알리는 나무가 있다. 한겨울에도 유독 마른 잎을 다 떨구어 내지 않은 키 큰 떡갈나무이다.

그 나무만 바라보면 여전히 가을인가 착각하기 십상이다. 갈색 잎이 마치 울창한 녹음처럼 풍성하기 때문이다. 주변의 다른 낙엽활엽수는 고슴도치 가시처럼 뾰족뾰족 우듬지로 겨울을 나는데 떡갈나무는 살짝 쥔 주먹처럼 오그라진 잎을 매단 채 봄을 맞는다.

힘 빠진 주먹 같은 잎을 매단 떡갈나무는 바람이 조금이라도 불면 한없이 휘청거린다. 하찮은 힐책에도 온몸을 들썩이며 울먹이는 맘 여린 여인 같다. 소나무나 또는 앙상한 가지만 남은 다른 나무들은 움직이지 않는 듯 조용한 바람결인데도 떡갈나무는 혼자서 과도하게 이리저리 흔들린다.

'지금 삭풍에 가지 끝이 몹시 시려요. 엄청나게 차가운 겨울바람이네요.'

집안에서 꼼짝 않는 게으른 나에게 떡갈나무는 충실히 바깥 날씨를 보고한다. 겨울마다 나는 능선의 키 큰 떡갈나무의 흔들림을 보고 일기를 읽는 셈이다. 작은 바람도 속히 알려주는 능선의 떡갈나무가 참 고맙다. 어떤 모자를 쓰고 외출해야 날리지 않게 되는지 미리 판단할 수 있도록 자상하게 바람의 세기를 알려주는 떡갈나무가 꼭 나의 다정한 연인 같다.

소나무는 묵직한 사람 같다. 지나치게 신중하여 내가 다가가기 좀 어려운 사람 같다. 소나무에 따스하게 얹힌 햇살을 바라보다 가볍게 입고 외출하여 엄청난 찬바람으로 곤혹을 치른 후 떡갈나무에 더욱 의지하게 되었다. 떡갈나무는 그때그때 닥친 상황을 숨김없이 적나라하게 풀어놓는다. 바람이 불 때마다 자칫 푼수 같다고 여길 정도로 몸짓발짓으로 바람의 세기를 표현해 준다. 슬프면 슬프다고 마구 몸부림치고 기쁘면 기쁘다고 온 동네 떠나가게 환호성 치는 순박한 아낙네 같은 느낌이 들어 좋다. 아마 소소한 일에도 흐뭇하다 행복하다 떠벌리는 나와 닮았다는 동병상련으로 떡갈나무의 휘청거림을 좋아하는지도 모른다.

푸른 의기를 하루도 내려놓지 않는 꿋꿋한 소나무가 나에게 우려의 메시지를 건네는 것 같다.

'고아한 정신으로 삭풍을 읽어내야 할 연륜임을 인식했으면 좋겠군. 수십 년 갈고 닦아가는 영육의 직감으로 당신의 고귀한 삶을 아름답게 가꾸어 나가길 바라네. 괜한 허영이나 의존심으로 쉽사리 부화뇌동, 당찬 주견도 없이 이리저리 흔들리는 마음을 스스로 철저히 견제해야 하네.'

소나무의 고견을 결코 간과해서는 안 될 나이임엔 틀림없다. 하지만 여전히 떡갈나무를 바라보고 삭풍이 강하니 약하니 헤아리고 있다. 애석하게도 내 심안의 길이 명징하고 고아하려면 아직도 멀기만 한가보다.

하얀 몽상

　산에 이미 눈이 많이 쌓였는데 또 눈이 펄펄 날렸다. 하얀 산길을 흰 눈을 맞으며 걷고 싶었다. 야트막한 뒷산이지만 등산화를 꺼내 신고 산길로 들어섰다.
　'네 맘껏 하얀 눈꽃을 가져도 좋아.'
　나무들이 저마다 아름다운 눈꽃을 건네며 나를 바라보는 듯했다.
　'소나무 눈꽃은 여름날의 뭉게구름 같아. 푸른 기상을 더욱 돋보이게 하는 맑고 청초한 눈꽃이네. 떡갈나무 잎에 앉은 눈꽃은 가을날 양떼구름 같아. 떡갈나무를 더욱 우아하게 만들어 주네. 아카시아 나무의 나뭇가지에 쌓인 눈꽃은 하늘과 소통하려는 이해할 수 없는 부호 같아. 하늘을 향해 높이 뻗어 빛나고 있어. 이렇게 아름다운 겨울 산의 눈꽃을 내 마음에 받아도 될까? 죄 많은 나의 가슴에 품어도 될까? 어쩌면 이렇게 성스러운 눈꽃으로 내 마음을 정화해 보라는 신의 뜻일지도 몰라. 맘껏 누려야겠어.'
　눈꽃을 정갈하게 품으려면 산속의 꿋꿋한 정물로 묻어가야 할 것 같았다. 아무래도 조용히 서서 눈꽃을 음미해야 할 것 같아 걸음을 멈추었다. 사방에서 눈꽃이 환하게 나를 비추어 주는 것 같아 묘한 기분이 들었다. 눈꽃의 요정이 내 주위를 빙빙 돌며 춤을 추는 기분이 들었다. 잔가지에 쌓인 눈꽃이나마 만져보고 싶었다. 살짝 건드리려는 찰나

'좀 더 올라가면 더 많은 눈꽃을 가질 수 있어요! 짹재짹'
산새들이 나를 자꾸 부추기는 듯 정답게 재잘댔다.
'저기 저 정자에 오르면 산 전체가 나의 하얀 눈꽃이란 말이지?'
'바로 그거죠. 높은 데서 내려다보면 정말 환상적인 눈꽃을 볼 수 있을 거예요.'

산 정상을 향해 걸었다. 조금 높은 언덕이라 해도 좋을 만큼 얕은 야산이고 안전하게 산에 오를 수 있도록 여러 가지 시설이 잘 정비돼 있어 안심이 되었다. 더구나 나와 동행하는 눈꽃과 새들이 있어 더욱 유쾌하게 걸었다. 눈송이가 조금 커졌다. 내 옷자락에도 쌓여갔다. 정자에 가까워져도 아무도 보이지 않아 호젓했다. 스마트폰으로 베토벤 피아노 협주곡 5번 황제 3악장을 들으며 당당하게 정자에 올랐다.

'헉! 여기는 내가 설 곳이 아닌 것 같아. 온통 새하얀 세상이네.'
'하하 겁쟁이. 짹짹'

그랬다. 난 덜컥 겁이 났다. 갑자기 아득한 세상으로 뚝 떨어져 온 기분이 들었다. 스마트폰 음악을 끄니 맑은 새소리가 더욱 또렷하게 들려왔다. 하얀 세상에서 듣는 새소리는 더욱 청아했다. 따스한 숨결이 느껴지는 새소리가 아니라 내가 닿을 수 없는 아득한 세상의 새소리 같아 잠깐 관심 밖으로 밀어냈다.

처음부터 눈꽃에 유혹되었지만 너무나 많은 눈꽃은 기분을 묘하게 했다. 수많은 하얀 눈의 정령들이 나를 포위하는 것 같았다. 하얀 세상에 옴짝달싹 못하고 갇히는 기분이 들었다. 내가 아무리 소리 질러도 하얀 세상이 냉정하게 삼켜 버릴 것 같은 두려움이 일었다. 하얀 세상은 속물인 나를 결코 온화하게 보듬어 줄 것 같지가 않았다. 내 육신을 당장에라도 하얀 눈으로 차갑게 똘똘 말아 뭉쳐놓을 것 같은

제 5부 머뭇머뭇 다가오는 애틋함

기분이 밀려왔다.

'아무리 아름다운 세상이라도 숨 막히게 갇히고 싶지는 않아.'

서둘러 하산하기 시작했다. 성급하게 걷자 성스럽게 다가왔던 하얀 겨울 숲이 부산하게 여겨졌다. 눈송이도 덩달아 급하게 흩날리는 듯 다가왔다. 내 얼굴에 눈송이가 자꾸 부딪혔다. 부드러운 꽃잎 같았던 눈송이가 돌멩이 같다는 생각마저 들었다. 성급하게 내달려 하마터면 넘어질 뻔했다 온몸이 더워지려할 때쯤 산을 거의 다 내려왔다.

안도의 숨을 내쉬고 다시 차분하게 겨울 산을 음미하기 시작했다.

'따라락 따라락'

작은 소리가 들려왔다. 가만히 귀 기울여 들었다. 거대한 눈꽃 세상에 놀란 가슴을 진정시켜 주는 부드럽고 정겨운 소리였다. 솔잎에 불붙는 소리 같기도 했다. 아! 눈송이 발자국 소리구나! 이미 내린 눈 위에 내려앉는 눈 부딪히는 소리였던 것이다.

'가벼워서 내려앉는 소리도 곱구나. 나의 발자취는 어떠할까?'

뒤돌아서서 내 발자국을 바라보았다. 하얀 산길에 마냥 제멋대로 어지러이 흩어진 나의 발자국이었다. 대범하지 못하여 심히 흔들린 발걸음임을 하얀 산은 기억하리라. 어수선하기 그지없는 나의 자취가 부끄러웠다.

'정자에 올랐을 때 성스러운 꽃길을 망친다고 산이 하얗게 노여워해서 내가 긴장을 하게 된 걸까?'

급하게 산을 빠져나올 때 쯤 삭정이에 피어오른 눈꽃이 부드러워 보였다. 장갑을 벗고 한 움큼 집었다. 후덥지근하고 오점 많은 내 손바닥을 알아차렸는지 눈꽃이 정색을 했다. 몹시 차가웠다. 더구나 나이 들어서는 온기 없는 하얀 세상에 부대끼기 쉽지는 않으리라.

혹한에 꽃잎과 노닐다

"겉흙이 말랐다싶을 때 물을 주면 돼요."
지인의 조언을 따르기 위해 무던히 애를 썼다. 노란 산국화가 우아하게 미소 지을 때는 은근히 좋았다. 그러나 겉흙을 확인하고 물주는 주기를 명확히 체득하기가 쉽지 않았다. 잠깐 동안 산국화 가꾸기가 까다롭게 여겨져 귀찮아하고 회의를 품기도 했다. 몇 번 그런 과정을 거치면서 물주기는 어느새 내 몸에 하나의 생활주기로 습득돼 버렸던가 보다. 어느 순간 산국화에게 물주기가 수월해졌다. 내가 꽃에게 적응되다? 참 묘한 기분이 들었다.
꽃은 겨울이 다가와도 끄떡없이 내게 한결같은 미소를 보내주었다. 한겨울이 돼 가도 꽃잎은 저절로 시들어 떨어지지 않았다. 창밖에 함박눈이 펄펄 날려도 산국화는 내게 차분하고 고즈넉한 가을볕 분위기를 안겨주었다. 사뭇 낭만적인 기분으로 가을꽃을 들여다보곤 했다. '화무십일홍'이라 했는데 나의 거실에서는 석 달 가까이 산국화가 피어 있으니 참으로 묘한 일이구나 싶으면서도 내가 잘 보살피기 때문이라고 여기며 흡족해했다.
나는 나를 위한 특별한 산국화라고 마구 뻐기고 싶어졌다. 스마트폰으로 사진을 찍어서 카카오스토리에 올렸다. 지인들이 신기하다고 댓글을 달아주었다. 나는 더욱 신이 나서 만나는 사람들마다

제 5부 머뭇머뭇 다가오는 애틋함

산국화에 대해 한껏 과장하고 포장해서 찬양했다. 겨울날에 가을 산국화를 피운 특권은 나에게만 있는 양 사뭇 뽐냈다.

그러던 어느 날이었다. 남편이 모자를 벗어 산국화 화분이 있는 탁자에 휙 던졌다. 그러자 모자가 날아가는 바람결에 산국화 몇 송이에서 꽃잎이 화르르 떨어졌다.

"하필 그곳에 모자를, 아니 왜 모자를 꽃에게 던져요?"

꽃잎을 떨어뜨렸다고 버럭 화를 내고나서 꽃송이를 자세히 들여다보았다. 좀 이상했다. 꽃잎에 생기가 없다는 느낌이 들었다. 아니 꽃이 무표정해 보였다.

'이미 생화가 아닌 거였어? 가벼운 바람결에도 꽃잎이 사정없이 떨어지다니!'

그동안 꽃에게 들인 나의 정성은 '사랑'이 아니라 단순한 '책임'이었단 말인가? 뒤통수를 한방 얻어맞은 기분이 들었다. 내가 표리부동한 사람이라고 단 한 번도 생각한 적이 없는데 어찌 이런 일이 일어날 수 있을까 한심스러웠다. 아마도 자만심 때문에 '사랑'에 흠집이 난 건 아닌가 싶다. 꽃송이가 그토록 오래도록 살아있는 경우가 세상에 어디 있다고! 그런데 나에게만 특별히 오래 사는 꽃이 와 주었다고 착각하고 과시하느라 이성이 흐려졌던 것 같다.

그동안 어째서 꽃이 살아있다고 감쪽같이 속아 넘어갔을까? 그 누구도 꽃 가까이에서 꽃잎을 건드린 적이 없었다. 바람 한 점 있을 리 없는 거실이다 보니 이미 시든 꽃이 무너지지 않고 원형 그대로 붙어 있었던 것이다. 목숨을 다해 바싹 마른 채로 가지에 붙어있는 걸 나는 살았다고 착각했던 것이다.

신이 보시기에 그동안 꽃에게 보낸 나의 애정이 얼마나 우매해 보였을까! 지혜가 결여된 나의 사랑이 처연했다는 생각에 허무함이 밀려왔다. 하지만 산국화 가지의 이파리는 상록수처럼 푸른빛을 유지한 것을 볼 때 산국화의 생명을 잘 보살핀 물 주기였구나! 안도의 숨을 내쉴 수 있어 다행이라 생각했다.

'이젠 어지간하면 다 비워버리고 홀가분하게 살리라 누누이 떠벌리는 중인데 가을의 꽃을 한겨울이 지나도록 끝까지 붙잡고자 이성마저 잃다니!'

내 마음 깊숙이 단단히 들러붙은 탐욕에 나 스스로도 놀랄 지경이었다.

'냉혹한 겨울과 우아한 산국화'

산길이나 들녘에서는 결코 볼 수 없는 기묘한 조합이니 그 누구라도 호기심을 보이지 않을 수 없잖은가! 뒷산의 앙상한 가지에 하얀 눈꽃이 풍성하게 피었을 때 산국화는 거실에서 고아한 가을 분위기를 풍기니 감동받기 쉬운 내가 결코 무덤덤하게 지나칠 리가 없으리라. 신기하다고 마냥 호들갑을 떠는 것이 그리 이상한 건 아니잖은가.

그저 흔히 볼 수 없는 정경에는 내가 쉽게 방자해지나 보다. 그런 신기한 현상은 신의 특별한 의지가 깃든 것이려니 착각할 만하다고 스스로를 응원하기까지 했다. 사실 가만히 되돌아 생각해 보니 산국화에서는 가을날 품어냈던 맑은 향기가 사라진 지는 오래였던 듯싶다. 산국화 가지의 이파리는 싱싱했지만 꽃잎 빛깔은 탁해졌다고 이미 생각은 해 오던 터였다. 그래도 꽃이 스스로 떨어지지 않으니 살아있다고만 믿었다. 바깥바람을 쐬어 주었어야 하는 것을….

겨울이면 꽃잎들은 이미 맑은 바람의 한 가닥이 되어 하얀 눈꽃 속에 스며들어야 하리라. 꽃의 정령은 내일의 드높은 향기를 위해 푸른 하늘을 자유롭게 떠돌다가 봄이 되면 꽃가지에 차분차분 휘감겨야 하리라.

'산국화는 넓은 세상을 원했을 거야. 내가 신의 은총을 갈구하듯 꽃은 맑은 바람을 간구했겠지? 그런데 내가 꽉 붙잡고 놓아주지를 않았으니 얼마나 서글펐을까!'

꽃 가까이에 가서 입김을 후 내뿜어 보았다. 탁한 연노란 빛깔의 자잘한 꽃잎이 거실바닥 사방으로 흩어져 내렸다. 맑은 바람결이 아님에도 불구하고 꽃잎은 아주 가볍게 날렸다. 꽃잎처럼 가벼운 마음이어야 나와 닿은 사소한 것일지라도 평안하게 교감하리라. 산국화 꽃잎을 주워 손가락 끝에 올렸다. 내 가슴속 쓸데없는 번민의 조각들인 양 살며시 비벼보았다. 부드럽게 바스러졌다.

맨손으로 꽃잎을 떨어내며

우리 집 거실의 산국화는 계절에 따른 변화가 없었다. 가을부터 겨울까지 쭉 그대로 가을이었다. 남편이 모자를 산국화 주변으로 던져 그 바람결에 꽃잎이 떨어지는 상황이 없었더라면 나에게 영원한 가을꽃을 안겨 줄 수 있었을까?

'산국화의 아름다운 성장을 멈추게 하고 싶다는 의도 아냐?'

퍼뜩 내가 생명경시에 대한 경각심이 부족한 것 아닐까 하는 두려움이 밀려왔다. 생명을 가진 존재는 그 무엇이든 아름다운 성숙에 대한 의지가 있음을 염두에 두고 대해야 하거늘 늘 똑같은 모습만 유지하길 바라는 건 너무 가혹한 형벌 아니겠는가!

참으로 미안했다. 산길에 있었다면 서늘한 가을바람에, 새들의 부드러운 날갯짓에, 산토끼의 잰 몸놀림에, 산책하는 이의 우아한 발길에 훌훌 흩어졌을 것이다. 이미 고운 정기가 되어 드높은 하늘로 날아갔을 지도 모른다. 봄소식을 전할 한 줄기 바람이 되었을지도 모른다.

밖의 모든 것은 아무리 강한 추위에 시달려도 벌써 새 날을 준비하느라 여념이 없으리라. 그런데 무지한 나는 산국화를 가두어 놓고 옛 모습을 고집했다. 산국화의 생명을 업신여긴 죄를 어찌해야만 할까. 어떤 방법으로든 사함을 받아야 하리라. 언제나 겸허하고 따뜻한 마음으로 사랑하는 삶이 되도록 기도해야 함은 두말할 나위도 없겠다.

애석한 심정으로 두 손 모아 기도하듯 살그머니 꽃을 싸안았다. 물기 없는 내 손바닥이 버석거리듯 꽃잎도 그랬다. 종이 비빌 때와 같은 소리를 내며 자잘한 꽃잎이 고스란히 내 손안에 쏟아져 내렸다.

'내 미천한 손으로 순결한 네 흔적을 거두게 되어 미안하다.'

꽃을 비벼내며 산국화 가지에 더러더러 말라붙은 이파리도 말끔히 떼어냈다. 그런데 전혀 예기치 않은 산뜻한 국화꽃 향기가 자꾸 코끝을 스쳤다. 손바닥을 코에 대고 냄새를 맡아보았다. 지난 가을에 접했던 그 쌉싸름하고 상큼한 산국화 꽃향기가 그대로 내 손바닥에 있었다.

'지금껏 자신을 옥죈 욕심 많은 손에 고아한 향기를 안겨 주다니!'

미안해하면서도 나의 가슴이 시원해지는 것 같아 자꾸 향기를 맡아 보았다. 물론 산국화 마른 꽃잎에서 나오는 향기는 아니었다. 산국화 가지의 푸른 이파리에서 풍겨 나오는 향기였다. 향기를 지닌 풀은 별스런 꽃이 아니어도 눈길을 끄는데 산국화는 향기와 더불어 꽃도 우아해 보이니 참으로 복 많은 꽃이 아닌가 싶다.

중요한 의식처럼 산국화 화분을 정돈하는 동안 '나의 향기'를 가늠해 보았다. 나는 어떤 향기를 지니기라도 했을까? 사실 어떤 향기를 위해 또렷하게 정해놓고 끊임없이 노력한 것도 없었으면서 궁금해 하는 것이 어리석은 짓 같기도 했다. 여태껏 야무지게 내가 정한 길을 당당하게 찾아갔다는 자신감이 없다보니 내 삶의 향기에 대해서도 갈피를 잡지 못한 듯싶다. 지금껏 두서없이 그냥 주어지는 대로 걸어온 것에 불과하다는 생각을 자주 한다. 어쩌면 자신의 삶에 무책임한 처사일 수도 있다.

어릴 때 '행동발달상황'의 평가에서 '책임감' 항목도 항상 최고 점수인 '가'였다. 사회적 책임감은 최고였을지 모르나 나 자신의 삶에 대해선 늘 한걸음 뒤에 선 '다'책임감이었다. 배려해 주고, 참아주고, 양보해야 한다고 배웠으니 당연히 그렇게 실천하는 것이 '학생'이려니 생각했다. '학생'이 '어른'이 되었을 땐 좀 성숙된 '책임감'으로 진화되었어야 했다. 그런데 고지식한 나는 그대로 '학생'의 책임감으로 어마어마하게 확장된 '어른'의 책임감을 감내해야 했다. 더 배려해야 하고. 더 참아내야 하고. 더 양보해야 하는 걸로 이해했다. 그렇다 보니 각박한 세상에서 차분하게 내 삶의 향기를 헤아릴 틈을 확보할 수가 없었다. 그저 좌충우돌, 푸념만 늘지 않았나 싶다.

이제 나의 눈빛에도 하루가 다르게 힘이 빠져가는 느낌이 든다. 저녁노을이 더 친근해져 간다. 침착하게 되돌아볼 여유를 가질 만한 배짱도 생겼다. 부끄럽지 않은 향기를 위해 어떤 영혼의 줄기를 좇아야 할까? 진지하게 고민해야겠다. 조바심 내지 말고 한 발짝 한 발짝 참 괜찮은 향기를 찾아 걸어가야 하리라. 우선은 나와 마주치는 이들이 꺼려하는 냄새만 아니길 바라면서 마지막 마른 산국화 꽃송이를 살살 비벼냈다.

삭정이

　살랑살랑 불어오는 미풍에 나뭇잎이 흔들릴 때마다 나뭇가지는 한 뼘 더 쭉 뻗으며 기지개를 켰으리라. 때로는 새를 보듬으며 평온한 숲의 가락을 만끽했으리라. 나뭇가지는 산들바람이 전해주는 먼 곳의 향기를 동경하며 하늘 높이 뻗어가느라 가지에 힘을 더 주었으리라. 잠든 새의 꿈속에 미지의 세계를 안겨주기 위해서일까? 나뭇가지는 쉬지 않고 머나먼 세상을 돌아온 실바람을 놓치지 않고 잡아 이끈다. 산새의 가슴에 아늑하고 싱그러운 희망이 깃들 것을 기대하며 바람의 노래에 끊임없이 장단을 맞추느라 명민하게 움직이리라.

　삶은 주어진 가락으로 견디어내기 마련이리라. 더 나은 가락을 찾으려는 영혼이라면 더러 방황하기 일쑤이리라. 살아있는 나뭇가지는 주어진 가락을 어찌하지 못하고 바람의 세기에 따라 행복과 불행을 겪기도 한다. 살랑거리는 바람 앞에서 나뭇가지는 끄떡없다. 아니 오히려 즐겁게 춤춘다. 하지만 강렬한 바람이 불면 나뭇가지는 긴장하고 당황한다. 세차게 뒤척인다. 혹독한 시련이려니 견디어내고자 몸부림친다. 온몸을 뒤틀며 무섭게 포효하기도 한다. 지나가는 구름이라도 붙잡아야겠다고 아우성치듯 애절하게 손짓한다. 먼 발치에서 바라보는 나도 휘청거릴 것만 같은 기분에 휩싸이곤 한다.

엄연히 곁가지인 나뭇가지는 어쩔 도리가 없다. 행여나 자신으로 인해 가장 굵은 줄기마저 흔들릴까 울부짖으며 버둥거린다. 어쩌다 새 한 마리 날아와 앉으면 나뭇가지는 거센 바람의 날개를 꽉 붙잡아 바윗덩이로 눌러놓고 싶을지도 모른다. 바람에 시달리는 자신으로 인해 고이 깃들어 잠든 새가 안온을 놓칠까 무척 염려하리라. 어찌하다 줄기와의 상통이 원활하지 못하고 그만 심약해졌을 때 나뭇가지는 매몰차게 휘돌아나가는 바람의 가슴에 부딪혀 좌절하기도 한다.

'꺾임'은 언제나 타의적이라고 생각하기 때문일까? '잃음'을 전제로 하여 받아들이게 마련이다. 그만 뚝 꺾인 가느다란 나뭇가지가 바람의 노래를 잃는다. 살아있는 줄기에 당당하게 남았으나 생명을 잃는다. '삭정이'가 된다. '느닷없음'을 형상화하라고 하면 뾰쪽한 삭정이를 표현하면 될 듯싶다. 갑작스런 슬픔이 물줄기처럼 솟구친 순간의 모습인 듯 삭정이는 들쑥날쑥 뾰쪽하다. 죽었으며 또한 날카로워 그다지 호감이 가지 않는 삭정이지만 나는 숲길을 걸을 때마다 삭정이와 따뜻하게 조우하고자 애쓴다. 나는 뾰족한 삭정이를 두려워하면서도 내밀하게 무언의 계략을 도모하기도 하는 것이다.

삭정이는 해와 달을 처연하게 맞으며 아름다웠던 지난날을 삭이리라. 풍성하던 녹음을 한순간에 잃은 삭정이는 새도 잃을까 서러워하리라. 아름다운 꽃이 필 기운도 열매를 맺게 할 기력도 다른 나뭇가지에게 이미 다 돌려준 삭정이는 지극히 단출하다. 다른 가지가 놓친 바람 한줄기 찾아와도 쓸쓸히 보내며 먼 곳의 향기도 더 이상 기대하지 않는다. 드넓은 하늘도 다른 나뭇가지의 무성한 잎에 가려 우러러 볼 수 없는 삭정이는 낮아지는 몸짓에 기꺼이 순응하리라.

삭정이는 점점 초췌해지지만 그대로 고꾸라지지 않는다. 빛나는 햇볕과 노래하는 바람 그리고 지나가는 구름에겐 더 이상 의미를 두지 않지만 예민하게 자신의 주위를 관망하고자 애쓴다. 산길을 걷는 나를 당혹스럽게 한다. 경박하게 걸음을 옮길라치면 칼날 같은 성정으로 가차 없이 나를 훈계한다. 산나물에 눈이 멀어 내 발밑을 가다듬지 못하는 미천한 나의 욕심을 삭정이는 어김없이 힐책한다. 꼿꼿하고 떳떳한 기상으로 나의 팔을 확 긁어대는 것이다.

'낮은 산길도, 단순해 뵈는 길도 다 호락호락 하지 않아. 발길을 잘 가다듬으라고!'

한낱 검불처럼 여겨도 시원찮을 삭정이가 높은 경지의 혜안으로 내 몸짓을 꿰뚫어 보니 어안이 벙벙하지만 삭정이를 무시할 수가 없다. 삭정이가 내 눈을 찌를까봐 내 옷깃을 잡아당길까 봐 산길을 걸을 때마다 조심조심 살핀다. 나무가 우거진 산길에서는 언제나 뾰쪽하게 날 지켜보는 삭정이를 의식하여 몸을 잔뜩 웅크린다. 삭정이가 나에게 정도를 깨우치라고 일갈하는 것이려니 여겨야 하리라. 세상의 그 어느 것도 쓸모없지 않음을 가르치려는 절대자의 의지려니 삭정이를 경계하며 내 마음가짐을 되돌아보는 게 옳으리라.

삭정이에게 새잎을 틔울 수 없어 쓸모없다고 누가 장담할 수 있을까! 삭정이는 깊은 아궁이에 들어가 주름 깊은 어느 노인의 방구들을 덥혀줄 수 있다. 난로 속에 들어가 화기애애하게 담소를 나누는 사람들의 가슴을 더욱 따뜻하게 비추어 줄 수도 있다. 야영지의 모닥불에 들어가 싸늘한 밤공기 속에서 노래하는 젊은이의 얼굴을 따스하게 어루만져 줄 수도 있다. 그야말로 그 누구도 흉내 내기 쉽지 않은 본보기로서 생의 마지막을 아름답게 장식할 줄 아는 거룩한 삭정이가 되는 것이리라.

　삭정이는 자신의 손끝에 새 한마리가 날아와 호젓하게 앉으면 지난 날 풍성하고 시원했던 그늘을 떠올리며 그리워하기도 하리라. 바람에 한없이 휘청거리기도 했지만 긴 가지로 싱그럽게 푸른 노래를 부른 순간을 떠올리며 흐뭇해하기도 하리라. 벌과 나비를 춤추게 했던 예쁜 꽃, 맑은 햇살을 가득 품었던 아름다운 열매, 하얗게 눈꽃 피었던 겨울날의 순결한 가지 …. 그리고 지난 날 새의 가슴에 새기고자 했던 다정한 때를 동경하리라. 새가 오지 않는 날에는 누군가의 옷가지를 잡고 경망한 발길을 주의시킨 삶을 뿌듯해 하리라. 자신을 태우면서 누군가에게 따스한 빛과 온기를 전해주는 가장 숭고한 최후를 알고 있을까? 숲 한 구석에서 호젓하게 삭아가는 삭정이가 애달프다.

　높은 곳의 푸른 나뭇가지로 존재하고자 휘청거리는 나는 삭정이의 심오한 경지를 깨우치기 쉽지 않을 거라는 두려움에 곧잘 사로잡힌다. 푸른 가지 그대로 꺾여 땅에 떨어지면 어쩌나 초라한 조바심으로 전전긍긍하기 일쑤다. 삶의 끄트머리인 아궁이에서 따스한 빛을 내는 삭정이처럼 최후의 순간까지 따뜻할 수 있을까? 그런 높은 이상을 추구하기에는 내 정신세계가 몹시도 궁색하다. 애석하게도 속물근성에 마음이 흐려 두서없는 생각에 곧잘 사로잡힐 뿐 더 이상의 깨달음은 요원한 것 같아 서글프다.

　화창한 지난 봄날이었다. 주말농터에서 대추나무를 감아 올라간 칡넝쿨을 보았다. 칡넝쿨을 잡아당겼다. 끊어지지 않고 내려오는 넝쿨이 맹랑하기 그지없었다. 여름에 괴롭고 힘들 대추나무가 안타까워 칡넝쿨을 결딴내기로 작정했다. 꽉꽉 잡아당겼다. 잘 딸려

오다가 가지에 걸린 듯 멈추었다. 다시 온 힘을 다해 힘껏 잡아당겼다. 투두둑 하고 나뭇가지가 부러지는 소리가 났다.

'아차, 대추나무가 다 부러지나봐!'

놀라 살펴보니 삭정이었다.

'생명이 없는 나뭇가지가 생명이 있는 나뭇가지를 보호한 셈이구나!'

싱그러운 생명의 방패막이가 된 삭정이가 그저 위대해 보였다.

'주름 깊어가는 내게 무슨 생각을 하라는 걸까?'

더 호위를 받고자 향기 높았던 날을 곱씹지 말고, 사랑하고자 더 온유하게 낮아진 몸짓일까를 염려하라는 의미이리라. 삭정이처럼 순수하게 부러지려면 마음속에 어떤 힘이든 단단히 박제시키지 않아야 하리라. 사사로운 감정에 담담하지 못하다고 서글퍼하지도 말아야 하겠다. 황당한 일에 덤덤하게 미소 지을 수 있다고 뻐기지도 않아야겠다. 단지 내 몸짓에서 삭정이처럼 겸허하게 내려놓는 '나'를 발견할 수 있었으면 한다.

머뭇거려도 시간은 온몸을 밀어댄다

송기중 사진

제 5부 머뭇머뭇 다가오는 애틋함

이여닐 수필집

해설

직관과 지성, 그리고 섬세한 감성

이연순의 첫 수필집을 감상하며

직관과 자성, 그리고 섬세한 감성

- 이연순의 첫 수필집을 감상하며

문학평론가 리 헌 석
(사) 문학사랑협의회 이사장

1. 수필 감상에 앞서

"올해도 고운 꽃을 볼 수 있도록 은혜를 베풀어 주십시오." 기도하는 수필가의 맑은 영혼을 만났습니다. 이여닐(본명 이연순) 수필가의 첫 수필집 『산그늘 빈 수레에 독백을 담다』의 원고를 읽으며, 순수하고 아름다운 수필에 젖을 수 있어 기뻤습니다. 섬세하고 오롯한 서정 속에서 빛나는 내면의 진실을 공유하게 된 인연이 감사했습니다. 첫 작품, 첫 문장에서 시작한 독서는 눈을 뗄 수 없을 정도로 진지했습니다.

이여닐의 작품은 단숨에 통독(通讀)한 후, 다시 음미하며 독서하게 하는 마력을 내재하고 있습니다. 재독(再讀)하며 다시 놀라는 것은 첫 작품부터 마지막 작품까지 여일(如一)하게 예술적 감수성을 내포하고 있다는 점입니다. 직관에 의한 사물의 해석, 그로부터 비롯된 자성(自省)의 진정성, 그리고 적정한 언어의 선택과 곱고 섬세한 정서적 문장입니다.

이연순은 이런 작품을 통하여, 독자의 가슴에 감동의 메아리를 남기고자 합니다. 그러하매 작품 전편을 분석하고 정리하는 것이 온당할 터이지만, 이 글의 성격상 몇몇 작품을 선택하여 감상할 요량입니다.

2.「푸른 묵시」의 서정성

수필가 이여닐은 살아가며 마주치는 사물에서 다양한 의미를 찾아내어 작품으로 완성하고 있습니다. 산책하며 만나는 소나무에 자신의 내면을 견주어 스스로 반성하는 자세를 취하기도 합니다. 수필 작품의 부분 부분이 서정시와 같아서, 한 편의 수필을 감상하면, 여러 편의 서정시를 읽은 듯한 감동을 받습니다.

작품「푸른 묵시」의 서두에서 그는 〈내 마음은 너무 얕은가 보다.〉라는 자성으로 출발합니다. 이는 얕은 물이 바람에 쉽게 흔들리는 자연 현상에 근거한 것으로 보입니다. 그리하여 그는 〈손톱만 한 돌멩이에 파문을 일으키는 웅덩이처럼, 솔잎 하나만큼의 괴로움에도 여러 갈래 상념으로 부대낀다. 갖가지 상황을 미리 들먹이며 어쩔 줄 몰라 한다. 갈팡질팡 허둥대며 참을 수 없는 혼란이라고 아우성〉치는 성찰의 불빛을 밝힙니다. 이러한 발상은 다시 〈침착하게 양심과 소신의 중심을 헤아리지 못하기 때문일까?〉라는 의문을 생성합니다. 내면에서 일어나는 의문의 물결이 그의 수필 전반에 걸쳐 새로운 지평을 열어 갑니다. 그의 글은 산문이지만 서정시의 본령에 이르고, 비유와 상징에 의하여 수준 높은 품격을 지닙니다. 그의 수필 특정 부분을 시 형식으로 나누어 보면 확실하게 드러납니다.

겨울밤 산길이
살얼음으로 하얗게 빛났다.

살얼음의 날카로운 시선에
달님이 떠는 것일까?

추위에 내가 떨기 때문일까?
산길에 아른대는 달빛이
흔들리는 듯했다.

잎이 무성한 소나무는
둥글게 어둠을 빚어냈다.
― 「푸른 묵시」 일부, 재구(再構)

이런 표현과 함께 그는 뭉게구름처럼 부드럽게 드리운 소나무의 어둠을 달님이 좋아하리라고 유추합니다. 달님이 조용조용 고운 빛으로 소나무를 바라보는 듯 여겨졌기 때문일 터입니다. 그리하여 그는 〈내 어깨는 빈궁하여 그 누구에게 위안을 줄 수 있으려나?〉 자아를 점검하기에 이릅니다. 그는 자신과 달리 〈아름다운 달빛을 한껏 누리는 소나무〉를 바라보며, 소나무의 언어를 통하여 자신의 의미를 궁구(窮究)합니다. 〈신은 나에게 고유의 빛깔로서 푸른빛을 주었습니다. 늘 푸른빛으로 세상을 누리도록 축복받은 삶을 진정 기뻐한답니다. 당신도 자신의 고유한 빛깔을 찾아낸다면 무엇에든지 어디서든지 흔들리지 않는 마음으로 행복할 수 있을 것입니다.〉이는 그가 유추한 소나무의 속삭임입니다. 이러한 대화는 그의 내면을 독자들과 함께 나누려는 의도적 형상화로 보입니다. 이와 함께 소나무와 다른 겨울의 활엽수를 대비하여 자신만의 가치와 존재 의미를 되새기게 합니다.

〈두서없이 수선을 떠는 내게 강건한 기상이 무엇인지 보여주기 위해 소나무는 늘 푸른가 보다. 이 길일까 저 길일까 기웃대고, 가볍다 무겁다 징징대는 나에게 꿋꿋한 기개를 본받아야 한다고 일갈하고자 소나무는 늘 근엄하게 푸른가보다.〉소나무의 푸름을 통하여 스스로 깨닫는 모습을 묘사합니다. 그리하여〈뒷산을 향할 때마다 나보다 먼저 내 눈을 푸른빛으로 응시하는 소나무, 한결 같은 푸른 계시에 그저 삿된 마음을 가다듬지 않을 수 없〉는 자신의 내면을 오롯하게 밝힙니다. 이런 마음가짐을 공유하기 위하여, 그는 수필을 빚어 독자들과 눈높이를 맞추려 하는 것 같습니다.

3. 「숨은 돌」의 서사(敍事)

이여닐 수필가는 서사적 기법을 활용하여 감동을 생성하기도 합니다. 특히 어린이와 같은 순수한 동심(童心)으로 삶의 단면을 작품에 투영합니다. 사람과 사람의 대화는 물론, 그와 돌의 대화까지 작품에 담아 사실성을 확보합니다. 서로 다른 견해를 밝히지만, 반목과 갈등을 유발하는 것이 아니라, 서로 이해하고 통합하는 긍정적 세계관이 담겨 있습니다.

작품 「숨은 돌」은 거친 밭을 일구어 주말 농터(농장에 대한 저자의 용어)를 가꾸는 과정의 삽화(episode)입니다. 밭에서 돌을 캐내는 남편이 〈"이런 게 들어앉았으니 작물이 어떻게 뿌리를 내릴 수 있겠어."〉라고 하는 말은 농사를 잘 짓기 위한 소망의 진술입니다. 지나가는 동네 어르신이 〈"거, 그리 고생하지들 말고 객토해여. 두세 트럭 쏟아 부으면 될 거구먼."〉이라고 두 번이나 반복하는 것은 농사를 잘 지으라는 충고입니다. 그러나 그가 숨은 돌을 파내어 쌓는 일은 땅을 가꾸는 사람으로서의 유희적 보람입니다. 그는 돌을 치우며 돌과 풀의 대화를 생성하여 동화적 허구를 아름답게 창작합니다.

어느 날, 얼떨결에 내 손에 의해 밖으로 끌려 나온 돌들이 불평할지도 모른다는 생각이 밀려왔다.
'땅속에서는 평화롭고 안락했어. 밖에 나오니까 생각이 많아져서 심란해. 귀여운 새처럼 날아가고 싶고 나무처럼 쑥쑥 자라고도 싶어. 그리고 바깥은 안전하지도 않아. 겨울날의 눈보라에 온몸이 얼어붙어서 내 몸이 부서져 버릴 것 같아 겁이 나. 그리고 곤충과 새들은 내 얼굴에 똥칠을 해서 참 괴로워.'
'아차, 내가 순전히 나의 이기적인 욕망대로 돌을 캐내는 건 아닐까? 아무런 대항을 하지 못하는 돌멩이를 얕보고 교만하게 내 마음대로 정해 놓은 가치만을 부여하고자 고집하는 건 아닐까? 기껏 숨어 사는 돌을 바깥에 꺼내 놓으며 돌들에게 달콤한 의미만 알량하게 늘어놓는 난 어쩜 어설픈 관념에 사로잡힌 낭만주의자일지도 몰라.'
당혹스러웠다. 그러나 돌무더기에 온몸을 기대고 꽃을 피워낸 가냘픈 풀줄기를 보는 순간 내 마음이 환해졌다.
'정말 무시무시한 빗줄기였어. 돌들이 없었으면 나는 아마 뿌리까지 뽑혀서 물살에 떠밀려갔을 거야. 돌들이 날 지켜 주었어.

참으로 고마운 돌멩이야.'
　풀줄기가 돌들에게 속삭이는 듯했다.
　'순진무구한 풀꽃은 돌멩이 너의 듬직하고 따뜻한 마음을 씨앗 속에 영원히 새길 거야. 꽃은 돌멩이 너를 거룩한 전당으로 여기리라 믿어.'
　나는 비로소 돌멩이를 캐낼 정당성을 우격다짐하여 돌멩이와 나 자신에게 부여해 놓고는 혼자서 흐뭇해했다.
—「숨은 돌」 일부(중간)

　몇몇 단어를 어린이 수준에 맞추고, 높임말을 사용하면, 충분히 한 편의 동화로 기능할 터입니다. 그의 내면은 이와 같이 순수한 대화를 생성하여 진실을 구현하는 놀라운 능력을 보입니다. 농작물 생산의 효율성을 생각하지 않고, 자연 그대로 수용하려는 자세 역시 동심과 닿아 있습니다. 그는 틈만 나면 〈돌과 풀과 작물 그리고 평화로운 유희가 공존하는 밭〉을 설명합니다. 이와 함께 〈풀꽃 하나 들여다볼 틈도 없이 일만해야 하는 옥토가 주말농터로서는 영 어울릴 것〉 같지 않다는 입장을 보입니다. 〈내가 직접 농사지은 작물은 흠집이 났든 볼품이 없든 내 집에서 내가 요리〉를 하여 먹을 터여서 '작물만의 긴박한 일터'가 아니기를 소망합니다.
　이렇게 밭에서 숨은 돌을 캐내어 농터를 가꾸면서도 자신에 대한 성찰을 쉬지 않습니다. 〈젊었을 때의 내 눈엔 아무리 논밭을 정성스럽게 다독여도 그 모습이 결코 신성하게 보이지 않았다. 특히 사춘기 때는 칙칙하게 그을리고 땀으로 얼룩진 부모님의 얼굴을 우러르기는커녕 삶에 찌든 모습이라고 구시렁댔다. 논바닥에서 돌을 캐고 주워내는 부모님의 손길을 몹시도 하찮게 여겼다. 그깟 작은 돌 하나 때문에 농사가 망가지기라도 하는 걸까 빈정대며 몰래

몰래 가차 없이 폄하했다.)고 뒤돌아봅니다. 그러나 그는 주말 농터에서 일을 하며 그 일이 〈감히 신의 섭리에 닿아가는 소박한 의식〉으로 인식하며 최선을 다합니다.

4. 일상에서 찾은 신앙심

이여닐 수필가의 작품에는 주제가 완곡하게 내재(內在)되어 있습니다. 그렇지만, '듣거나 보는 사람의 감정이 상하지 않도록 모나지 않고 부드러운 말이나 글을 사용'하는 완곡어법과는 좀 다릅니다. 오히려 '가랑비에 옷 젖는다.'는 말처럼, 읽으면서 자연스럽게 주제에 접근하게 하는 기법을 활용하고 있습니다.

예컨대, 그의 작품을 관류(貫流)하는 종교적 양상은 분명히 기독교적입니다. 직접적으로 작품화하지는 않았지만, 부분과 부분에서 드러나는 편린(片鱗)을 끼워 맞추면 그러합니다.

작품「혹한에 꽃잎과 노닐다」에서 그는 '노란 산국'을 열심히 가꿉니다. 어려움을 극복하고 꽃이 피었을 때의 보람, 그 꽃이 한겨울에도 떨어지지 않았을 때의 자긍심이 글 속에 잘 녹아 있습니다. 그러던 어느 순간 꽃잎이 화르르 떨어지면서 반성하기 시작합니다. 혹한기의 그 꽃잎은 이미 생화가 아니었다는 깨달음에 이릅니다. 그때 〈산국화는 넓은 세상을 원했을 거야. 내가 신의 은총을 갈구하듯 꽃은 맑은 바람을 간구했겠지? 그런데 내가 꽉 붙잡고 놓아주지를 않았으니 얼마나 서글펐을까!〉 자성하는 신심이 비롯됩니다.

'아! 알 것 같아. 낙엽이 쌓이는 것은 낙엽이 마지못해 떨어져서가 아니라 나무들이 완성한 잠언을 마침내 땅바닥에 기꺼이 펼쳐놓는 거룩한 과업인 거야!'

나무들이 숭고한 짐을 풀어놓음은 '따뜻한 가락'과 '겸허한 부딪힘'을 읽어내라는 신의 배려이리라. 낙엽은 가을마다 아름다움을 다듬어낸 나무들의 위대한 수료증이리라. 좀 더 자분자분하고 온화하게 살아가라 일깨워주는 가을 숲의 수료증을 내 가슴 속에도 켜켜이 쌓아 고매한 삶의 지표로 삼아야할까 보다.

바람이 불 때마다 낙엽이 내 어깨, 내 발등, 내 손등을 툭툭 쳤다. 낙엽이 툭 칠 때마다 온유한 가을볕이 나의 온몸에 스미는 듯했다. 나는 한줄기 가을볕을 품고 자유롭게 유영하는 한 장의 낙엽이 되었으면 했다. 두 팔을 벌려 힘껏 기지개를 켜 보았다. 가슴이 탁 트이는 듯했다. 나의 육신이 모든 짐 풀어낸 나무가 되었으면 했다. 까치발까지 하며 기지개를 켜다 순간 나는 머쓱해졌다.

'황폐한 영육으로 가벼운 낙엽이 되고 싶다니! 짐 풀어내는 나무를 모독하는 것 아닐까?'

나무는 내일의 희망을 위해 오랜 시간 준비한 큰 짐을 풀어내는데 나는 단지 순간적으로 불편한 마음을 떨쳐내기 위해 경망한 몸짓을 풀어내는 것 아닌가 싶어 씁쓸했다.

―「가을마다 짐 푸는 나무」 일부(중간)

신앙이 깃든 내면을 승화시킨 수필가는 이 작품에서 가열할 정도로 자신을 점검합니다. 〈마른 잎 떼어지는 소리처럼 내 말투도 온유했으면 좋겠다. 난 걸핏하면 뜻도 없이 불퉁거리는 말본새를 드러낸다. 그리고는 뒤늦은 후회만 일삼는다. 비록 황당하고 간교한 계략에 맞닥뜨릴지라도 갈팡질팡 허둥대며 악다구니 치지 않고 조용조용 지는 낙엽처럼 차분히 실마리를 풀어가는 지략을 갖추고자 애쓸 일이다. 낙엽에서 느껴지는 고매한 기적처럼 내가 지나온 발걸음도 누군가에게 기품 있게 스며든다면 더할 나위 없이 행복하리라.〉 심중을 밝히면서 '아름다운 고요' '경건한 이별'을 추구합니다.

작품 「먹구름 짙은 바닷가에서」에서도 그는 〈나이가 들면서 하늘에는 내가 염려하고 내가 인지한 빛깔만 담긴 곳이 아님을 인식하기 시작했다. 신은 세상에 어둠과 빛을 함께 놓으셨음을 새삼스럽게 깨달아가기 시작했다. 삶에 굳은살이 박이기 때문일까? 나름대로의 담력도 커지기 시작했다.〉고 자신의 속내를 밝히며, 더욱 겸허하게 자만심을 내려놓은 삶을 갈구합니다. 여기에서 찾아낸 〈'A man's heart plans his course, but Yahweh directs his steps. 사람이 마음으로 자기의 길을 계획할지라도, 그의 걸음을 인도하시는 이는 여호와시니라. (잠16:9)' 성경 말씀을 인용한 간접적 신앙고백이 웅숭깊습니다.

5. 예술성을 추구하는 자세

수필을 일컬어 '붓 가는 대로' '마음 가는 대로' 쓰는 문학이라고 합니다. 이를 곧이곧대로 본받으면 주제가 어떠하든지 좋은 것 같고, 형식을 갖추지 않아도 되는 것 같고, 제재나 소재 역시 아무렇게나 선택하고 표현하여도 되는 것 같습니다. 그러나 이렇게 열려 있는 창작기법을 통해 저자와 독자가 감동을 공유하기는 실로 어려운 법입니다. 드러나지 않은 질서 속에, 플롯(plot)이 엄연히 존재하며, 표현의 적정성과 미려함이 존재하며, 글의 품격을 가늠하게 하는 작품성과 예술성이 존재하기 때문입니다.

최근에 접할 수 있는 세상의 수필은 주제 중심의 흐름인 것 같습니다. '무엇을' 그려내었느냐가 '어떻게' 표현하였느냐보다 주류를 이루고 있습니다. 그러나 수필도 문학이고, 문학 역시 예술인 바, 표현에 심혈을 기울이는 자세가 온당할 터입니다. 기행문이나 설명문처럼 상세하게 풀어 전달하는 글, 논설문이나 칼럼처럼 논거를 통하여 논지를 주장하는 글은 예외로 치더라도, 우리가 일컫는 '수필다운 수필'은 표현에서 전문성(expertise)을 갖추어야 합니다.

많은 수필가들이 이러한 전문성을 추구하고 있지만, 현실에서 쉽게 만나기 힘든 것도 또 하나의 조류(潮流)입니다. 이 흐름을 거스르며 작품성을 추구하는 여러 수필가 중에 이여닐이 돋보이는 것은 그만큼 치열한 정신으로 표현에 집중하기 때문일 터입니다. 그의 작품 중에서 몇 부분을 함께 감상하기로 합니다.

　　밤마다 공중의 모든 티끌도 제 집을 찾아 잠드는 걸까? 아침 해가 뜨기 직전 아직 어둠이 채 가시기도 전에 산책을 나가면 코끝으로 스치는 공기가 유난히 산뜻하다. 가슴이 탁 트인다. 어쩌면 종일 하잘것없는 일로 전전긍긍하던 나의 폐부가 밤새 깊은 잠으로 잘 닦여져 상쾌하게 새벽을 맞을 수 있는 것인지도 모른다. 아니면 어제와는 다른 햇살을 맞는 삼라만상의 설렘이 내 가슴에 전해져서 덩달아 내가 흐뭇해하는지도 모르겠다.
　　　　　　　　　　　　　—「격조 높은 꽃구름」 일부(서두)

　　풀대가 저마다 씨앗을 맺었다. 세상에나! 나의 속눈썹만큼이나 가늘고 작아서 눈에 보일 듯 말 듯 아주 볼품없는 풀대에도 씨앗이 맺혔다. 풀씨를 훑어 손가락 끝으로 비벼 보았다. 참깨보다 작은 씨앗이 무척 단단했다. 꾹 눌러보는 내 손가락에 자국이 날 정도였다. 낡은 옷의 실밥처럼 몹시 하찮아 보이는 풀이 미래를 다부지게 준비했음이 얼마나 신비하고 갸륵한지! 함부로 얕보아서는 안 될 생명이라고 거듭 경탄해 마지않았다.
　　　　　　　　　　　　　　—「잡초와 풀」일부(서두)

　비질 자국이 선명한 흙 마당은 온기가 느껴진다. 누군가의 살뜰한 인정이 엿보여 마음이 푸근해진다. 꼭 나를 위한 조촐한 단장 같아 흐뭇해진다. 막돌 몇 개 굴러다닐지라도 말끔하게 쓸어 낸 비질 흔적에 그대로 땅바닥에 앉아 쉬고 싶어진다. 발 디딘 순간 온몸으로 느껴지는 정갈한 분위기가 좋아 비질한 흙 마당을 동경하는지도 모른다. 산뜻한 흙 마당은 방황하는 내 발길을 차분하게 다독거려줄 것 같아 좋다.
　　　　　　　　　　　　　　—「비질 시늉」일부(서두)

　모과의 빛깔은 참으로 고상했다. 금방 따 온 싱싱한 모과일지라도 적절히 고풍스런 분위기를 풍겼다. 농익기까지 극복해 낸 험한 여정을 고스란히 간직했다는 듯 여기저기 거뭇거뭇 잡티가 나 있었다. 잡티가 있다고 해서 결코 지저분한 것이 아니었다. 오히려 의연하게 견디어낸 참된 빛깔로 여겨졌다. 모과 껍질에는 갓 돋아난 새싹에서 느낄 수 있는 연둣빛이 살짝 감돌았다. 그래서 더욱 맑고 산뜻하게 다가왔다.
　　　　　　　　　　　　　　—「모과」일부(중간)

　마지막에 인용한 '모과'를 통하여, 이연순은 〈아름다운 삶의 가치를 인도하는 맑은 영혼의 향기처럼〉 자신도 고아한 향기를 나누고자 합니다. 그는 〈더없이 아름다운 모과를 내 삶의 그림 속에 녹여내도록 애쓴다면 모과만큼 향기롭고 윤기 나며 빛깔 고운 삶 한 자락을 펼칠 수 있으리라〉 기대하며 자신을 추스릅니다.

이런 자세로 수필을 빚는다면, 앞으로 그의 수필은 더 큰 감동을 생성할 것이라 확신합니다. 이런 믿음으로 이연순 수필가의 첫 수필집 작품 감상을 맺습니다.

산그늘 빈 수레에 독백을 담다
이여닐 수필집

발 행 일 | 2018년 11월 2일
지 은 이 | 이여닐
발 행 인 | 李憲錫
발 행 처 | 오늘의문학사
출판등록 | 제55호(1993년 6월 23일)
주　　소 | 대전광역시 동구 대전로 867번길 52(한밭오피스텔 401호)
전화번호 | (042)624-2980
팩시밀리 | (042)628-2983
전자우편 | hs2980@hanmail.net
카　　페 | cafe.daum.net/gljang(문학사랑 글짱들)
　　　　| cafe.daum.net/art-i-ma(아트매거진)

공 급 처 | 한국출판협동조합
주문전화 | (070)7119-1752
팩시밀리 | (031)944-8234~6

ISBN 978-89-5669-954-7
값 15,000원

ⓒ이여닐. 2018

* 이 책은 교보문고에서 E-Book(전자책)으로 제작하여 판매합니다.
* 잘못 제작된 책은 바꾸어 드립니다.